中國學術思想研究輯刊

三九編
林慶彰　主編

第 5 冊

康有為思想比較研究（上）

魏義霞　著

花木蘭文化事業有限公司

國家圖書館出版品預行編目資料

康有為思想比較研究（上）／魏義霞 著 -- 初版 -- 新北市：
花木蘭文化事業有限公司，2024〔民113〕
目 6+200 面；19×26 公分
（中國學術思想研究輯刊 三九編；第 5 冊）
ISBN 978-626-344-577-2（精裝）
1.CST：康有為 2.CST：學術思想 3.CST：中國哲學
4.CST：比較研究
030.8   112022470

ISBN-978-626-344-577-2

中國學術思想研究輯刊
三九編　第 五 冊　　　　　　ISBN：978-626-344-577-2

康有為思想比較研究（上）

作　　者　魏義霞
主　　編　林慶彰
總 編 輯　杜潔祥
副總編輯　楊嘉樂
編輯主任　許郁翎
編　　輯　潘玟靜、蔡正宣　美術編輯　陳逸婷
出　　版　花木蘭文化事業有限公司
發 行 人　高小娟
聯絡地址　235 新北市中和區中安街七二號十三樓
　　　　　電話：02-2923-1455／傳真：02-2923-1452
網　　址　http://www.huamulan.tw 信箱 service@huamulans.com
印　　刷　普羅文化出版廣告事業
封面設計　劉開工作室
初　　版　2024 年 3 月
定　　價　三九編 23 冊（精裝）新台幣 62,000 元

康有為思想比較研究(上)

魏義霞 著

作者簡介

魏義霞，黑龍江大學哲學學院教授、博士生導師，出版《中國近代哲學的宏觀透視》（黑龍江教育出版社，1994 年）、《七子視界——先秦哲學研究》（中國社會科學出版社，2005 年）、《理學與啟蒙——宋元明清道德哲學研究》（商務印書館，2009 年）、《儒家的和諧理念與建構》（人民出版社，2010 年）、《平等與啟蒙——從明清之際到五四運動》（中華書局，2011 年）、《妙語聯珠——中國古代哲學研究》（人民出版社，2012 年）和《中國近代國學研究》（生活・讀書・新知三聯書店，2013 年）等學術著作近 30 部。

提　要

　　《康有為思想比較研究》共十章，以人物為視域，分別從不同角度對康有為的思想進行比較研究。細而言之，書中的比較可以劃分為三大類：第一類，康有為與他傾慕的古代思想家比較，代表是第一、第二章的康有為與孔子和康有為與孟子比較。第二類，康有為與同時代思想家比較，代表是從第三章到第七章的康有為與嚴復、譚嗣同、梁啟超、孫中山和梁漱溟比較。第三類，康有為的人物比較，代表是從第八章到第十章的老子與墨子、孟子與荀子和朱熹與陸九淵比較。

目

次

第一章 康有為與孔子比較

　　戊戌政變之前的康有為，主要精力和學術重心是考辨中國本土文化的「學術源流」。這使他的學術研究以先秦諸子為重鎮，以孔子為核心人物和靈魂，以考辨「學術源流」為口號和手段。正是在對中國本土文化「學術源流」的追溯中，他得出了諸子百家皆是孔子之學，孔子是中國的教主等結論。至此，康有為不僅形成了獨特的孔學觀，而且推出了一個孔教時代。康有為對孔子的定位不僅關乎對孔子本身的定位和評價，而且牽涉對諸子百家關係的梳理和對中國本土文化的認定。作為身處全球多元文化的歷史背景和文化語境的近代中國人對中國本土文化進行梳理、整合和內容轉換的最初嘗試，康有為的孔學觀具有非同一般的特殊意義。

第一節　學術身份和定位

　　正如一千個人的心中有一千個哈姆雷特一樣，不同人的心中有不同的孔子，每個時代都塑造著不同的孔子形象。儘管孔子在中國二千多年的歷史長河中不斷變換著形象，然而，不得不承認的是，使孔子改頭換面到脫胎換骨的，則非康有為莫屬。康有為所塑造的孔子形象可謂亙古未有——不僅僅是令人耳目一新，真可以稱得上是面目皆非。具體地說，孔子在康有為那裏所擁有的迥異於其他時期的全新身份和形象有二：除了《孔子改制考》中託古改制的祖師爺之外，還有一個特殊的形象，那就是：因作六經而創立百家之學的孔教的教主。

一、先秦諸子皆孔子後學

　　與立孔教為國教的學術旨歸和政治訴求一脈相承，在追溯中國本土文化「學術源流」的過程中，康有為始終斷言「百家」「九流」皆出於孔子，以此證明孔子在中國本土文化中具有無可比擬的至尊地位和作用。正是在這個意義上，他不止一次地宣稱：

　　　　「六經」皆孔子作，百家皆孔子之學。〔註1〕

　　　　孔子之道，六通四辟，無夫不在，諸子之學，悉受範圍。〔註2〕

　　據此可知，康有為之所以斷言「百家皆孔子之學」，與認定「『六經』皆孔子作」之間密不可分，甚至可以說，其間具有因果關係——正由於「『六經』皆孔子作」，才在某種程度上注定了「百家皆孔子之學」。可以看到，正是藉口「『六經』皆孔子作」，他將「百家」「九流」都歸到了孔子門下，斷言「百家」「九流」都出自孔子之學。眾所周知，「百家」「九流」是中國哲學和傳統文化的活水源頭，共同匯聚成學派林立、異彩紛呈的先秦文化景觀。康有為將它們一併歸入孔子之學，也就意味著先秦時期的百家爭鳴最終都還原為孔子之學一家。

　　考辨中國本土文化的「學術源流」，便不可迴避同為春秋末期的二大思想家——孔子、老子和春秋戰國之交的墨子之間的關係問題。這對於宣布「百家皆孔子之學」來說，更顯必要、必須和迫切。有鑑於此，在論證「百家皆孔子之學」的過程中，康有為特意對與孔子大致同時的老子和稍後的墨子予以關注，在將兩人的生存時間後移的前提下，將老子、墨子都歸到了孔子的麾下。在判定老子、墨子為孔子後學之時，康有為拿出了自己的證據，以此表明自己的論點言之鑿鑿，有理有據。他不厭其煩地聲稱：

　　　　《淮南》謂墨子學孔子之道。〔註3〕

　　　　老子之學，只偷得半部《易經》。墨子之學，只偷得半部《春秋》。〔註4〕

〔註1〕《萬木草堂口說·學術源流》，《康有為全集》（第二集）中國人民大學出版社2007年版，第145頁。

〔註2〕《孔子改制考》卷十七，《康有為全集》（第三集）中國人民大學出版社2007年版，第204頁。

〔註3〕《萬木草堂口說·諸子》，《康有為全集》（第二集）中國人民大學出版社2007年版，第175頁。

〔註4〕《萬木草堂口說·學術源流》，《康有為全集》（第二集）中國人民大學出版社2007年版，第144頁。

　　老子之清虛、柔退，出於孔子；墨子兼愛，亦出孔子。〔註5〕

　　墨子內稱文子，是子夏弟子，疑墨子為孔子三傳弟子。《淮南子》
言：墨子學孔子之道，是墨子後來叛道而自為教主也。〔註6〕

　　康有為認為，因為老子、墨子是孔子後學，所以，老子和墨子之學都源自
孔子。具體地說，作為孔子後學，老子、墨子的思想都從孔子那裏來，兩人所
依據的文本就是孔子所作的六經。其中，老子傳承了孔子之《易》，墨子的思
想出於《春秋》；因為兩人充其量對《易》或《春秋》「只偷得半部」，所以，
儘管皆不出孔子範圍，卻不可能成為孔學正宗。由此不難看出，康有為一面將
老子、墨子歸入孔子後學，一面通過打壓兩人而提升孔子的地位。這通過對老
子之學的評價直觀地體現出來：

　　老子之學，得孔子之一端。〔註7〕

　　老氏之學乃孔子一體，不得謂孔子無之。〔註8〕

　　問題到此並沒有結束，康有為認為，老子和墨子的思想出於六經，兩人是
孔子後學；其他先秦諸子也不例外，皆因傳承孔子所作的六經而成為孔子後
學。具體地說，孟子傳《春秋》與墨子相通；由於孟子發現《春秋》寓含孔子
的微言大義，故而高於墨子，因為「只偷得半部《春秋》」的墨子終究只不過
是「夷」之講《春秋》者。莊子傳《易》，與老子一樣得孔子的「性天之學」；
由於老子只講柔而不講剛，不能像莊子那樣得孔子真傳。至於荀子，對於六經
的傳承最多，也最有功，主要以《禮》為核心。

　　「百家」「九流」不僅如康有為所認定的那樣是中國本土文化的「學術源
流」，而且囊括了先秦文化的全部流派。有鑑於此，當康有為宣布它們都是孔
子之學時，也就等於宣布了孔子是全部中國文化的源頭。當他將與孔子同樣屬
於春秋末期的老子和春秋戰國之交的墨子皆說成是孔子後學時，更是重申並
強化了先秦諸子都是孔子的門生。

〔註5〕《萬木草堂口說‧學術源流》，《康有為全集》（第二集）中國人民大學出版社
　　　　2007 年版，第 145 頁。
〔註6〕《萬木草堂口說‧諸子》，《康有為全集》（第二集）中國人民大學出版社 2007
　　　　年版，第 177 頁。
〔註7〕《萬木草堂口說‧學術源流》，《康有為全集》（第二集）中國人民大學出版社
　　　　2007 年版，第 138 頁。
〔註8〕《南海師承記‧講宋學》，《康有為全集》（第二集）中國人民大學出版社 2007
　　　　年版，第 252 頁。

二、孔學的傳授譜系

在聲稱「百家皆孔子之學」，進而將「百家」「九流」都歸入孔子之學的基礎上，康有為進一步從不同角度對孔門後學進行追溯，全方位、多維度地展示、勾勒孔學的傳承譜系。於是，便出現了鋪天蓋地的如下論斷和說法：

> 夫孔子之後，七十弟子各述所聞以為教，枝派繁多。以荀子、韓非子所記，儒家大宗，有顏氏之儒，有子思之儒，有孟氏之儒，有孫氏之儒，有仲弓之儒，有樂正氏之儒；其他澹臺率弟子三百人渡江，田子方、莊周傳子貢之學，商瞿傳《易》，公孫龍傳堅白。而儒家尚有宓子、景子、世碩、公孫尼子及難墨子之董無心等，皆為孔門之大宗。自顏子為孔子具體，子貢傳孔子性與天道，子木傳孔子陰陽，子游傳孔子大同，子思傳孔子中庸，公孫龍傳孔子堅白。子張則高才奇偉，《大戴記·將軍文子篇》孔子以比顏子者，子弓則荀子以比仲尼者。自顏子學說無可考外，今以《莊子》考子貢之學，以《易》說考子木、商瞿之學，以《禮運》考子游之學，以《中庸》考子思之學，以《春秋》考孟子之學，以正名考公孫龍之學，以荀子考子弓之學，其精深瑰博，窮極人物，本末、大小、精粗無乎不在，何其偉也！〔註9〕

> 孔子既沒，子夏、曾子、有若、子貢，皆能傳其學而張之。七十子之徒散遊諸侯，大者為卿相師傅，小者友教士大夫。子張居齊，子羽居楚，子貢居齊，子夏居西河，而子夏為魏文侯師，段干木、田子方、禽滑釐、李克、翟璜皆其弟子。戰國名士大師，若墨翟、莊周、吳起、荀卿，皆傳「六藝」於孔門。〔註10〕

> 有子，孔子弟子，名若，少孔子四十三歲。孔子沒後，子夏、子游、子張之賢皆師之。蓋為孔子傳道之大宗子，自顏子外，得孔子之具體，最似孔子者也。當時惟曾子不從，故別為一宗。《荀子·非十二子篇》以子思、孟子案飾其言，以為仲尼、子游為茲厚於世，則子思、孟子為子游後學。而子游嘗事有子，故有子實盡聞孔子之

〔註 9〕《論語注》序，《康有為全集》（第六集）中國人民大學出版社 2007 年版，第 377 頁。

〔註10〕《教學通義·六經》，《康有為全集》（第一集）中國人民大學出版社 2007 年版，第 37 頁。

大道者。《論語》於七十子皆字之，惟於有子、曾子稱子。蓋孔門之後，儒雖分八，而本始實分二宗。譬之禪家，有子廣大如慧能，曾子謹嚴若神秀也。〔註11〕

告子言不類異教，當是孔門後學，雖與孟子殊，而與墨子辯，亦如荀子之類耳。〔註12〕

李悝盡地力，行孔子井田之制，魏文侯行之，後魏文帝亦行之，至唐又行之。〔註13〕

康有為的上述眾多說法是從不同角度立論的，顯得有些零亂和支離。儘管如此，透過這些描述和追溯，可以拼接出孔子之學的傳承譜系：從孔子到孔子的親授弟子——顏淵、有子、曾子、子夏、子貢、子游、子張、子路和子羽等，再到子思及再傳弟子——孟子、田子方、墨子、莊子、告子、吳起、李悝和荀子等。康有為對孔子後學的遴選和對孔學傳承譜系的勾勒相互印證，共同顯示孔子後學陣營龐大，有作為道家創始人的老子和代表人物莊子，有墨家的創始人墨子，有法家的人物吳起、李悝，還有作為名家的公孫龍等人，儒、墨、道、法一應俱全，具有包羅百家之勢——正應了那句：「百家皆孔子之學」。不僅如此，在對秦後思想的梳理中，康有為著力追蹤孔學在漢唐和宋明時期的傳播，將兩漢、唐代都說成是孔學的天下；並且在確信董仲舒是孔學正宗的同時，將漢武帝、司馬遷、何休和劉歆等人都視為孔學的傳人；之後，便是宋明時期的周敦頤、二程、朱熹、陸九淵和王守仁代表的宋明理學家。

至此可見，在康有為的視界中，孔子之學包羅萬象，又稱為孔學或孔教，諸子百家均被囊括其中。所謂孔教，借用康有為的話語結構即「孔子之教」，泛指與外來文化相對應的中國本土文化。

三、孔門巨擘

經過康有為的追溯和勾勒，孔子後學人數眾多——「六萬」。面對孔子如此龐大的後學隊伍，人們不禁要問：誰是孔子六萬徒侶中的翹楚，能夠有幸成

〔註11〕《論語注》，《康有為全集》（第六集）中國人民大學出版社 2007 年版，第 380～381 頁。

〔註12〕《孔子改制考》卷十六，《康有為全集》（第三集）中國人民大學出版社 2007 年版，第 195 頁。

〔註13〕《南海師承記·講孟荀列傳》，《康有為全集》（第二集）中國人民大學出版社 2007 年版，第 229 頁。

為孔門的正宗呢？為了回答這個問題，康有為提出了孔門「十哲」之論：「康先生論十哲當以顏子、曾子、有子、子游、子夏、子張、子思、孟子、荀子、董子居首，蓋孔門論功不論德也。」〔註14〕

「十哲」在孔子後學中具有顯赫地位，「十哲」之中則以孟子和董仲舒兩人為最。這是因為，按照康有為的說法，孟子和董仲舒都以今文經的方式傳承孔子之道，深諳孔子的微言大義。一言以蔽之，如果說孟子是發現孔子微言大義隱藏在《春秋》中的人的話，那麼，董仲舒則是對《春秋》所蘊含的微言大義予以發明的人。基於這種認識，康有為強調，孟子和董仲舒的作用各不相同，孟子對孔子無所不學，加之孟子離孔子最近的時間優勢，孟子的思想最接近孔子，《孟子》是孔學的入門書。他不止一次地解釋說：

> 天下之所宗師者，孔子也。義理、制度皆出於孔子，故經者學孔子而已。孔子去今三千年，其學何在？曰在「六經」。夫人知之，故經學尊焉。凡為孔子之學者，皆當學經學也。人人皆當學經學，而經學之書汗牛充棟，有窮老涉學而不得其門者，則經說亂之，偽文雜之。如泛海無舟，邈然望洋而歎；如適沙漠而無嚮導，悵悵然迷道而返，固也。然以迷道之故，遂捨孔子而不學，可乎？今為學者覓駕海之航，訪導引之人。有孟子者，古今稱能學孔子，而宜可信者也。由孟子而學孔子，其時至近，其傳授至不遠，其道至正，宜不歧誤也。孟子於孔子無不學矣。〔註15〕

> 夫天地之大，測者難以驟明也。孔子之道之大，博深高遠，當時弟子已難盡傳，子貢已謂得見宮廟之美、百官之富者寡矣。數千年之後學，而欲知孔子之道，其益難窺萬一，不待言也。雖然，天不可知，欲知天者，莫若假器於渾儀。孔子不可知，欲知孔子者，莫若假途於孟子。蓋孟子之言孔道，如導水之有支派脈絡也，如伐樹之有幹枝葉卉也，其本末至明，條理至詳。通乎孟子，其於孔子之道得門而入，可次第升堂而入室矣。雖未登天圈而入地隧乎，亦庶幾見百官之車服禮器焉，至易至簡，未有過之。吾以信孟子者知

〔註14〕《南海師承記・講孟荀列傳》，《康有為全集》（第二集）中國人民大學出版社2007年版，第229頁。

〔註15〕《桂學答問》，《康有為全集》（第二集）中國人民大學出版社2007年版，第18頁。

孔子。〔註16〕

在此基礎上，康有為進而指出，學孔子之道必須從孟子開始，《孟子》對於孔學是不可逾越的。盡管如此，要得孔子之道的大本僅僅學孟子是不夠的，還必須在上摺孟子的同時，下折董仲舒。對於其中的原因，他如是說：「學《春秋》當從何人？有左氏者，有公羊、穀梁者，有以『三傳』束高閣，獨抱遺經究終始者，果誰氏之從也？曰：上摺之於孟子，下折之於董子可乎！孟子之言曰：其事則齊桓、晉文，其文則史，其義則丘竊取之矣。故學《春秋》者，在其義，不在其事與文。然則《公》、《穀》是而《左氏》非也。孟子又曰：《春秋》天子之事。又述孔子之言曰：知我罪我，其惟《春秋》。惟《公羊》有『王魯改制』之說。董子為漢世第一純儒，而有『孔子改制，《春秋》當新王』之說。《論衡》曰：文王之文，傳於孔子；孔子之文，傳於仲舒。則《春秋》微言大義，多在《公羊》，而不在《穀梁》也。」〔註17〕循著這個思路，康有為強調，董仲舒是「漢世第一純儒」「孔子之後一人」，在深諳孔子之道上——特別是在對孔子微言大義的發明上，超過了孟子和荀子。對此，他一而再、再而三地斷言：

董子之精深博大，得孔子大教之本，絕諸子之學，為傳道之宗，蓋自孔子之後一人哉！〔註18〕

董子傳微言過於孟子，傳大義過於荀子。〔註19〕

然大賢如孟、荀，為孔門龍象，求得孔子立制之本，如《繁露》之微言奧義不可得焉。董生道不高於孟、荀，何以得此？然則是皆孔子口說之所傳，而非董子之為之也。善乎王仲任之言曰：文王之文，傳於孔子。孔子之文，傳於仲舒。故所發言軼荀超孟，實為儒學群書之所無。若微董生，安從復窺孔子之大道哉！〔註20〕

〔註16〕《孟子微》序，《康有為全集》（第五集）中國人民大學出版社 2007 年版，第412 頁。

〔註17〕《桂學答問》，《康有為全集》（第二集）中國人民大學出版社 2007 年版，第18 頁。

〔註18〕《春秋董氏學》卷七，《康有為全集》（第二集）中國人民大學出版社 2007 年版，第 416 頁。

〔註19〕《萬木草堂口說·春秋繁露》，《康有為全集》（第二集）中國人民大學出版社2007 年版，第 204 頁。

〔註20〕《春秋董氏學》自序，《康有為全集》（第二集）中國人民大學出版社 2007 年版，第 307 頁。

　　康有為對董仲舒地位和貢獻的肯定不僅證明了董仲舒在孔學中不可撼動的顯赫地位，而且注定了董學與孟學一樣是通往孔學的通途。

　　總之，透過康有為對孔學傳承軌跡和學術譜系的勾勒可以發現：一方面，儘管由於老子、墨子、莊子、李悝和吳起等人的加入，孔子之學容納了道家、墨家和法家等思想要素，卻沒有囊括諸子百家。相對於囊括「百家」「九流」的無所不包，孔子之學的內涵相對縮小，在內容上確定了許多。另一方面，在對孔子和孔子後學思想的闡釋中，康有為將孔子之學的內容基本上鎖定在儒家的範圍之內，流露出濃鬱而不渝的儒家情結。與此相一致，在他的著述中，從《春秋董氏學》《孟子微》《中庸注》《禮運注》《論語注》到《春秋筆削大義微言考》都以儒家經典為文本。同樣，《新學偽經考》和《孔子改制考》是推崇孔子的：《新學偽經考》通過既宣布孔子之後的經典是劉歆篡改的偽經而提升孔子和今文經的地位，又借助公羊學的權威神化孔子；《孔子改制考》則既將孔子奉為託古改制的先師，又在託古改制中堅持六經皆出自孔子一人之手，六經是孔子為了託古改制而作。這等於從經典文本的角度重申了孔子對於中國文化的至高無上性。無論是「『六經』皆孔子作」還是「百家皆孔子之學」都顯示了孔子在中國本土文化中獨一無二的至尊地位，表明孔子是中國的教主。由此可見，追溯「學術源流」對於康有為來說至關重要，正是這一追尋使他確定了孔子的至尊地位，進而為立孔教為國教提供了理論支持。

第二節　孔學的主要內容

　　作為一個問題的兩個方面，康有為對孔子地位的提升與對孔子思想的闡發是同步進行的。在此過程中，康有為從立言宗旨、思想方法、基本內容、理論特色和價值訴求等不同角度對孔學進行闡釋，既證明了孔學是宗教，又證明了孔學有別於其他宗教。

一、救世與變通

　　在具體闡發孔學內容之前，康有為先揭示了孔子的立言宗旨和思想方法，強調孔子的一切思想均圍繞著救世這個根本目的和宗旨展開。孔子的一切主張和思想皆以救世為宗旨，在救世上與釋迦牟尼如出一轍。具體地說，孔子和釋迦秉持相同的創教目的和宗旨，都以除患至樂為目的。於是，他斷言：「佛

氏『三藏』但欲除煩惱，孔子『六經』但以除民患。」〔註21〕在康有為看來，無論孔教還是佛教皆以為人解除煩惱、苦難為目標，以救世為究竟。正是在救世的意義上，梁啟超稱康有為的孔教為「兼善主義」，並且將康有為提倡的孔教的行為方式與佛教的菩薩行相互類比。對此，梁啟超解釋說：「孔教乃兼善主義，非獨善主義。佛為一大事出世，說法四十九年，皆為度眾生也。若非為眾生，則從菩提樹起，即入涅槃可矣。孔子之立教行道，亦為救民也。故曰：『天下有道。丘不與易也。』其意正如佛說所謂我不入地獄，誰入地獄之意也。故佛法以慈悲為第一義，孔教以仁慈為第一義。孔子曰：『苟志於仁矣，無惡也。』故孔子為救民故，乃至日日屈身，以干謁當時諸侯卿相，欲藉手以變革弊政，進斯民於文明幸福也。當時厭世主義一派頗盛，如楚狂長沮桀溺荷蕢丈人晨門微生畝之徒，皆攻難孔子。此等皆所謂聲聞外道法也，而孔子則所謂行菩薩行也。」〔註22〕康有為認為，救世不僅是孔子的立言宗旨，而且決定了孔學的內容。

在肯定孔子的思想以救世為宗旨、一切皆圍繞著救世這個不變的宗旨展開的前提下，康有為進一步指出，孔子在面對具體環境和受眾時注重變通，思想大小、本末、精粗無所不包，猶如佛教小乘、大乘兼備一樣。這用康有為的話說便是：「蓋孔子兼備萬法，其運無乎不在，與時變通而得其中。聲色之以化民，皆末；無聲無臭，乃為天載。如五色之珠，說青道黃，人各有見，而皆不得其真相者也。所謂聖而不可測之謂神，孔子哉！」〔註23〕這就是說，臨時發藥、注重變通注定了孔學在內容上廣博深奧，無所不備——正如一位大醫備有千萬處方，孔學根據不同的環境、拯救對象準備了冬裘夏葛方便萬民。孔子所講的「毋必，毋固，毋意，毋我」正是表達了因時因地而異的變通方法和思想旨趣，也注定了孔子思想的無所不備。

在此基礎上，康有為強調，孔子思想的遠近、大小、精粗無所不包在各個方面表現出來：在內容上，不僅講天道，而且講人道；在傳承上，針對傳教對象根器的深淺，傳以不同的微言與六藝；在救世目標上，立足據亂，著眼小康，

〔註21〕《春秋董氏學》卷六，《康有為全集》（第二集）中國人民大學出版社 2007 年版，第 408 頁。

〔註22〕《論支那宗教改革》，《梁啟超全集》（第一冊）北京出版社 1999 年版，第 265 頁。

〔註23〕《論語注》，《康有為全集》（第六集）中國人民大學出版社 2007 年版，第 529 頁。

心繫大同，大同與小康並行不悖等等。藉此，康有為旨在強調，只有在本末、遠近、大小、精粗無所不備的前提下理解孔子之學，才能真正體會、領悟孔子思想的大義；否則，將會誤解孔子，甚至可能背離孔子之道的微言大義，使孔學的內容日益狹隘（康有為稱之為使孔學「割地」）。

二、仁之宗旨和主線

康有為一面竭力證明孔學博大精深，無所不包；一面試圖將博大精深的孔學貫穿起來，強調孔學一以貫之，其宗旨與核心便是仁。這就是說，仁是孔子思想的宗旨和主線，甚至全部的孔學都可以歸結為一個仁字。正是在這個意義上，他一而再、再而三地宣稱：

> 該孔子學問只一仁字。〔註 24〕

> 《尸子》曰：孔子本仁。凡聖人立教必有根本，老子以天地為不仁，孔子以天地為仁，此宗旨之異處。取仁於天，而仁此為道本。故《孟子》曰：道二，仁與不仁而已矣。凡百條理從此出矣。仁莫先父子，故謂堯、舜之道，孝悌而已。是以制三年喪而作《孝經》，仁莫大於愛民，所謂「孝子不匱，永錫爾類」。是以制井田而作《春秋》，《中庸》所謂「經天下之大經」，（鄭注《春秋》也。）「立天下之大本」也。（鄭注《孝經》也。）至山川、草木、昆蟲、鳥獸莫不一統。太平之世，大小、遠近若一。大同之治，不獨親其親，子其子，老有所終，壯有所用，鰥寡孤獨廢疾者有養，則仁參天矣。〔註 25〕

> 孔子之教，其宗旨在仁，故《論語》有「依於仁」一條。《呂氏春秋》言孔子貴仁。……孔教尚仁，故貴德賤刑。……孟子謂：人者，仁也。此解最直捷通達。「依於仁」，聖人下一「依」字，有如衣服一般，終身不可捨。董子發仁最精。〔註 26〕

在康有為的視界中，仁是孔學的宗旨，孔子的所有思想都圍繞著仁而展開，無論孔學的治國方案、人倫規範還是經濟制度皆是如此。康有為說道：「孔

〔註 24〕《南海師承記·講孝悌任恤宣教同體饑溺》，《康有為全集》（第二集）中國人民大學出版社 2007 年版，第 250 頁。

〔註 25〕《春秋董氏學》卷六，《康有為全集》（第二集）中國人民大學出版社 2007 年版，第 389 頁。

〔註 26〕《南海師承記·講仁字》，《康有為全集》（第二集）中國人民大學出版社 2007 年版，第 227 頁。

子所以為聖人，以其改制，而曲成萬物、範圍萬世也。其心為不忍人之仁，其制為不忍人之政。仁道本於孝悌，則定為人倫。仁術始於井田，則推為王政。孟子發孔子之道最精，而大率發明此義，蓋本末精粗舉矣。《春秋》所以宜獨尊者，為孔子改制之跡在也。《公羊》、《繁露》所以宜專信者，為孔子改制之說在也。能通《春秋》之制，則『六經』之說莫不同條而共貫，而孔子之大道可明矣。《春秋》成文數萬，其旨數千，皆大義也。漢人傳經，皆通大義，非瑣屑訓詁名物也。故兩漢四百年，君臣上下制度議論，皆出《公羊》，以《史記》、《漢書》逐條求之可知也。苟能明孔子改制之微言大義，則周、秦諸子談道之是非出入，秦、漢以來二千年之義理制度所本，從違之得失，以及外夷之治亂強弱，天人之故，皆能別白而昭晰之。振其綱而求其條目，循其幹而理其枝葉，其道至約，而其功至宏矣。」〔註27〕依據這個分析，仁作為宗旨和主線在孔學中至關重要，大致框定了孔子思想的主體內容；因為孔子的所有主張都圍繞著仁而展開，以仁為線索理解孔子的思想，便會發現孔子的思想「同條而共貫」。以孔子最重要的經典——《春秋》為例，儘管《春秋》內容宏豐，「成文數萬，其旨數千」，然而，《春秋》就是講仁的。這就是說，仁在《春秋》中是一以貫之的主線，《春秋》之義恢宏博大，卻以仁為主。其實，不惟《春秋》，孔子所作的六經只有一個主題，那就是仁。

　　與此同時，康有為強調，仁決定了孔子後學的嫡傳與別派之分：正如以禮為核心內容注定了荀子只能傳承小康之學一樣，孟子和董仲舒之所以成為孔學嫡派，根本原因之一便是對仁的發微。康有為之所以對孟子和董仲舒倍加推崇，是因為他肯定孟子對仁的解釋「最直捷通達」，董仲舒發仁最精。由此可見，康有為之所以譽董仲舒為「孔子之後一人」，讓董仲舒在孔子後學中佔據舉足輕重的位置，原因在於董仲舒對仁的發揮最為精闢。這也從一個側面證明了仁對於孔子思想的至關重要，印證了康有為給予孟子、董仲舒在孔學中首屈一指的地位與兩人對仁的闡發密不可分。

　　與認定孔子的思想一言以蔽之可以歸結為仁息息相關，康有為對儒家經典的闡發始終以仁為中心，圍繞著仁展開。例如，他以心釋仁，借鑒孟子的「不忍人之心」將仁界定為「不忍之心」，進而與西方傳入的自然科學概念——以太、電和力等相提並論，稱之為「愛力」「愛質」「熱力」「吸攝之力」等等。

〔註27〕《桂學答問》，《康有為全集》（第二集）中國人民大學出版社 2007 年版，第18～19 頁。

鑒於孔子在中國文化中的至尊地位和仁對於孔學的至關重要，康有為將仁奉為宇宙本原，賦予仁以至高無上的絕對權威。至此，康有為與譚嗣同一起建構了中國近代心學中以仁為本體的仁學派，使仁成為一個最基本的哲學範疇。

三、講靈魂之天道

在對孔學內容進行闡發的過程中，康有為十分重視孔學的天道問題。他指出，孔子不僅言形體而且言靈魂，不僅講人生而且講天神。這表明，孔子對天道十分重視，也使天道成為孔學不可或缺的內容。對於這個問題，康有為強調指出，孔子之道包括天道與人道兩部分，並不像人們所理解的那樣只講人道而不講天道。其實，說孔子只講人道而不講天道是對孔子的誤解。對此，他解釋說：「凡道愈深遠，人愈難見；道稍淺者近人，人則易窺。人情皆據所見以論人，以武叔而論孔子，如以三尺燋僥而窺龍伯大人，豈能見哉？今以粗跡所傳，若《春秋》之太平，《禮運》之大同，《易》之群龍無首，朱子尚疑之，況其餘乎？數千年推測六經，人人自以為是，而二千年未知平世大同之道，歸魂遊魂之說。愚今推知之矣，安知不又有出於愚所知之外者乎？口說不傳尚如此，口說若傳更不知若何。《易》曰：書不盡言，言不盡意。書者，六經也，不足以盡口說；言者，口說也，不足以盡聖意。今愚見所懷大小、精粗、長短之識，諸星、諸天、諸元、諸血輪之論，尚不能暴於人間，而況孔子之聖意乎？見其粗者或遺其精，見其末者或遺其本。自顏子具體外，聖門諸子，亦不過得片鱗只甲。何況後人？故二千年來，得見孔子之道者寡矣。以為孔子專言形體，而不知其言靈魂；以為孔子專言人世，而不知其多言天神。其他德行、政事、言語、文學之科，獨人立國，天下合群之義，莫不詳委該備，所謂宗廟之美，百官之富，非子贛親聞性與天道，何得尊歎之如此？後人據所見以妄議神靈者，如五色之珠，見青見黃皆不是。如天之大，蒼蒼無正色，杳杳無終極，若言是笠是弓，贊之攻之，總皆謬見而已。」〔註28〕

依照康有為的解釋和分析，道愈深遠，愈是不容易被人看見和領悟，孔子所講的天道正屬於這種情況。為了消除人們對孔子的誤解，也為了證明孔子講天道，康有為堅稱，六經皆孔子所作，六經中的思想構成了孔學的基本內容。孔子作六經本身就證明了孔子之道博大精深，賅天道與人道。因此，以《春秋》

〔註28〕《論語注》，《康有為全集》（第六集）中國人民大學出版社 2007 年版，第 536 頁。

為首的六經而不是以《論語》為經典來理解、領悟孔學大道成為康有為有別於前人的主要特徵。對於這一點，梁啟超在給康有為作傳時特意指出：「昔中國之言孔學者，皆以《論語》為獨一無二之寶典。先生以為《論語》雖孔門真傳，然出於門弟子所記載，各尊所聞，各明一義，不足以盡孔教之全體，故不可不推本於六經。六經皆孔子手定，然《詩》、《書》、《禮》、《樂》，皆因前世所有而損益之；惟《春秋》則孔子自作焉，《易》則孔子繫辭焉。故求孔子之道，不可不於《易》與《春秋》。《易》為魂靈界之書，《春秋》為人間世之書，所謂致廣大而盡精微，極高明而道中庸，孔教精神，於是乎在。」〔註29〕根據梁啟超的介紹，康有為不僅堅信六經皆孔子所作，而且是以六經為基本經典來解讀孔子思想的；正因為本著依據六經來解讀孔子思想的原則，康有為才能夠「盡孔教之全體」，使孔學的廣大而精微、高明而中庸得以呈現。這一點與康有為極力突出孔學在內容上無所不賅相印證。

在依據六經解讀孔子思想的過程中，康有為強調，同樣出自孔子之手的六經在內容上各有側重，其間的區別在於：「蓋《易》與《春秋》為孔子晚暮所作，《詩》、《書》、《禮》則早年所定。故《易》與《春秋》晚歲擇人而傳，《詩》、《書》、《禮》則早年以教弟子者。然《詩》、《書》、《禮》皆為撥亂世而作，若天人之精微，則在《易》與《春秋》。孔子之道，本末精粗，無乎不在；若求晚年定論，則以《易》、《春秋》為至也。其後學，荀子傳《詩》、《書》、《禮》，孟子傳《春秋》，莊子傳《易》，其淺深即由此而分焉。」〔註30〕這就是說，由六經構成的孔學內容豐富恢宏，本末、遠近、大小、精粗無所不備。大致說來，孔學分為天道與人道兩部分。其中，《易》《春秋》是講天道的，《詩》《書》《禮》《樂》則主講人道。後來，康有為改變了《易》《春秋》皆講天道的說法，轉而聲稱《春秋》主人道，只有《易》講天道。梁啟超的上述介紹與康有為的這一觀點相呼應。

儘管具體說法有所出入，然而，有一點是可以肯定的，那就是：《易》講天道是康有為的一貫看法。沿著這個思路，既然《易》是孔子所作，內容是講天道的——用梁啟超介紹康有為的話說，「《易》為魂靈界之書」，那麼，孔子作《易》本身便證明了孔子講靈魂，孔學具有天道方面的內容。事實上，康有

〔註29〕《南海康先生傳》，《梁啟超全集》（第一冊）北京出版社 1999 年版，第 487 頁。

〔註30〕《論語注》，《康有為全集》（第六集）中國人民大學出版社 2007 年版，第 429 ～430 頁。

為始終認為，天道與人道一樣是孔學不可缺少的組成部分。與此相一致，他這樣描述孔學內容：

> 夫孔子之道廣矣博矣，邃矣奧矣，其條理密矣繁矣，又多不言之教，無聲無臭，宜無得而稱焉。請撢其涯，求其門。……故善言孔子者，莫如莊子。曰：古之人其備乎，配神明，醇天地，育萬物，和天下，六通四辟，小大精粗，其運無乎不在。其傳而在六藝者，鄒魯之士、搢紳先生能言之。《詩》以道志，《書》以道事，《禮》以道行，《樂》以道和，《易》以道陰陽，《春秋》以道名分。〔註31〕

> 原於天命，發為人道，本於至誠之性，發為大教之化，窮鬼神萬物之微，著三世三統之變。其粗則在人倫言行、政治之跡，其精出於上天無聲無臭之表。而所以行之後世，為人不可離者，則以其不高不卑，不偏不蔽，務因其宜，而得人道之中。不怪不空，不滯不固，務令可行，而為人道之用。尚恐法久生弊，又預為三重之道，因時舉措，通變宜民。惟其錯行代明，故可並行不悖，既曲成萬物而不遺，又久歷百世而寡過。因使孔子之教，廣大配天地，光明並日月，仁育覆後世、充全球。〔註32〕

這清楚地表明，孔子之道不僅包括天道方面的內容，而且以天道為根基；孔子所講的人道皆發端於天道，孔學的人倫和教化思想都是從天道中演繹出來的。分析至此，康有為得出結論：儘管以救世為宗旨決定了孔學以人道為主，然而，天道在孔學中具有不容忽視的重要地位和作用。不僅如此，天道與人道在孔學中並非各不相涉，而是密切相關，孔子的人道都是從天道中推導出來的。對於這一點，康有為不止一次地強調：

> 孔子之道本天，以元統天。〔註33〕

> 孔子之制度必本於天。〔註34〕

〔註31〕《春秋筆削大義微言考》自序，《康有為全集》（第六集），北京：中國人民大學出版社2007年版，第3頁。

〔註32〕《中庸注》序，《康有為全集》（第五集）中國人民大學出版社2007年版，第369頁。

〔註33〕《萬木草堂講義·七月初三夜講源流》，《康有為全集》（第二集）中國人民大學出版社2007年版，第281頁。

〔註34〕《萬木草堂講義·中庸》，《康有為全集》（第二集）中國人民大學出版社2007年版，第294頁。

　　進而言之，孔子所講的天道包括性與天兩個方面，康有為稱之為「性與天道」或「性天之學」。他強調，由於天道方面的內容邃奧高深，孔子「擇人而傳」，子貢、莊子是孔子「性天之學」的傳人。康有為對孔子天道方面的內容十分重視，由於確信莊子傳承了孔子天道方面的內容，故而提升莊子在孔學中的地位──不僅一再宣稱莊子與孟子一樣得孔子的大同之傳，而且將莊子在孔學中的地位置於荀子之上。同樣的邏輯，由於認定《易》是孔子講天道的，康有為便對之予以推崇和闡發。此外，康有為認為孔子注重變通，並且魂魄兼養，無論變通還是靈魂之事都以《易》為主要經典。正是出於這個原因，梁啟超判定康有為認為孔子著《易》專講靈魂之事，是為了「明魂學」。對此，梁啟超介紹說：「若夫《大易》，則所謂以元統天，天人相與之學也。孔子之教育，與佛說華嚴宗相同：眾生同原於性海，捨眾生亦無性海；世界原具含於法界，捨世界亦無法界。故孔子教育之大旨，多言世間事，而少言出世間事，以世間與出世間，非一非二也。雖然，亦有本焉。為尋常根性人說法，則可使由之而不使知之；若上等根性者，必當予以無上之智慧，乃能養其無上之願力。故孔子繫《易》，以明魂學，使人知區區軀殼，不過偶然幻現於世間，無可愛惜，無可留戀，因能生大勇猛，以捨身而救天下。」〔註35〕言鬼神、講靈魂是康有為所認定的判斷宗教的標準，有了《易》講靈魂和《易》為孔子作，也就使孔子是中國的教主、中國有自己的宗教等等諸如此類的問題變得不言而喻了。

　　與此相聯繫，康有為證明孔子是宗教家、反對中國無宗教的證據是孔子講天道和鬼神，致使神道設教既成為孔子天道的內容，又成為孔子是宗教家的證據。正是在這個意義上，康有為寫道：「有教未必足貴，然苟非野人若禽獸則未有無教，若無教則惟野人及禽獸耳。惟教術之不一故有美惡，亦惟教術之不一而有人神。然無論其教之術如何，終不能不謂之為教也……然孔子既自言之曰：聖人以神道設教而天下服，又曰：明命鬼神以為黔首則，百眾以畏，萬民以服。故雖遠鬼神而不語，以掃野蠻時迷信過甚之風，亦存祭祀而畏天，以示照臨上下左右之切，故盡毀淫祀而仍隆敬祀典，立天地山川社稷先祖之祀。《詩》、《書》所載，語必稱天。明明在上，赫赫在下，天難忱斯，天位殷適。六語之中，四語稱天。曰：上帝臨汝，無貳爾心。獲罪於天，無所禱也。諸經所述不可勝數，雖耶教尊天之切豈有過此。中國開明最早，以孔子早掃神權，

〔註35〕《南海康先生傳》，《梁啟超全集》（第一冊）北京出版社 1999 年版，第 487 頁。

故後儒承風幾為無鬼之論。然在孔子之意，以生當亂世，人性未善，不能不假鬼神以怵之，仍存而不絕。如管子所謂：不明鬼神則陋民不悟也。故莊子稱孔子曰：古之人其備乎！配神明六通四辟無乎不在。即以神道為教，孔子何嘗不兼容並包，但不欲以此深惑愚民，若異氏之術自取尊崇耳。今多謂孔子不言天神、靈魂、死後者，皆誤因《論語》一二言如『子不語神怪』、『遠鬼神』之說。則《易》曰：精氣為物，遊魂為變，故知鬼神之情狀。君蒿悽愴，天地之精乃取而祀之。經說固無限，且即以《大學》開口曰在明德，豈非靈魂？而《中庸》開口曰『天命』，終語曰：上天之載，無聲無臭，至矣！此又何言？」〔註36〕

　　與對孔學天道內容的凸顯一脈相承，康有為對天的推崇始終如一。這一點在中國近代獨樹一幟，也引起了學術界關於康有為哲學的本體是天還是仁的爭論。可以肯定的是，康有為是從上天那裏引申出人的自由、自主權利的。在他看來，人之所以痛苦不已，是由於家庭、國家的羈絆；如果人明白了自己為「天人」「天上人」「天上之人」而「直隸於天」的話，便能夠擺脫家庭、家族和國家的羈絆而與樂俱來。這用康有為本人的話說便是：「蓋人人皆天所生，無分貴賤，生命平等，人身平等。」〔註37〕這便是他對天樂此不疲，故而津津樂道地講天、講諸天、諸天講的秘密。就康有為對孔子思想的詮釋來說，他一再強調自主、平等是孔子思想的題中應有之義，而孔子的自主、平等思想無疑源自天道。這就是康有為一再重申天道是孔學不可或缺的內容，孔學包括天道與人道兩部分的內容，並且人道源於天道的原因所在。

四、順人之情的人道

　　在康有為看來，如果說天道表明了孔子是宗教家、孔學亦可以稱為孔教的話，那麼，人道則表明孔教有別於其他宗教。大致說來，天道展示了孔學的共性，人道則表現了孔學的個性。儘管康有為一再強調孔子之道無所不包，天道與人道賅備，不可否認的是，他講得最多的還是人道。這表明，人道與天道一樣是孔學的組成部分，並且是孔子最為關切之所在。

　　康有為強調，儘管孔學包括天道與人道，然而，身處亂世的孔子為了拯救萬民於水火，不可能一味地奢談天道，而是以人道為主。換言之，孔子的思想

〔註36〕《歐美學校圖記 英惡士弗大學校圖記》，《康有為全集》（第八集）中國人民大學出版社 2007 年版，第 126～127 頁。

〔註37〕《孟子微》，《康有為全集》（第五集）中國人民大學出版社 2007 年版，第 460頁。

宗旨是救世，這注定了孔子注重人道；在對人道的關注上，身處據亂世的孔子
迫於形勢，注重變通，以三世、三統因時因地現身說法。這就是說，在對人道
的關注中，由於身處據亂世，孔子注重變通，因時說法，所有主張都「三數以
待變通」，三世、三統即屬此類。對此，康有為解釋說：「孔子創義，皆有三數
以待變通。醫者制方，猶能預制數方以待病之變，聖人是大醫王而不能乎？三
統、三世皆孔子絕大之義，每一世中皆有三統。此三統者，小康之時，升平之
世也。太平之世別有三統。」〔註38〕注重變通、三世三統使孔子秉持歷史進化
理念，並且嚮往自由、平等和大同社會。於是，康有為斷言：「況孔子去世卿，
去奴隸，而開二千年一統平等自由之治；定同姓不婚，而人民數萬萬冠於大地，
功莫盛焉。其改制為教主兼該三世，自據亂、升平、太平莫不備具。一世之中
又有三統、三正，以待變通，故曰上下無常不可為典要，惟變所適。其稱『文
王既沒，文不在茲』，以文為主，尚進化也。《詩》始文王之君主以寓據亂，《書》
首堯、舜之民主以示升平，《易》稱見群龍無首天下治也以示太平。明堂之制
上圓下方，三十六牖，七十二戶，則各國之王宮議院正同之。衣長後衽，尚白
尚黑，建子建丑，則今歐洲各國行焉。試問誰能於數千年前範圍歐土之制乎？」
〔註39〕這就是說，孔子主張進化，並且將由據亂世到升平世、再到太平世的三
世進化說成是人類社會的進化軌跡；升平世是小康世，太平世是大同世，三世
進化表明大同社會是孔子夢寐以求的理想境界。由此看來，孔子既講小康，又
講大同，孔學包括小康與大同兩個方面。

　　基於上述認識，在對孔學傳承譜系的追溯中，康有為始終強調孔學包括小
康與大同兩方面的內容，並且分別被不同的弟子所傳承。這表明，孔學被分為
兩派的趨勢早在孔子的親授弟子中就已經初露端倪。有鑑於此，康有為三番五
次地宣稱：

　　　　孔子後學兩大派：齊、魯之間則曾子，外國則子夏。〔註40〕

　　　　曾子傳經以謹言、慎行為主，子夏傳經以灑掃應對為本，故孟
　　子謂二子皆守約。二子最老壽，最多子弟。齊、魯之間，曾子弟子

〔註38〕《春秋董氏學》卷五，《康有為全集》（第二集）中國人民大學出版社 2007 年
　　　　版，第 370 頁。
〔註39〕《歐美學校圖記 英愛士弗大學校圖記》，《康有為全集》（第八集）中國人民大
　　　　學出版社 2007 年版，第 125 頁。
〔註40〕《萬木草堂口說‧諸子》，《康有為全集》（第二集）中國人民大學出版社 2007
　　　　年版，第 177 頁。

為多。外國，子夏弟子為多。〔註41〕

　　顏子之後分為兩派：有子、曾子。子游、子張、子夏，皆有子之學。有子一大派。曾子在魯國，未曾出過外國，為魯學一大派，弟子旺盛。至今傳孔是有子、曾子。孔門開之大派，子游、子夏、子張最盛。〔註42〕

　　《論語》惟有子、曾子稱子，餘俱稱號，可知有子亦成一大派，與曾子並孔門高弟，故記二人之言於《論語》第一、二章，蓋尊之也。〔註43〕

　　通過對孔學傳播軌跡的追本溯源，康有為試圖證明：早在孔子的親授弟子那裏，孔學的小康與大同就分別被不同的弟子傳承，因而已經被分裂為兩派了。至於這兩派的代表究竟是誰，康有為的說法並不一致——或者說成是曾子與子夏，或者說成是曾子與有子；儘管代表人物有所出入，有一點是可以肯定的，那就是：無論另一派的人物如何變化，曾子擔任一派都巋然不動。表面上看，似乎康有為對曾子非常重視。其實恰好相反。秘密在於：曾子之所以必然出現，是由於康有為認定曾子之學規模狹隘，傳承了孔子的小康之學；曾子與另一派人物的分裂表明，孔學早在孔子的親授弟子那裏就已經被分為兩派而不再是一個統一的整體了。

　　康有為突出孔子親授弟子的兩派之分，旨在證明一個重要「事實」：孔子的親授弟子沒有一個人像孔子那樣小康、大同兼備，而是對博大精深的孔子之道各有側重，「皆為孔子之三統，門人各得其一說，故生互歧。故通三統之義，而經無異義矣。自七十子以來，各尊所聞，難有統一之者」〔註44〕。這樣一來，原本在孔子那裏的小康、大同圓融無礙，並行不悖，到了孔子的親授弟子那裏，便被分裂為升平的小康之學與太平的大同之學兩個派別。例如，同為孔子親授弟子的子路與顏淵就分別代表了這兩派：「子路『車馬衣裘與共』，乃傳升平世

〔註41〕《萬木草堂口說·孔子改制》，《康有為全集》（第二集）中國人民大學出版社2007年版，第147頁。

〔註42〕《萬木草堂講義·七月初三夜講源流》，《康有為全集》（第二集）中國人民大學出版社2007年版，第281～282頁。

〔註43〕《萬木草堂口說·諸子》，《康有為全集》（第二集）中國人民大學出版社2007年版，第177頁。

〔註44〕《春秋董氏學》卷五，《康有為全集》（第二集）中國人民大學出版社2007年版，第370頁。

之道者；顏淵『無伐善施勞』，乃傳太平之道者。」〔註45〕康有為強調，孔子親授弟子所分裂出來的小康與大同兩派在孔學後來的傳承中不僅沒有被彌合，反而愈演愈烈，致使兩派之間涇渭分明，乃至勢不兩立。其中，孟子獨領一派，從有子、子游和子思處而來；荀子擔綱一派，領納了曾子的衣鉢。對此，康有為比較說：「孔門自七十子後學外，至戰國時，傳道者有孟子、荀子，分兩派。孟子學多在德性，荀子學多在禮，而傳經則荀子為最多。」〔註46〕

　　在康有為那裏，孔學的兩派之分是必然的：第一，依據不同的文本：「『六經』皆孔子作」，彼此之間各不相同卻共同構成了孔子思想的內容。孔子的弟子或後學對六經各有側重，於是分出不同的流派。以作為孔門戰國「二伯」的孟子與荀子為例，孟子一派以《春秋》為主，荀子一派以《禮》為主。第二，秉持不同的傳承方式：孟子一派以發揮微言大義為主，荀子一派以傳經為主。第三，側重不同的內容：大同以仁為主，小康以禮為主。一言以蔽之，孔子之學的兩派之分從根本上說就是小康之學與大同之學的區別。康有為指出，小康與大同這兩種學說本身就有高低、深淺之分：前者是低級的，膚淺的；後者是高級的，邃奧的。對此，聲明「述康南海之言」的梁啟超介紹說：「孔門之為教，有特別普通之二者。特別者，所謂中人以上，可以語上也；普通者，所謂中人以下，不可以語上也。普通之教，曰《詩》、《書》、《禮》、《樂》，凡門弟子皆學之焉，《論語》謂之為雅言，雅者通常之稱也。特別之教，曰《易》、《春秋》，非高才不能受焉，得《春秋》之傳者為孟子，得《易》之傳者為莊子。普通之教，謂之小康；特別之教，謂之大同。然天下中才多而高才少，故傳小康者多而傳大同者少。大同、小康，如佛教之大乘、小乘，因說法有權實之分，故立義往往相反。耽樂小乘者，聞大乘之義而卻走。且往往執其偏見以相攻難，疑大乘之非佛說。故佛說《華嚴經》時，五百聲聞，無一聞者，孔教亦然，大同之教，非小康弟子之所得聞。既不聞矣，則因而攻難之，故荀卿言，凡學始於誦《詩》，終於讀《禮》。不知有《春秋》焉。《孟子》全書，未嘗言《易》，殆不知有《易》焉。蓋根器各不同，而所授亦異，無可如何也？」〔註47〕

〔註45〕《春秋筆削大義微言考》，《康有為全集》（第六集）中國人民大學出版社 2007年版，第 310 頁。

〔註46〕《康南海先生講學記・古今學術源流》，《康有為全集》（第二集）中國人民大學出版社 2007 年版，第 106 頁。

〔註47〕《論支那宗教改革》，《梁啟超全集》（第一冊）：北京出版社 1999 年版，第 263～264 頁。

依照康有為的說法，孔子注重變通，三世三統都是孔學大義，缺一不可；並且，三世之間依次進化，時至而不可滯，時未至而不可躐等。這便是康有為一面呼籲自主、平等，一面強調時之未至，中國尚且不能實現自主、平等的原因。儘管如此，康有為認為孔子心繫大同是毋庸置疑的，並將中國近代的衰微貧弱說成是孔子的大同思想闇而不發的結果。

五、「擇人而傳」的微言大義

按照康有為的說法，六經儘管都是孔子所作，內容卻有不同的側重。孔子所作六經的不同內容共同印證了孔子的思想無所不包，博大宏豐；況且，孔子之道大多是「不言之教」，除了這些見諸文字的文本之外，還有更為重要的內容，那就是：不立文字的微言大義。沿著這個思路，與早年側重從六經中闡發孔學內容的做法有別，從《論語注》等著作開始，康有為強調孔學包括經典文本與口說微言兩部分，這兩部分各有側重，內容迥異，級別懸殊。其中，經典文本就是《詩》《書》《禮》《樂》《易》和《春秋》，即六經，也稱為六藝；與文本對應的口說是不立文字的，寓含孔子的微言大義。

在宣布孔學包括六經（六藝）文本與口說微言的前提下，康有為進而強調，六經只是普通之學，孔子以此「日以教人」。口說「擇人而傳」，屬於孔子的高級之學。由於孔子對於口說微言「非其人不傳」，因此，孔學這方面的內容是一般人不可得而聞的。正是在這個意義上，康有為寫道：「子贛曰：夫子之文章，可得而聞也；夫子之言性與天道，不可得而聞也。……文章，德之見乎外者，六藝也，孔子日以教人。若夫性與天道，則孔子非其人不傳。性者，人受天之神明，即知氣靈魂也。天道者，鬼神死生，晝夜終始，變化之道……子贛驟聞而讚歎形容之。今以莊子傳其一二，尚精美如此，子贛親聞大道，更得其全，其精深微妙，不知如何也。此與《中庸》所稱『聲色化民，末也；上天之載，無聲無臭，至矣！』合參之，可想像孔子性與天道之微妙矣。莊子傳子贛性天之學，故其稱孔子曰：古之人其備乎！配神明，醇天地，育萬物，和天下，澤及百姓，明於本數，繫於末度，六通四辟，小大精粗，其運無乎不在。其明而在數度者，舊法世傳之，史尚多有之。其在於《詩》、《書》、《禮》、《樂》者，鄒魯之士，搢紳先生，多能明之。《詩》以道志，《書》以道事，《禮》以道行，《樂》以道和，《易》以道陰陽，《春秋》以道名分。其數散於天下，而設於中國者；百家之學，時或稱而道之。天下大

亂，賢聖不明，道德不一，天下多得一察焉以自好；譬如耳目鼻口，皆有所明，不能相通。猶百家眾技也，皆有所長，時有所用。雖然，不該不遍，一曲之士也；判天地之美，析萬物之理，察古人之全，寡能備於天地之美，稱神明之容。是故內聖外王之道，闇而不明，鬱而不發，天下之人，各為其所欲焉以自為方。悲夫！百家往而不反，必不合矣。後世之學者，不幸不見天地之純，古人之大體，道術將為天下裂。按莊子所稱『明而在數度者，舊法世傳』，即夫子之文章可得而聞也。若性與天道，則小大精粗，無乎不在。以莊子之肆恣精奇，而抑老、墨諸子為一曲之士，尊孔子為神明聖王，稱為備天地之美，稱神明之容，又悲天下不聞性與天道，不得其天地之純，各執一端，而孔子大道闇而不明，鬱而不發。……天下之善讀孔子書者，當知六經不足見孔子之全。」〔註48〕在這裡，康有為堅持子贛（就是前面所說的子貢）、莊子傳承了孔學「性與天道」方面的內容。所不同的是，他將六經（六藝）從孔子思想的全部內容變成了孔子思想的一部分，同時在其中加入了與六經相對的口說部分；在此基礎上強調口說之微言大義遠遠比六經文本更重要。與此相一致，康有為改變了先前認定的或者《春秋》和《易》一起講天道或者只有《易》講天道的觀點，轉而堅稱只有口說微言才傳承天道。循著這個邏輯，「性與天道」並非限於《易》，包括《易》在內的「六經不足見孔子之全」；只有口說才是孔子的微言大義，六藝儘管也是孔子的思想，卻只是粗淺之學。正因為如此，孔子才拿六藝來「日以教人」。康有為的這個說法無疑降低了六經在孔學中的地位和價值。更有甚者，他強調，六經的內容各有側重，每一經（一藝）只是孔子思想的一部分。因此，如果只傳得其中的一經（一藝），那將非常危險——不僅不能窺見孔子思想的全貌，反而使孔子大道支離破碎，老子、墨子等人正因為對六藝的分裂，而最終淪為僅得孔子大道之「一體」「一端」的「一曲之士」。

基於上述情況，康有為一針見血地指出：「夫以孔子之道之大，孔門高弟之學術之深博如此，曾門弟子之宗旨學識狹隘如彼，而乃操採擇輯纂之權，是猶使僬僥量龍伯之體，令鄙人數朝廟之器也。其必謬陋粗略，不得其精盡，而遺其千萬，不待言矣。假顏子、子貢、子木、子張、子思輯之，吾知其博大精深，必不止是也。又，假仲弓、子游、子夏輯之，吾知其微言大義之亦不止此

〔註48〕《論語注》，《康有為全集》（第六集）中國人民大學出版社 2007 年版，第 411
　　　～412 頁。

也。佛典有迦葉、阿難之多聞總持，故精微盡顯，而佛學大光。然龍樹以前，只傳小乘，而大乘猶隱。蓋朝夕雅言，率為中人以下而發，可人人語之，故易傳焉。若性與天道，非常異義，則非其人不語，故其難傳，則諸教一也。」〔註49〕循著這個邏輯，以六藝按圖索驥來解讀孔子大道並非通途，「學識狹隘如彼」的曾門弟子編纂的《論語》對於瞭解孔學更是貽害匪淺。為了給人指點迷津，康有為提出，當務之急是返回到《春秋》，發現、澄明其中的微言大義。只有這樣，才能洞徹孔子大道，因為孔子的微言大義就隱藏在《春秋》之中。《春秋》在六經中舉足輕重，可以把孔子在六經中的所有思想貫通起來。事實上，康有為雖然認定六經皆出自孔子之手，但是，他對《春秋》寄予厚望，譽之為六經之至貴，解開六經的金鑰匙。於是，康有為再三聲稱：

「六經」皆孔子所作。《詩》、《書》、《禮》、《樂》，少年所作。《易》、《春秋》，晚年所作。〔註50〕

「六經」以《春秋》為至貴。〔註51〕

孔子之道，全在於「六經」。《春秋》為「六經」之管籥，故孔子之道莫備於《春秋》。〔註52〕

循著這個邏輯，既然《春秋》不僅僅是六藝之一，而是孔子大道的關鍵所在，那麼，便不可對《春秋》與孔子所作的其他經典等量齊觀。《春秋》的價值和至貴在於，孔子的微言大義就隱藏在其中，《春秋》是解讀孔子大道的不二法門。孟子就是最早揭開這一秘密的人。對此，康有為說道：「然則求孔子之道者，於六藝其可乎？子思曰：仲尼祖述堯、舜，憲章文、武，上律天時，下襲水土。譬如天地之無不持載、無不覆幬，如四時之錯行，日月之代明。孟子者，得子思升平之傳；故善言孔子者，莫如孟子。孟子言禹，則曰抑洪水；言周公，則曰兼夷狄、驅猛獸；言孔子，不舉其他，但曰『知我罪我，其惟《春秋》』，又曰『其事則齊桓、晉文，其文則史，其義則丘竊取之』。然則六藝之

〔註49〕《論語注》序，《康有為全集》（第六集）中國人民大學出版社 2007 年版，第377頁。

〔註50〕《萬木草堂口說‧孔子改制》，《康有為全集》（第二集）中國人民大學出版社2007 年版，第 147 頁。

〔註51〕《萬木草堂口說‧孔子改制》，《康有為全集》（第二集）中國人民大學出版社2007 年版，第 147 頁。

〔註52〕《康南海先生講學記‧古今學術源流》，《康有為全集》（第二集）中國人民大學出版社 2007 年版，第 107 頁。

中，求孔子之道者，莫如《春秋》。」〔註53〕在康有為那裏，如果說孟子是慧眼識珠，最早指出孔子的微言大義就隱藏在《春秋》之中的人的話，那麼，董仲舒則是成功破譯《春秋》微言大義的密碼，對《春秋》微言大義闡發最好的人。《春秋》的價值和書中隱藏的微言大義的重要性決定了傳承《春秋》微言大義的孟子、董仲舒思想的至關重要。兩相比較，如果說孟子的貢獻是發現了《春秋》寓含微言大義，指明了呈顯孔學大義的方向的話，那麼，董仲舒的貢獻則在於光大《春秋》的微言大義，使闇而未發的孔子大道重見天日。分析至此，康有為的結論是：「明於《春秋》者，莫如董子。自元氣陰陽之本、天人性命之故、三統三綱之義、仁義中和之德、治化養生之法，皆窮極元始、探本混茫。孔子制作之本源、次第，藉是可窺見之。如視遠筒渾儀而睹列星，晶瑩光怪，棋列而布分也。如繪大樹，根本幹支，分條布葉，鬱榮華實，可得而理也。孔子之道本，暗習湮斷久矣，雖孟、荀命世亞聖，猶未能發宣。江都雖醇儒，豈能逾孟越荀哉？有道者，高下大小，分寸不相越。苟非孔子之口口相傳，董子豈能有是乎？此真孔子微言大義之所寄也。今紬精舉要，俾孔子之道如日中天。」〔註54〕

　　總之，在康有為的視界中，孔子之道包括文本和口說兩部分。文本的內容十分清楚、明確，指《詩》《書》《禮》《樂》《易》《春秋》組成的六經，他有時又稱為六藝；對於口說寓含的微言大義是什麼，康有為的具體說明和闡釋沿著兩條不同的線索展開：一條是子貢、莊子傳承的「性天之學」，另外一條是子游、子思、孟子和董仲舒等人傳承的《春秋》蘊藏的微言大義。鑒於微言大義在孔子之道中的重要性，康有為將傳承微言大義的莊子和孟子一起歸到了孔學的大同一派。盡管如此，不可迴避的是，康有為梳理的傳承孔學微言大義的這兩條線索具有各不相涉的傳承譜系和代表人物，內容也相去甚遠，彼此之間難免呈現出巨大張力：第一，子貢、莊子傳承的「性天之學」側重天道，孟子、董仲舒傳承的《春秋》則側重人道。第二，微言大義屬於「不言之教」，其特點有二：一是由於「非其人不傳」，並非所有弟子皆能有緣親聞此道；二是以口說為傳承方式，無文本可依或不限於經典文本。這表明，微言不同於文本，《春秋》作為六藝之一則屬於文本。或許是意識到了這種張力，

〔註53〕　《春秋筆削大義微言考》自序，《康有為全集》（第六集）中國人民大學出版社
　　　　　2007年版，第3頁。
〔註54〕　《春秋董氏學》卷六，《康有為全集》（第二集）中國人民大學出版社2007年
　　　　　版，第372頁。

康有為在解讀孟子和董仲舒的思想時，歷來突出兩人今文經學家的身份，以此彰顯兩人對《春秋》微言大義的闡發，進而說明孟子、董仲舒並非像荀子、劉歆那樣注重訓詁、考據。與此同時，康有為一再強調，孟子和董仲舒的思想都本於天道，包括性天方面的內容。當然，隨著康有為思想的轉變，莊子在他那裏由早年作為孔子大同派的代表倍受關注而漸漸被邊緣化，孟子和董仲舒等人則代表了孔子微言大義的唯一傳承譜系，三世、三統也隨之成為孔子微言大義的主要內容。

第三節　孔子思想的現代轉換

全球文化多元的開放心態使康有為以西學為參照和思想要素來審視孔學代表的中國本土文化，進而將自由、平等、博愛等近代價值理念注入孔學之中，推動了孔學的內容轉換。正因為如此，康有為闡發的孔學具有不同以往的近代特徵，是中國本土文化走向現代化的最初嘗試。

一、全球文化多元的開放心態

無論是康有為對孔學內容的界定還是對孔學傳承譜系的追溯都具有全球視野和近代風尚，其中最明顯也最突出的表現是，不再像古代那樣為了捍衛儒家的正統或獨尊而排斥「異端」或外學，而是採取圓融無礙的態度對古今中外各種文化要素兼容並蓄：在中國本土文化的視域中，強調孔學包括「百家」「九流」；在世界文化的視域中，確認孔教與佛教、耶教相通。

梁啟超評價中國近代哲學具有「不中不西即中即西」〔註55〕的特點，康有為對孔子思想的闡發和對孔學內容的界定可以視為這個評價的注腳。換言之，康有為視界中的孔學不是一般意義上的儒家或儒學，而是在以儒學為主體的同時，容納了其他各種非儒的思想因素。正因為如此，他所講的孔學包括諸子百家，在外延上與中國本土文化相當。不僅如此，與對「九流」「百家」兼容並包如出一轍，康有為突出孔學與其他異質文化的相通性、圓融性，尤其是始終強調孔教與佛教、耶教之間的一致性和相通性。在這方面，康有為不僅堅信孔教與佛教、耶教三教圓融，並行不悖；而且找到了三教相通的匯合點，那就是仁。從這個意義上說，作為三教的共性，仁也是孔教與佛教、耶教的相同點。

〔註55〕《清代學術概論》，《梁啟超全集》（第五冊）北京出版社 1999 年版，第 3104 頁。

對此，梁啟超披露說：「以故三教可以合一，孔子也，佛也，耶穌也，其立教之條目不同，而其以仁為主則一也。」〔註 56〕需要說明的是，仁是孔教與佛教、耶教的交匯點對於康有為來說十分重要，不僅是孔教與佛教、耶教圓融無礙的具體表現和證據，而且是推崇孔教或建構仁學體系的價值依託。

更為重要的是，借助孔教與耶教的圓融無礙，康有為將自由、平等、博愛和民主等近代價值理念和時代訴求注入孔學之中，既推動了孔學代表的中國本土文化即傳統文化的現代化，又在孔學與西學的比較中回應了救亡圖存的現實需要和時代課題。康有為以孔學整合諸子百家是近代全球多元文化的歷史背景和文化語境使然，同時出於救亡圖存的鬥爭需要。這就是說，他的孔學觀肩負著思想啟蒙與救亡圖存的雙重歷史使命。由於堅持救亡圖存的方針和路線是通過保教來保國、保種，康有為呼籲立孔教為國教，以此堅守中國本土文化。盡管如此，無論是中國的落後挨打還是思想啟蒙的需要都預示著對中國本土文化的抱殘守缺已為時代所不容，也注定了康有為對中國本土文化的堅守是以借鑑西學為前提、為手段進行的。有鑑於此，以孔學與西學相比較，通過比較證明孔學與西學相似、相通，進而宣稱西學的內容為孔學代表的中國本土文化所固有成為康有為堅守中學的方法和講西學時不變的主題。例如，在《日本書目志》中，他不禁一次又一次地表示：

> 心學固吾孔子舊學哉！顏子三月不違，《大學》正心，《孟子》養心，宋學尤暢斯理。當晚明之季，天下無不言心學哉！故氣節昌，聰明出，陽明氏之力也。以《明儒學案》披析之，淵淵乎與《楞伽》相印矣。三藏言心，未有精微淵異如《楞伽》者也。泰西析條分理甚秩秩，其微妙玄通，去遠內典矣。吾土自乾嘉時學者掊擊心學，乃並自剗其心，則何以著書？何以任事？嗚呼！心亦可攻乎哉？亦大異矣。日人中江原、伊藤維楨本為陽明之學，其言心理學，則純乎泰西者。〔註 57〕

> 政治之學最美者，莫如吾《六經》也。嘗考泰西所以強者，皆暗合吾經義者也。泰西自強之本，在教民、養民、保民、通民氣、

〔註 56〕《南海康先生傳》，《梁啟超全集》（第一冊）北京出版社 1999 年版，第 488 頁。

〔註 57〕《日本書目志》卷二，《康有為全集》（第三集）中國人民大學出版社 2007 年版，第 293 頁。

同民樂，此《春秋》重人、《孟子》所謂「與民同欲，樂民樂，憂民憂，保民而王」也。〔註58〕

《春秋》者，萬身之法、萬國之法也。嘗以泰西公法考之，同者十八九焉。蓋聖人先得公理、先得我心也，推之四海而準也。〔註59〕

經過康有為的詮釋，西方近代學科分類中的心理學就是中國傳統文化中的心學，西方的心理學、政治學和法學等是孔學中原本就有的內容，並且，孔學在這些方面是最優秀的。這樣一來，接觸西學〔註60〕不僅沒有動搖他對孔學的信心，反而堅定、增加了對孔子的服膺。正是出於孔學高於西學的認識，康有為堅定了立孔教為國教的信心。

二、近代價值理念的接軌轉換

全球文化多元的開放心態、視域為康有為詮釋孔學提供了最大的自由度和發揮空間，由於近代的強勢文化是西方文化，康有為對孔學的開放解讀和詮釋不僅不可迴避孔學與西學的關係，而且要對二者的優劣文野做出回答。在堅持孔學代表的中國本土文化高於西學之後，康有為借助中學與西學的相通，將近代的價值理念——如自由、平等、博愛、民主和進化等注入孔學之中，以西學為參照和理論來源，推動孔學以及中國本土文化的內容轉換和現代化。在這方面，正如有人指責康有為所講的孔教實質上已經蛻變為「康教」一樣，康有為一面對孔學內容進行重新解讀乃至過度詮釋，一面借助西學使孔學與時代對接。

首先，康有為認為，自由不僅是孔子思想的題中應有之義，而且是孔學的思想主旨和價值訴求。

在康有為看來，孔子的思想一言以蔽之就是仁，而自由是孔子之仁的基本內涵，孔子對仁的推崇也就意味著對自由的追求。具體地說，所謂仁，也就是不忍人之心（康有為又稱之為「不忍之心」）。由於人人皆有「不忍之心」，這種與生俱來的善性表明人生來就有享受自由權利的資格。於是，他將孟子的性

〔註58〕《日本書目志》卷五，《康有為全集》（第三集）中國人民大學出版社 2007 年版，第 328 頁。

〔註59〕《日本書目志》卷六，《康有為全集》（第三集）中國人民大學出版社 2007 年版，第 357 頁。

〔註60〕康有為認為日本學術直接從西方翻譯過來當屬西學，這在當時是一種普遍觀點，並非康有為一個人的看法。

善說與西方的天賦人權論相提並論，以此證明人生來就有自由之權。不僅如此，自由作為孔學的題中應有之義，在孔子後學中傳承有序。換言之，孔子不僅自己追求自由，而且將自由傳授給他的親授弟子。因此，作為孔子親授弟子的顏淵、子貢和作為孔子三傳弟子的莊子等人都傳承了孔子的自由思想。對此，康有為一再強調：

> 夫自由之義，孔門已先倡之矣。昔子貢曰：我不欲人之加之我也，吾亦欲無加之人。不欲人加，自由也；吾不加人，不侵犯人之自由也。人己之界，各完其分，語意周至。〔註61〕

> 大約顏子、子貢無所不聞，故孔子問子貢與回也孰愈，而歎性與天道。子貢傳太平之學，曰：我不欲人之加諸我，吾亦欲無加諸人。人己皆平。莊子傳之，故為「在宥」之說，其軌道甚遠。〔註62〕

> 子贛蓋聞孔子天道之傳，又深得仁恕之旨，自顏子而外，聞一知二，蓋傳孔子大同之道者。傳之田子方，再傳為莊周，言「在宥天下」，大發自由之旨，蓋孔子極深之學說也。但以未至其時，故多微言不發，至莊周乃盡發之。故《莊子·天下篇》遍抑諸子，而推孔子為神明聖王，曰：古之人其備乎！配神明，醇天地，育萬物，和天下，澤及百姓，明於本數，繫於末度，六通四辟，大小精粗，其運無乎不在。其尊孔子者至矣。雖其徜徉遊戲時，亦有罵祖之言，乃由於聞道既深，有小天地玩萬物之志。而謂孔子本末精粗無所不在，則知一切皆孔子之創學。莊子傳子贛微妙之說，遺粗而取精，亦不過孔子耳目鼻口之一體耳。近者世近升平，自由之義漸明，實子贛為之祖，而皆孔學之一支一體也。〔註63〕

與此同時，按照康有為的說法，孔子大同理想的自由只能作為微言「擇人而傳」，孟子則是領悟孔子微言大義隱藏在何處之人。從這個意義上說，孟子是發揮作為孔子微言大義的自由主旨之人。

儘管康有為在不同場合對於孔子自由思想的傳人究竟是誰具體說法不

〔註61〕《物質救國論》，《康有為全集》（第八集）中國人民大學出版社2007年版，第69頁。

〔註62〕《孟子微》，《康有為全集》（第五集）中國人民大學出版社2007年版，第496頁。

〔註63〕《論語注》，《康有為全集》（第六集）中國人民大學出版社2007年版，第411頁。

一，然而，他堅定不移地聲稱孔子主張自由，自由就隱藏在孔子的思想之中。從這個意義上說，究竟是誰傳承了孔子的自由思想顯然並不重要，重要的是孔子講自由，孔學及中學中蘊含著豐富而長久的自由傳統。這才是康有為所關注並極力表達的。

其次，康有為斷言，孔子追求平等，平等是孔學的基本內容和訴求。

在對孔子思想的詮釋中，康有為將平等注入作為孔學宗旨和主線的仁之中。如此一來，如果仁有平等內涵，孔學之平等也就不證自明瞭。為了達到這一目的，康有為分兩步走：先是借鑒古人的做法，從訓詁學的角度挖掘仁之內涵，沿著仁「從二從人」、具有「相偶之義」的思路解釋仁，最終推出的結論是：「仁者，人也。二人相偶，心中惻惶，兼愛無私也。」〔註64〕接下來，康有為指出，「二人相偶」表明，仁所指稱的是人與人之間的關係。這用他本人的話說便是：「仁者公德，博愛無私，萬物一體者。人者仁也，故人人皆有仁之責任，人人皆當相愛相救。為人一日，即當盡一日之責，無可辭避。」〔註65〕這就是說，作為標誌人與人關係的範疇，仁最基本的內涵是平等。具體地說，仁是一種平等之愛，其原則是「人人平等，愛人如己，……不獨親親矣」〔註66〕。正是在這個意義上，康有為一而再、再而三地申明：

仁之極，所謂平等者。〔註67〕

至平無差等，乃太平之禮，至仁之義。〔註68〕

孔子告子貢以一言行終身者「推己及人」，乃孔子立教之本。與民同之，自主平等，乃孔子立治之本。故子思特揭之。〔註69〕

在康有為看來，孔子重視平等，孔子「推己及人」的仁愛之道、忠恕之方都秉持平等原則，並且作為治國之道和待民之方推行到政治領域。作為孔

〔註64〕《論語注》，《康有為全集》（第六集）中國人民大學出版社 2007 年版，第 426 頁。

〔註65〕《論語注》，《康有為全集》（第六集）中國人民大學出版社 2007 年版，第 438 頁。

〔註66〕《孟子微》，《康有為全集》（第五集）中國人民大學出版社 2007 年版，第 415 頁。

〔註67〕《南海師承記·講仁字》，《康有為全集》（第二集）中國人民大學出版社 2007 年版，第 227 頁。

〔註68〕《禮運注》，《康有為全集》（第五集）中國人民大學出版社 2007 年版，第 554 頁。

〔註69〕《中庸注》，《康有為全集》（第五集）中國人民大學出版社 2007 年版，第 374 頁。

教的當代教主，康有為以推行孔子之仁為己任，對平等格外關注，對男女平等的大聲疾呼更是引人注目。不僅如此，基於對平等的嚮往和重視，康有為將改變中國的出路寄託於平等，成為平等派的代表，與梁啟超、嚴復等人對自由的側重迥然相異。與此同時，康有為指出，孔子不僅追求平等，而且在人類歷史的三世進化中設想了實現平等的理想藍圖，那就是孔子魂牽夢縈的大同社會。作為對孔子理想的傳承，康有為在經過近 20 年（1884～1902 年）的思考、修改完成的《大同書》中，詳細描述了他本人心馳神往的絕對平等的大同願景。

再次，康有為聲稱，孔子主張博愛，博愛是孔學最基本的內容。

康有為指出，博愛對於孔學可謂是與生俱來，因此作為孔學宗旨的仁在本質上不是「私德」而是「公德」，所以，仁是愛和不忍，並且是相親相愛、博愛無私。對此，他解釋說：「天下之人物雖多，事理雖繁，而對待者只人與己。有所行者，應人接物，亦不外人與己之交而已。」〔註70〕在康有為看來，平等內涵表明孔子所講的仁不是差等之愛，而是一視同仁的平等之愛，於是推演出不分親疏、國別的博愛。對於仁的博愛內涵，康有為連篇累牘地宣稱：

> 博愛之謂仁。蓋仁者日以施人民、濟眾生為事者。〔註71〕

> 蓋仁莫大於博愛。〔註72〕

> 仁也以博愛為本。〔註73〕

> 若仁，則為元德，有惻怛之心，博愛之理。……僅能克己自守，
> 尚未有益於人，故未及能仁也。〔註74〕

> 仁者，在天為生生之理，在人為博愛之德。〔註75〕

〔註70〕《論語注》，《康有為全集》（第六集）中國人民大學出版社 2007 年版，第 506 頁。

〔註71〕《論語注》，《康有為全集》（第六集）中國人民大學出版社 2007 年版，第 424 頁。

〔註72〕《論語注》，《康有為全集》（第六集）中國人民大學出版社 2007 年版，第 492 頁。

〔註73〕《論語注》，《康有為全集》（第六集）中國人民大學出版社 2007 年版，第 394 頁。

〔註74〕《論語注》，《康有為全集》（第六集）中國人民大學出版社 2007 年版，第 488 頁。

〔註75〕《中庸注》，《康有為全集》（第五集）中國人民大學出版社 2007 年版，第 379 頁。

在此基礎上，康有為將博愛和眾生平等注入仁中，追求「始於男女平等，終於眾生平等」的「大平等」，由此把仁的愛人精神推向了無以復加的地步，也將仁之博愛推向了極致。

最後，康有為將民主、進化等近代價值理念說成是孔學的基本內容和價值訴求。

在對孔學的立言宗旨和基本內容——仁的解讀中，康有為將自由、平等、博愛和民主等近代觀念注入其中。在這個前提下，康有為注重挖掘孔子和孔學的民主思想，強調仁體現在社會歷史和政治領域便是保民、愛民的民主思想，進而從德治、仁政、孝悌和井田制等各個方面共同論證、推演孔學的民主主旨。

與此同時，康有為所講的自由、平等、博愛皆離不開歷史進化，而進化在他看來同樣是孔子思想的題中應有之義，並且同樣與仁密切相關。對此，康有為解釋說：「孔子道主進化，不主泥古，道主維新，不主守舊，時時進化，故時時維新。《大學》第一義在新民，皆孔子之要義也。」〔註76〕由此，梁啟超將康有為的哲學歸結為「進化派哲學」，並說康有為在西方的達爾文進化論系統傳入中國之前，已經從《春秋》中獨自發明進化之義。事實證明，梁啟超深諳師道。康有為正是通過證明孔子作《春秋》寄託人類歷史進化的微言大義的。為此，他秉持今文經學發揮微言大義的傳統，借助公羊三世說，指出孔子主張人類歷史遵循三世的順序依次進化。康有為的進化思想容納了西方的進化論和佛學等思想要素，主體內容無疑是以孔子思想為代表的中國本土文化，主要經典是《春秋》。可以看到，康有為的代表作《孟子微》《論語注》《中庸注》《禮運注》《春秋筆削大義微言考》等皆有這方面的內容。

當然，康有為之所以能夠在《春秋》《論語》《中庸》《禮記》《孟子》等一系列儒家經典中發現歷史進化之鴻秘——或者說，借助它們闡發自己的進化主張，前提是：他認定孔子主張進化，這些經典作為孔子本人和孔子後學對孔子思想的傳承，蘊含著一脈相承的進化理念。而康有為做到這一切分兩步走：先是在全球多元文化的視域中肯定孔學與西學相似、相通，接著以西學為參照，將西學和西方近代的自由、平等、博愛、民主等價值理念注入孔學之中。這樣一來，康有為既賦予孔學以全新內涵和近代訴求，又推動了孔學

〔註76〕《孟子微》,《康有為全集》（第五集）中國人民大學出版社 2007 年版，第 455 頁。

及傳統文化的內容轉換。以仁為例，康有為指出孔學的內容儘管博大精深，卻可以歸結為一個仁字。在此基礎上，他進而強調，孔子所講的仁就是自由、平等和博愛。在宣布仁是孔教的核心和宗旨的同時，康有為賦予仁以新的時代氣息和特徵，將近代的價值理念——自主、獨立、平等和博愛詮釋為仁的基本內涵。此外，康有為將西方自然科學與孔學聯結起來，指出電、力、以太等自然科學概念就是孔子、孟子所講的仁和不忍人之心。於是，他在《孟子微》中宣布：「不忍人之心，仁也，電也，以太也。」〔註77〕當然，康有為認定，孔子之仁也證明了中國具有宗教，因為仁是孔教、佛教和耶教的共同宗旨。

第四節　康有為與孔子思想比較

康有為的學術研究是從推崇孔子創立的儒學開始的，這一點從他被收入《康有為全集》的第一篇文字《南海朱先生墓表》〔註78〕即可見一斑。康有為1880年代的著作如《教學通義》（1885年）《康子內外篇》（1886年）等亦是如此。在1890年代尤其是在戊戌變法之前的講學和著述中，康有為熱衷於考辨中國文化的「學術源流」，旨在證明「『六經』皆孔子作，百家皆孔子之學」〔註79〕。1891年的《新學偽經考》通過揭露劉歆纂偽經典而將六經都歸功於孔子，既提升了孔子的地位，又奠定了康有為憑藉以《春秋》為首的六經發揮孔子微言大義的旨趣。1897年的《孔子改制考》則將孔子詮釋成託古改制的教主，並將三世三統說成是孔子思想的微言大義，將自由、平等、博愛和進化等等說成是孔教的題中應有之義。這樣一來，康有為便將中國救亡圖存的希望寄託於依據公羊三世的變法維新，進而為立孔教為國教奔走呼號。

從康有為呼籲立孔教為國教開始，質疑之聲便不絕於耳。反對的理由之一便是康有為所講的孔教「貌孔夷心」，表面上標榜孔子，實則偷渡了各種非儒思想。應該說，這個揭露抓住了問題的實質，因為康有為所提倡的孔教背離了孔子的思想，已經蛻變為「康教」：一方面，康有為始終以孔子的正宗繼承人

〔註77〕《孟子微》，《康有為全集》（第五集）中國人民大學出版社2007年版，第414頁。

〔註78〕《康有為全集》（第一集）中國人民大學出版社2007年版，第1頁。

〔註79〕《萬木草堂口說·學術源流》，《康有為全集》（第二集）中國人民大學出版社2007年版，第145頁。

乃至孔教的當世教主自居，聲稱自己的思想是對孔子微言大義的發明，故而是孔學之真傳。另一方面，康有為對孔子思想的解讀名義上是發明孔子闇而不發的微言大義，實質上則是通過將孔子的思想與自由、平等、博愛、民主和進化等近代西方思想以及價值理念相對接，為變法維新、君主立憲提供理論辯護。這樣一來，康有為對孔教的發明便由於過度詮釋而與孔子思想的本義漸行漸遠，最終使孔教變成了「康教」。通過對康有為與孔子思想的比較，可以直觀體悟兩人思想的區別，進而從中窺見孔教蛻變成「康教」的秘密。

一、從天命論到「直隸於天」

天是中國古代哲學尤其是儒家哲學最基本的範疇，無論孔子、孟子、荀子還是後來的董仲舒、宋明理學家都對天推崇備至，天也由此成為孔子及儒家哲學的主幹範疇。無論西方以天文學為主的自然科學的影響還是心學的歸宿都使天在近代哲學中被邊緣化，不再是主要的哲學範疇。在這方面，康有為的哲學可以說是一個獨特的個案。可以看到，康有為對天津津樂道，天也因此成為康有為哲學的重要範疇。康有為對天的推尊不僅使天在他的哲學中發揮了至關重要的作用，而且使他的哲學在近代哲學中獨樹一幟，擁有了迥異於其他近代哲學家的特色。

一方面，康有為一再宣稱孔子推崇天，孔子的所有思想都發源於天。正是在這個意義上，康有為反覆斷言：

> 孔子之道本天，以元統天。〔註80〕

> 孔子之制度必本於天。〔註81〕

在肯定孔子尊天的基礎上，康有為進而聲稱，自己所講的天與孔子一脈相承。誠然，康有為、孔子都尊天，兩人所講的天都屬於哲學範疇，故而都具有萬物本原之義：第一，孔子、康有為都將天視為第一性的存在，將世界萬物的存在歸結於天。孔子一面盛讚「巍巍乎！唯天為大」（《論語·泰伯》），一面肯定天地萬物是天派生的，這便是《論語》中人們耳熟能詳的那句名言：「天何言哉？四時行焉，百物生焉，天何言哉？」（《論語·陽貨》）康有為所講的天具有本原之義，他尤為強調人為天所生：「凡人皆天生，不論男女，人

〔註80〕《萬木草堂講義·七月初三夜講源流》，《康有為全集》（第二集）中國人民大學出版社 2007 年版，第 281 頁。

〔註81〕《萬木草堂講義·中庸》，《康有為全集》（第二集）中國人民大學出版社 2007 年版，第 294 頁。

人皆有天與之體，即有自立之權。」〔註82〕第二，孔子、康有為通過天所講的不是自然科學，而是人生哲學，故而都凸顯天與人的關係——或者說，表面上講天，實質上講人。並且，兩人之所以通過天來講人，都是為了借助天為人尋找安身立命的依託和法則。在這方面，孔子讓人尊天、祭天而「畏天命」，康有為讓人「直隸於天」。從「天何言哉？四時行焉，百物生焉，天何言哉？」來看，孔子之天側重自然界的運行法則，蘊含天道之義。儘管如此，天在孔子的思想中主要指主宰之天，從這個意義上說，與殷人所講的天含義相近。由於將天視為主宰之天，孔子講得最多的是天命而不是天道。康有為所講的天有時指自然科學概念，這一點在他的最後一部著作——《諸天講》中表現得尤為明顯。儘管如此，天在康有為的思想中主要指哲學概念，無論他本人對天的推崇還是對孔子之天的詮釋都是如此。有鑑於此，孔子、康有為所講的天從根本上說是哲學概念而不是自然科學概念。換言之，兩人所講的天屬哲學家言而非科學家言。誠如康有為所言：「天者，統攝之謂，非蒼蒼之謂也。」〔註83〕

另一方面，康有為與孔子之天具有本質區別，故而不可對二者等量齊觀：第一，從理論來源上看，康有為所講的天容納了五花八門的思想要素，孔子及儒家之天並不是唯一的理論來源。事實上，康有為在繼承孔子以及儒家尊天、重天傳統的同時，吸收了各種非儒的思想學說。這具體包括墨子之天、西方近代的天文學知識尤其是康德-拉普拉斯的星雲假說和以牛頓力學為基礎的天體論，道教和佛教之天也在其中佔有重要一席。康有為對墨子之天倍加關注，在肯定其為孔學所固有的前提下進行繼承和發揮。正是在這個意義上，他不止一次地斷言：

> 墨子之教流於泰西，其中多言「尊天」、「明鬼」之說。〔註84〕

> 若夫尊天、明鬼，孔學中固有之義。〔註85〕

康有為贊同墨子所講的天，具有兩個原因：一是將之說成是孔學所固有，

〔註82〕《大同書》中州古籍出版社1998年版，第172頁。

〔註83〕《萬木草堂口說·孔子改制》，《康有為全集》（第二集）中國人民大學出版社2007年版，第151頁。

〔註84〕《康南海先生講學記·墨家》，《康有為全集》（第二集）中國人民大學出版社2007年版，第117頁。

〔註85〕《孔子改制考》卷九，《康有為全集》（第三集）中國人民大學出版社2007年版，第119頁。

一是借助墨子尊天拉近墨學與西學的距離，進而將墨學說成是西學之源，以此證明孔教高於耶教。至於其他宗教如佛教、道教和耶教所講的天，更是被康有為發揮運用，因為他認為宗教都講天，不惟孔教如此。這用康有為本人的話說便是：「諸教之始，皆由於天，不但孔子為然。」〔註86〕沿著這個思路，他對孔教、佛教、道教和耶教之天相和合，聲稱「孔子以元統天，與佛氏之言三十六天無異」〔註87〕。在《諸天講》中，康有為明言聲稱：「今談天至無盡也，故從佛數。……佛只言二十五天，道之十八天，皆極少數，吾今推之為二百四十二天，亦豈能盡哉？推至無盡，非筆墨心思所能盡也。姑以此推想，以寄大天無盡之一端焉。吾於此二百四十二天中，各發明其中天人國土繁植，尤吾盡也。其弘大奇詭，不可思議，議暫未能宣也，但以天名附於霞雲天之後。」〔註88〕《諸天講》中所講的「諸天」有二百四十二天之多，分為十九大類。這十九類天分別是「欲天」「情天」「色天」「非色天」「識天」「非識天」「非非識天」「想天」「非想天」「非非想天」「靈天」「光天」「清天」「郁天」「玄天」「洞天」「混天」「太天」「元天」〔註89〕，僅從名稱上即可看出濃重的佛教、道教烙印。對於宗教之天，康有為解釋說：

> 天有上帝者，各國各教所公有也。中國凡稱天，即有主宰之意，主宰者上帝也。《詩》稱「昭事上帝」，又曰「上帝臨汝，毋貳爾心」。故禮以郊祀上帝。孟子曰：雖有惡人，齋戒沐浴，可以事上帝。若耶、回、印度尊事上帝尤嚴矣。印度謂之八明，基督謂之耶和華，若回教一日五拜上帝，叩首七十，尤為戒肅。惟佛不尊上帝，謂與上帝戰，上帝敗而屈為弟子，見佛則合掌恭敬，拜跪受教，佛之尊驕至極而至奇矣。而奈端以天為吸拒力所成，拉伯拉室天文機械論發明奈端之說，直謂無上帝。……即如前定之命運，大亞理士多圖（今譯亞里士多德——引者注）、來布尼茲（今譯萊布尼茲——引者注）以為天皆有前定，與吾國《前定錄》、《定命錄》相合，吾國看相、算命、占筮

〔註86〕 《萬木草堂口說·學術源流》，《康有為全集》（第二集）中國人民大學出版社 2007 年版，第 146 頁。

〔註87〕 《萬木草堂口說·春秋繁露》，《康有為全集》（第二集）中國人民大學出版社 2007 年版，第 205 頁。

〔註88〕 《諸天講》，《康有為全集》（第十二集）中國人民大學出版社 2007 年版，第 83～84 頁。

〔註89〕 《諸天講》，《康有為全集》（第十二集）中國人民大學出版社 2007 年版，第 84～92 頁。

多有奇驗者。《中庸》曰：至誠之道，可以前知。〔註90〕

至於以康德-拉普拉斯的星雲假說為代表的自然科學，始終是康有為天文學的理論來源。早在戊戌變法之前的講學中，康有為就多次講到孔子和拉普拉斯的天文學，並由此發出了如下判斷：

天文學、曆學，皆出孔子門。〔註91〕

法天文家拉伯瑟（今譯拉普拉斯──引者注）以重學考天王、海王。〔註92〕

在《諸天講》中，康有為更是多次提到康德-拉普拉斯的星雲假說。例如，康有為在書中寫道：「德之韓圖（今譯康德──引者注）、法之立拉士（今譯拉普拉斯──引者注）發星雲之說，謂各天體創成以前，是朦朧之瓦斯體，浮遊於宇宙之間，其分子互相引集，是謂星雲，實則瓦斯之一大塊也。」〔註93〕理論來源的駁雜預示了康有為視界中的天不可能與孔子之天完全一致。第二，從具體內容上看，孔子與康有為的天論差若雲泥：孔子講天側重天命論，康有為講天側重天賦人權論。孔子由上天的權威論證了天命論，斷言人之命運──從生死壽夭到貧富貴賤皆受命於天；康有為從天那裏引申出人權天賦，借助天的權威號召人擺脫家庭、國家的羈絆，在「直隸於天」的前提下，作「天民」而各自獨立，人人平等。這樣一來，天在孔子、康有為那裏便擁有了不同的作用和意義：對於孔子來說，天的存在表明人之命運由天操控，孔子的哲學或天論以天命論的形式表達出來；對於康有為來說，天的存在表明人是自主而自由的，因為自由、自主和平等是人與生俱來的權利。第三，從概念範疇上看，如果說天是孔子哲學的最高範疇的話，那麼，到了康有為那裏，天既不是唯一的世界本原，又不是最高的哲學範疇──因為天上還有一個元。正是在這個意義上，康有為不止一次地宣稱：

蓋天地之本皆運於氣，孔子以天地為空中細物，況天子乎？故推本於元以統乎天，為萬物本。終始天地，本所從來，窮極混茫，

〔註90〕《諸天講》，《康有為全集》（第十二集）中國人民大學出版社 2007 年版，第93～94 頁。

〔註91〕《萬木草堂口說·學術源流》，《康有為全集》（第二集）中國人民大學出版社 2007 年版，第 145 頁。

〔註92〕《萬木草堂口說·學術源流》，《康有為全集》（第二集）中國人民大學出版社 2007 年版，第 137 頁。

〔註93〕《諸天講》，《康有為全集》（第十二集）中國人民大學出版社 2007 年版，第20 頁。

如一核而含枝葉之體、一卵而具元黃之象；而核卵之始，又有本焉，
無臭無聲，至大至奧。孔子發此大理，託之《春秋》第一字，故改
「一」為「元」焉。此第一義也。老子所謂道、婆羅門所謂大梵天
王、耶教所謂耶和華近之，而不如言元統天之精也。〔註94〕

　　豈知元為萬物之本，人與天同本，於元猶波濤與漚同起於海，
人與天實同起也。然天地自元而分別為有形象之物矣。人之性命雖
變化於天道，實不知幾經百千萬變化而來，其神氣之本，由於元。
溯其未分，則在天地之前矣。人之所以最貴而先天者，在參天地為
十端，在此也。精奧之論，蓋孔子口說，至董生發之深博。〔註95〕

在這裏，康有為本著元以統天的原則肯定人與天地同本於元，這等於將元
說成是人與天的共同本原。不僅如此，他提到了人之性命，同樣肯定其「由於
元」。值得注意的是，康有為聲稱這一切都是孔子的主張，作為六經金鑰匙的
《春秋》從元年開始即是此意，董仲舒便發揮了孔子這方面的微言大義。

在中國近代哲學家中，康有為對天的推崇令人矚目，也引起了學術界關
於康有為哲學的世界本原究竟是天還是仁的爭論。事實上，康有為有過仁、
不忍人之心是世界本原的表達，也有過氣是世界本原的論述。對於氣是本原，
除了上述引文肯定「蓋天地之本皆運於氣」之外，康有為還有更為明確的論
述：「夫浩浩元氣，造起天地。」〔註96〕元、仁、氣（元氣）的出現印證了天
在孔子、康有為哲學中的地位不可同日而語。如果說孔子對天情有獨鍾的話，
那麼，康有為的哲學本原則是多元的。問題的關鍵是，即便不是第一範疇或
萬物本原，天也始終是康有為哲學的基本範疇。這不僅表現在他由始至終都
講天，而且表現在天在康有為的哲學中至關重要，不可或缺。具體地說，康
有為推崇天具有多重動機，與這些動機相對應，天便擁有了多重作用和意義：
第一，康有為是從上天那裏引申出人的平等、自主權利的。在他看來，人之
所以痛苦不已，是由於家庭、國家的羈絆；反過來，只有明白了自己為「天
人」、「天上人」和「天上之人」而「直隸於天」，人才能夠擺脫家庭、家族和
國家的羈絆而與樂俱來。這用康有為本人的話說便是：「蓋人人皆天所生，無

〔註94〕《春秋筆削大義微言考》，《康有為全集》（第六集）中國人民大學出版社 2007
　　　　年版，第 10 頁。
〔註95〕《春秋董氏學》卷六，《康有為全集》（第二集）中國人民大學出版社 2007 年
　　　　版，第 373 頁。
〔註96〕《大同書》中州古籍出版社 1998 年版，第 35 頁。

分貴賤，生命平等，人身平等。」〔註97〕從這個意義上說，天是康有為以自由、平等、民主為核心的啟蒙思想的哲學依託，也是其「求樂免苦」哲學的形上根基。正是由於這個原因，他對天津津樂道，樂此不疲地講天、講諸天、諸天講。就康有為對孔子思想的詮釋來說，他一再強調自主、平等是孔子思想的題中應有之義，並且宣稱孔子的自主、平等思想源自天道。這就是康有為一再重申天道是孔教不可或缺的內容，孔教包括天道與人道兩個部分，並且人道源於天道的秘密所在。第二，康有為認為宗教講天，致使講天成為判教的一個標準。康有為強調，孔子講天，孔教中具有天道方面的內容，講天道表明孔子思想是宗教。在此基礎上，他進而指出，孔子所講的天即孔教之天與耶教之天相同。在中國近代，儘管對於孔教甚至佛教是否是宗教存在爭議，耶教是宗教則是共識。借助孔教與耶教都講天——並且所講之天相同，康有為坐實了孔子思想是宗教。

綜觀康有為、孔子的思想可以看到，孔子借助天論證了天命論，也使天命論成為孔子哲學的基本形態。康有為借助天宣布人為天所生，並沒有由此走向天命論。這不僅是因為天並非康有為恪守的唯一世界本原，而且是因為康有為借助天伸長了人的平等、自主之權。一言以蔽之，孔子的天命論之天帶給人的是生存的被動性、不自由性，康有為的「直隸於天」所彰顯的則是人與生俱來的自由、自主之權。正是由於這個原因，孔子將「畏天命」說成是君子的三畏之首，緊隨天命論之後的則是道德倫理學說。康有為在宣布「直隸於天」的前提下，讓人擺脫家庭、家族和國家的羈絆盡情享樂，隨之而來的是「求樂免苦」的價值追求和人生哲學。與此相聯繫，康有為通過康德-拉普拉斯的星雲假說和天文學講天，更通過佛教、耶教之天講宗教和信仰。因為在他看來，孔子與其說是篤信天命論的哲學家，毋寧說是創立孔教的宗教家。

二、從仁者愛人到「博愛派哲學」

仁在中國古代哲學中源遠流長，最早對仁予以熱切關注和大力提倡的則是孔子。甚至可以說，孔子的思想以仁為主線。對於孔子表白的「吾道一以貫之」，孔子的親授弟子——曾子解釋說：「夫子之道，忠恕而已矣。」（《論語·里仁》）依據這個解讀，貫穿孔子思想的主線就是仁。康有為極力彰顯仁對於

〔註97〕《孟子微》，《康有為全集》（第五集）中國人民大學出版社 2007 年版，第 460 頁。

孔子思想提綱挈領的地位和作用，甚至將孔子的所有思想都歸結為仁。他斷言：「該孔子學問只一仁字。」〔註98〕在此基礎上，康有為圍繞著對孔子之仁的闡發，建構了自己的「博愛派哲學」。孔子以仁為主線的思想是仁學，康有為的「博愛派哲學」也是仁學。在對仁的推崇上，兩人是一致的。更為重要的是，依據康有為的說法，仁是孔子的立教宗旨，自己的仁學就是對孔教之仁的發明。

一方面，康有為反覆標榜自己是孔教的當代教主，明確指出自己所講的仁源於孔子。這一點大致框定了康有為所講的仁之概念的理論來源和基本內涵，也注定了康有為仁學的儒家特色和旨歸。眾所周知，康有為、譚嗣同都建構了仁學體系，兩人也因此成為中國哲學史上僅有的兩位明確宣布仁是世界萬物本原的近代哲學家。在這個前提下應該看到，康有為與譚嗣同的仁學是兩種不同的樣式和形態，其間的本質區別在於，康有為的仁學是以孔子的名義建構的，理論來源和思想底色是孔子代表的儒家思想。在這方面，強調仁源於孔子使康有為的仁學以儒學為母版，也決定了他以儒學為母版的仁學建構是一種儒學形態；譚嗣同儘管承認孔子講仁，然而，他在更多的情況下將仁說成是孔教、佛教和耶教的共同主張〔註99〕，而不是像康有為那樣極力

〔註98〕《南海師承記・講孝悌任恤宣教同體饑溺》，《康有為全集》（第二集）中國人民大學出版社 2007 年版，第 250 頁。

〔註99〕康有為在《日本書目志》的「宗教門」中曾經對宗教進行了這樣的概括：「太古之聖，則以勇為教主；中古之聖，則以仁為教主；後古之聖，則以知為教主。」（《日本書目志》卷三，《康有為全集》（第三集）中國人民大學出版社 2007 年版，第 297～298 頁）就時代而言，他所處的時代應屬於「中古」。從以仁為「教主」的角度看，康有為肯定包括孔教、佛教和耶教在內的宗教都推崇仁，也就是他所說的都奉仁為「教主」。這意味著仁是三教的共同主張。其實不然。就康有為的這段議論來說，主旨不是論證孔教、佛教和耶教的共同主張而是在界定宗教內涵的基礎上，進而勾勒宗教的遞嬗軌跡。對此，他的具體方法是，沿著三世三統的邏輯，將宗教的演進過程劃分為「太古」「中古」「後古」三個階段，進而以勇、仁、知概括這三個不同階段的信仰即他所說的「教主」。從「中古之聖，則以仁為教主」而中古宗教包括孔教、佛教和耶教來看，仁是三教的共同「教主」。儘管如此，康有為在這裡並沒有明確肯定仁是孔教、佛教和耶教的共同主張，更何況早在 1880 年代，康有為就有了孔教是現世教、佛教是未來教的觀點。這用他本人的話說便是：「孔教率其始，佛教率其終。」（《康子內外篇》，《康有為全集》（第一集）中國人民大學出版社 2007 年版，第 103 頁）在康有為設想的大同社會中，孔教和耶教都已經滅絕，佛教卻大行其道印證了這一點。從這個意義上說，佛教似乎不屬於「中古」而應該屬於「後古」宗教。有鑑於此，以仁為「教主」的「中古」宗教並不包括佛教在內。

凸顯孔教之仁。更為重要的是，譚嗣同在將仁說成是孔教、佛教和耶教的共同主張的前提下始終凸顯佛教之仁，最終沿著「慈悲，吾儒所謂『仁』也」〔註100〕的思路建構了仁學的佛學形態。透過康有為與譚嗣同仁學的比較，可以直觀體悟孔子以及儒家之仁對康有為仁學的決定性影響，也表明了康有為仁學的儒學底色和特質。具體地說，與譚嗣同將仁與佛教對接有別，康有為始終彰顯仁與孔子以及儒學思想的密切關係：第一，在理論來源上，康有為所講的仁與孔子息息相關，是對孔子以及孟子、董仲舒等人思想的發揮。第二，在內涵意蘊上，康有為以愛釋仁，對仁之博愛內涵的凸顯與孔子的仁者愛人一脈相承，並將仁與「不忍人之心」、仁政、井田制和大同理想聯繫在一起。正是通過對孔子以及儒家上述思想的發掘和詮釋，康有為斷言孔教以仁為宗旨，對仁的闡發奠定了康有為仁學觀、孔教觀的儒家底色，也決定了康有為的仁學是儒學式的，而不是像譚嗣同的仁學那樣是佛學式的。第三，孔子推崇仁，同時強調仁與禮互為表裏，禮也隨之成為一個重要範疇。《禮》作為六經之一和荀子對禮的推崇一樣與孔子對禮的重視密不可分。在孔子那裏，仁是愛人的精神、情感，仁之內容要通過禮作為外在形式表現出來，如對父之孝、對子之慈等等，才能合乎規範。這使禮成為對仁的補充和外化，對於仁的踐行不可或缺。由於具有等貴賤、別親疏的作用和功能，禮與宗法等級具有某種內在關聯，也由此顯得與平等、自由等近代價值理念格格不入。因

這樣一來，以仁為「教主」只剩下了孔教和耶教。問題的關鍵是，綜觀康有為的一貫觀點可以發現，儘管他抨擊佛教「捨其類而愛其混」卻承認其仁，對耶教有過救人的說法，如「孔、孟及佛、墨、宋牼，皆以救人為主，故能不朽，耶氏亦然」（《孝悌　任恤　宣教　同體饑溺》，《康有為學術文化隨筆》中國青年出版社1999年版，第119頁）卻從未承認耶教以仁為宗旨。綜合以上種種情況可以得出如下三點認識：第一，康有為認為孔教、佛教和耶教都救人，卻沒有認定三教都講仁，更是很少提及耶教之仁。第二，對於佛教，康有為不否認其仁卻更強調其智。第三，對於孔教，康有為在肯定孔子仁智並舉的前提下，對仁的彰顯連篇累牘、不遺餘力。為此，他將仁說成是孔教的立言宗旨，進而將孔子的全部思想都歸結為仁——「該孔子學問只一仁字」（《南海師承記·講孝悌任恤宣教同體饑溺》，《康有為全集》（第二集）中國人民大學出版社2007年版，第250頁）。與此同時，康有為將仁說成是孔子思想的邏輯主線，無論他對孟子、董仲舒的推崇還是對大同思想的詮釋皆依據孔子之仁展開。分析至此可以得出結論，即使康有為承認仁是孔教、佛教和耶教的共同主張，也不可對三教之仁等量齊觀，因為他對孔教之仁的彰顯拉開了孔教與佛教、耶教之仁的距離。

〔註100〕《上歐陽中鵠十》，《譚嗣同全集》（增訂本）中華書局1998年版，第464頁。

此，從近代開始，禮便成為被批判的對象。與譚嗣同對禮的無情鞭撻——特別是五四新文化運動者大聲疾呼「禮教革命」相去天壤，康有為對禮推崇有加，可以視為對孔子的致敬。不僅如此，康有為一面將仁界定為不忍人之心，一面將不仁與能忍相提並論。能忍與殘忍、冷酷如影隨形，樂則與禮密切相關，這使仁擁有了樂之內涵。

另一方面，康有為與孔子所講的仁呈現出諸多差異，不可對兩人的仁學混為一談：第一，從理論來源上看，康有為所講的仁在繼承孔子及儒家思想的同時，容納了五花八門的非儒思想。這主要包括電、力和以太代表的西方自然科學，耶教的愛人如己，佛教的冤親平等、眾生平等（他稱之為「大平等」）和墨家的兼愛等等。第二，從統轄範圍上看，仁在孔子那裏是倫理範疇，孔子講仁主要側重道德觀念或行為規範，從「剛、毅、木、訥，近仁」（《論語·子路》）到「仁遠乎哉？我欲仁，斯仁至矣」（《論語·述而》）無不如此。康有為所講的仁是宇宙本原，可謂第一範疇。他斷言：「仁也，電也，以太也，……為萬化之海，為一切根，為一切源。……人道之仁愛，人道之文明，人道之進化，至於太平大同，皆從此出。」〔註101〕第三，從概念內涵上看，孔子、康有為之仁皆呼籲愛，愛的方式和範圍卻相去甚遠。就方式而言，孔子之仁是由禮分別的差等之愛，不僅要根據血緣關係的遠近對所愛對象分出親疏、厚薄，而且要根據社會地位的高低對所愛對象分出尊卑、貴賤，總之切切不可對所有人都「一視同仁」。康有為反覆強調仁是相偶之詞，人道以博愛為主，這使仁成為超越家庭、宗法的博愛。愛之博表現在兩個方面：一是在愛之方式上一視同仁，一是在愛之對象上「始於男女平等」，「終於眾生平等」。在康有為那裏，伴隨著仁由差等而平等，由親親而博愛，自由、自主、平等、民主和進化也成為仁的基本內涵。

如果說歷史上孔墨互用、儒佛互融的話，那麼，西學則是古代儒學所未有的新內容。康有為將在孔子那裏作為倫理範疇的仁變成了哲學範疇不僅拓展了仁的統轄範圍，將仁的地位提升到了無以復加的高度；而且借助包括孔子思想在內的古代仁學所未有的理論武器——源自西方近代自然科學的電、力和以太等，完成了仁學的內容轉換。因此，在對仁之愛的界定上，孔子的愛有差等與康有為的博愛呈現出宗法等級與自由平等的人生追求和價值意趣的區別。

〔註101〕《孟子微》，《康有為全集》（第五集）中國人民大學出版社 2007 年版，第 414 頁。

三、從「樂以忘憂」到「求樂免苦」

　　康有為主張「求樂免苦」，並以帶給人苦樂以及苦樂的多少作為判斷是非善惡、制度良否和社會文野的標準。正是由於這一原因，梁啟超將康有為的哲學歸結為「主樂派哲學」。

　　一方面，孔子、康有為都講樂。孔子注重人生之樂，在不同場合多次講到樂。《論語》對此多有記載，下僅舉其一斑：

　　　　子曰：「學而時習之，不亦說乎？有朋自遠方來，不亦樂乎？」（《論語・學而》）

　　　　子曰：「《關雎》，樂而不淫，哀而不傷。」（《論語・八佾》）

　　　　子曰：「知者樂水，仁者樂山。」（《論語・雍也》）

　　　　子曰：「賢哉，回也！一簞食，一瓢飲，在陋巷。人不堪其憂，回也不改其樂。賢哉，回也！」（《論語・雍也》）

　　　　子曰：「飯蔬食飲水，曲肱而枕之，樂亦在其中矣。不義而富且貴，於我如浮雲。」（《論語・述而》）

　　　　孔子曰：「益者三樂，損者三樂。樂節禮樂，樂道人之善，樂多賢友，益矣。樂驕樂，樂佚遊，樂宴樂，損矣。」（《論語・季氏》）

　　康有為對樂的樂此不疲與孔子相比有過之而無不及，同時聲稱孔子最追求樂，進而將求樂與孔子所講的仁聯繫起來。在這個前提下，康有為一面將樂說成是孔教的立教宗旨——仁的題中應有之義，一面通過墨子在立教宗旨上「甚仁」，由於「非樂」導致其道觳觫而苦人生反襯孔子的仁樂並舉以及對樂的追求。沿著這個思路，康有為以孔子的名義建構了自己的「主樂派哲學」，並且熱衷於從孔子那裏尋求「主樂派哲學」的理論依據。

　　另一方面，康有為所講的樂顯然超出了孔子思想的範圍，以至於與孔子所講的樂漸行漸遠：第一，孔子、康有為所追求的樂內涵有別。誠然，孔子追求的樂包括物質之樂，對食物的精益求精即是如此。據《論語》記載，孔子「食不厭精，膾不厭細。食饐而餲，魚餒而肉敗，不食。色惡，不食。臭惡，不食。失飪，不食。不時，不食。割不正，不食。不得其醬，不食。肉雖多，不使勝食氣。唯酒無量，不及亂。沽酒市脯，不食。不撤薑食，不多食」（《論語・鄉黨》）。儘管如此，相對於物質快樂，孔子更注重精神快樂。講求食物之美只是表明孔子是追求完美、講求品味的人，並不能證明孔子的樂趣以飲食之類的樂

為最高追求。對於這一點,「子在齊聞《韶》,三月不知肉味。曰:『不圖為樂之至於斯也!』」(《論語‧述而》)便是明證。康有為所講的樂不是側重樂趣,而是側重享樂或快樂。具體地說,他所講的樂包括肉體快樂與精神快樂(康有為稱之為形體之樂與靈魂之樂)兩個方面,形體之樂在其中佔有重要一席。第二,康有為的「主樂派哲學」既以孔子的思想為主要來源,又包括孔子乃至儒家思想中所沒有的元素。康有為所講的樂來源於孔子以及孟子等人的儒學思想,同時和合了西學、佛學和老學等諸多非儒思想要素。就西學來說,借助生物學原理,康有為從刺激反應性的角度理解樂,將樂界定為適宜的感覺,因而注重感官之樂,與孔子讚歎的顏淵「不改其樂」之樂天差地別。康有為所講的「求樂免苦」與十八世紀法國唯物主義者一樣建立在感覺主義之上,甚至連話語表達都如出一轍。例如,愛爾維修斷言:「人是能夠感覺肉體的快樂和痛苦的,因此他逃避前者,尋求後者。就是這種經常的逃避和尋求,我稱之為自愛。」〔註102〕愛爾維修此處所講的「逃避前者,尋求後者」就是尋求快樂、逃避痛苦。尋求快樂、逃避痛苦(簡稱為「趨樂避苦」)和自愛是愛爾維修的基本觀點,是學術界的共識,乃至成為一種常識。對此,高校歐洲哲學史教材和哲學大辭典在介紹愛爾維修的思想時都如是說。例如,《歐洲哲學通史》寫道:「愛爾維修認為,……人的本性就是追求快樂,避免痛苦。……愛爾維修把人的趨樂避苦的本性叫做所謂『自愛』。」〔註103〕再如,《哲學百科全書》寫道:「愛爾維修……認為人是一個能夠感受外物作用的有機體,趨樂避苦和自愛利己是人的永恆本性。」〔註104〕一目了然,愛爾維修所宣稱的逃避痛苦、尋求快樂,簡言之就是康有為所講的「求樂免苦」。就佛學來說,康有為肯定佛學注重養魂,追求靈魂之樂,他所講的精神快樂主要脫胎於佛學。就老學來說,康有為對老子、莊子等道家的養生之學津津樂道,對列子等人的神仙之學如醉如癡。因此,無論老子、莊子的養生思想還是道教的神仙之樂都是康有為「主樂派哲學」的理論來源。不僅如此,佛學、老學之樂越到康有為思想的後期——如在《大同書》《諸天講》中比重越大。康有為在《大同書》中明確宣布孔教之筏「當捨」,孔子以及儒家之樂開始被邊緣化;到了《諸天講》中,佔據主導地位的是莊子以及道教的神仙之樂,此外便是佛教之樂,孔子以及儒家之樂

〔註102〕 《論人》,《西方哲學原著選讀》商務印書館1984年版, 第181頁。
〔註103〕 《歐洲哲學通史》(下卷),南開大學出版社1992年版,第86頁。
〔註104〕 《哲學百科全書》中國大百科全書出版社,1995年版,第8~9頁。

已經完全隱退了。第三，孔子、康有為所講的樂側重不同領域，擁有不同的視域和維度。如果說內涵的區別表明孔子、康有為所講的樂體現了不同的價值理念和人生追求的話，那麼，理論來源的不同則表明兩人之樂指向不同的理論視域和學術視野。這些都預示著孔子、康有為所講的樂擁有不同的領域，也使康有為的「主樂派哲學」擁有孔子無法比擬的廣闊視域和統轄範圍。就概念來說，樂在孔子那裏是一個美學概念，在康有為那裏則既是美學概念，又是哲學範疇。因此，與孔子相比，康有為所講的樂之內容急劇加大。就內容而言，通過對古今中外五花八門的概念、學說的融合，康有為的「主樂派哲學」圍繞著思想啟蒙展開，既回應了中國近代的時代呼喚，又表達了自己的意趣訴求。

孔子曾經將仁與樂聯繫在一起，《論語》有「子曰：『知者樂水，仁者樂山。知者動，仁者靜。知者樂，仁者壽』」（《論語・雍也》）的記載。此處的「樂」雖然並不讀作 lè 而是讀作 yào，但是，意思仍然是樂。從這個意義上說，康有為將樂說成是孔子之仁的題中應有之義，從推崇仁的「博愛派哲學」推演出「主樂派哲學」似乎具有一定依據。儘管如此，康有為所講的樂從理論來源、概念內涵、思想主旨到統轄範圍都與孔子迥異其趣，康有為的「主樂派哲學」帶有鮮明的近代風尚和時代訴求。例如，康有為將樂上升到一切生物具有的本能，視為人人皆有的天性。在此基礎上，他將樂說成是人生的追求和歷史進化的動力，進而奉為衡量社會文野和善惡的標準。人來人往，熙熙攘攘，究竟追求什麼？康有為的回答是：「生人之樂趣，人情所願欲者何？口之欲美飲食也，居之欲美宮室也，身之欲美衣服也，目之欲美色也，鼻之欲美香澤也，耳之欲美音聲也，行之欲靈捷舟車也，用之欲使美機器也，知識之欲學問圖書也，遊觀者之欲美園林山澤也，體之欲無疾病也，養生送死之欲無缺也，身之欲遊戲登臨，從容暇豫，嘯傲自由也，公事大政之欲預聞預議也，身世之欲無牽累壓制而超脫也，名譽之欲彰徹大行也，精義妙道之欲入於心耳也，多書、妙畫、古器、異物之欲羅於眼底也，美男妙女之欲得我意者而交之也，登山、臨水、泛海、昇天之獲大觀也。精神洋洋，覽乎大荒，縱乎八極，徜徉乎世表，世人之大願至樂，而大同之世人人可得之者也。」〔註105〕由此可見，康有為所講的樂包括被宋明理學家視為萬惡之源的人慾，還包括求知、旅遊和參政議政等方面的內容。如果說前者體現了對個性和功利的追求的話，那麼，後者則彰顯了權利意識。這無疑是孔子所沒有想到的，也使樂具有了生存論的維度。

〔註105〕《大同書》中州古籍出版社 1998 年版，第 76 頁。

　　值得一提的是，孔子說過「知之者不如好之者，好之者不如樂之者」（《論語·雍也》），這裡的樂指樂趣而非享樂。孔子評價自己「發憤忘食，樂以忘憂，不知老之將至」（《論語·述而》）。這句話的主旨在於強調樂趣在學習中的作用，指的是性格樂觀、開朗、豁達。這兩句話中的樂都表明，孔子認為，學習、求知應該出於一種樂趣，可以使人快樂。到了康有為這裡，求知是樂，更是權利。人有求知的欲望，求知是一種權利。因此，有無資格便成為是否擁有權利的表徵。例如，女子入學與男子一樣接受教育是男女平等的表現，進入圖書館、博物館閱讀圖書、欣賞藝術品是求知欲望的滿足，也是資源共享、人人平等的體現。因此，圖書館、博物館對公眾開放是與民同樂，體現的是民主等等。

四、從歷史意識到「進化派哲學」

　　正如變法維新的主張是借助孔子的名義闡發出來的一樣，康有為奠基於三世說的「進化派哲學」以孔子所作的《春秋》為第一經典，並且聲稱是發明孔子託古改制的微言大義而來。梁啟超看到了康有為的進化史觀與《春秋》之間的因果關聯，據此斷定康有為在達爾文進化論系統傳入中國之前發明了「進化派哲學」。梁啟超這樣寫道：「先生之哲學，進化派哲學也。中國數千年學術之大體，大抵皆取保守主義，以為文明世界，在於古時，日趨而日下。先生獨發明《春秋》三世之義，以為文明世界，在於他日，日進而日盛。蓋中國自創意言進化學者，以此為嚆矢焉。先生於中國史學，用力最深，心得最多，故常以史學言進化之理。……《春秋》言據亂、升平、太平，其說主於進化。……先生於是推進化之運，以為必有極樂世界在於他日。而思想所極，遂衍為大同學說。」〔註106〕在以《春秋》三世說推演歷史進化的過程中，康有為強調，《春秋》的微言大義就是三世三統、託古改制。不明白這一點，也就無法理解《春秋》和孔子的微言大義。如此一來，康有為便將孔子說成是託古改制的祖師爺，並且沿著公羊三世說的思路斷言孔子主張進化，甚至將進化說成是孔子立教之宗旨——仁的題中應有之義。

　　一方面，孔子具有歷史意識，對三代的回憶和對西周的嚮往流露出孔子的復古情結和文化鄉愁。同樣出於濃鬱的歷史情結，孔子將他的歷史意識和憂患意識結合起來，以「春秋筆法」把魯國242年的歷史編撰成《春秋》一書。中

―――――――――――――――

〔註106〕《南海康先生傳》，《梁啟超全集》（第一冊）北京出版社1999年版，第489頁。

國近代內憂外患，瀕臨亡國滅種的多事之秋激起了中國人尋求精神家園的渴望。這使康有為好史學，並且借助孔子尤其是孔子所作的《春秋》建構自己的歷史哲學。與其弟子梁啟超的少年得志相比，康有為可謂大器晚成。三十歲之前的他一直默默無聞，使康有為名聲大噪的是他成書於 1890 年代的《新學偽經考》和《孔子改制考》。前者著重揭露古文經是劉歆偽造的，都是偽經；後者著力證明孔子託古改制，力主變法維新。由此可見，康有為的聲名遠播是借助孔子實現的，康有為的命運軌跡與孔子具有內在關係。正是通過六經皆是孔子所作，六經以《春秋》為至貴，《春秋》作為六經之金鑰匙寓含孔子託古改制的微言大義等一系列的論證，康有為接續公羊學的傳承譜系，借助三世說解讀《春秋》。至此，借助公羊三世說將人類歷史說成是由據亂世到升平世再到太平世的依次進化，康有為完成了自己以公羊三世說為依託的啟蒙思想和「進化派哲學」的建構。

另一方面，康有為的進化史觀儘管是以孔子的名義發出的，卻與孔子的歷史觀存在本質區別。一個不爭的事實是，在歷史觀上，孔子是復古的而非進化的，嚮往恢復到西周時代。對此，孔子表白說：「周監於二代，郁郁乎文哉！吾從周。」（《論語・八佾》）事實上，無論對西周的嚮往還是對《周禮》的恪守都印證了孔子的復古情結。在歷史觀上，康有為主張進化而非復古，堅信「極樂世界」在未來。正是因為堅信歷史是進化的，康有為借助公羊三世說將人類社會勾勒成由據亂世到升平世再到太平世的進化軌跡。可以看到，借助公羊三世說，康有為對孔子的歷史觀進行大膽想像和自由發揮，存在明顯的過度詮釋，甚至是大膽的顛覆！依據康有為的說法，孔子託古而非復古，託古是改革、變法的手段乃至主要形式。在託古上，孔子與老子、墨子是一樣的，不同的只是所託之古有別——孔子託周公，老子託黃帝，墨子託大禹。其實，不惟中國，遍觀全球，託古是普遍現象，佛教、耶教概莫能外。就孔子來說，之所以託古，是為了改制，託古只是手段，改制才是目的。改是變，制是法，改制就是變法。孔子作《春秋》寓含託古改制的微言大義表明，孔子倡導變法維新。經過這番論證，康有為得出結論，孔子力主歷史進化，在政治上通過託古改制，力主變法維新。這個結論將康有為對孔子思想的過度詮釋推向了極致，也使孔子由「好古」變成了託古，由託古變成了改制。

問題到此並沒有結束，與將孔子從復古改造成改制相一致，康有為沿著歷史演進的思路詮釋孔子的思想，將孔子夢縈魂牽的大同由過去演繹到了未來。

大同一詞出自《禮記》的《禮運》篇，文中曰：「大道之行也，天下為公，選賢與能，講信修睦。故人不獨親其親，不獨子其子，使老有所終，壯有所用，幼有所長，矜寡孤獨廢疾者皆有所養，男有分，女有歸。貨惡其棄於地也，不必藏於己；力惡其不出於身也，不必為己。是故謀閉而不興，盜竊亂賊而不作，故外戶而不閉，是為大同。」(《禮記‧禮運》)這是儒家大同的原生態，也流露出孔子對大同的心馳神往。問題的關鍵是，在這段話之後，孔子發出了「丘未之逮」的歎息。這表明，大同在孔子那裏與其說是對未來的憧憬，毋寧說是對過去的追憶。康有為對大同社會朝思暮想，並將大同說成是孔子的最高理想。康有為指出，孔子是大醫，面對不同的對象臨時發藥、現身說法。這使孔子的思想遠近大小，本末精粗無所不包，正如冬裘夏葛川舟陸軒一樣因時制宜。簡而言之，孔子的思想分為兩個派別，一派是大同之學，以仁為主，孟子、莊子和董仲舒是正宗傳人；一派是小康之學，以禮為主，荀子是典型代表。康有為進而指出，大同是孔子的高級之學，小康是孔子的低級之學，二者的地位不容混淆。在此基礎上，康有為強調，迫於當時的形勢，孔子將自己對大同社會的嚮往寄託於《春秋》，以微言大義或口說的形式加以傳承。大同與小康並行不悖，圓融無礙，正如孔子身處據亂世、嚮往升平世而心繫大同世一樣。這樣一來，與對孔子從復古到進化的改造一樣，康有為將大同社會從孔子那裏的過去時變成了未來時。

孔子、康有為的大同思想不僅依託於不同的歷史觀，體現出進化與復古的區別；而且基於不同的歷史背景和文化語境，表現出對大同社會的不同期待。康有為之所以對大同社會如饑似渴與中國近代社會的歷史背景密切相關，在某種程度上可以說是時代使然。伴隨著中國由於西方列強的侵略而被納入世界歷史，中國人擁有了全新的全球視野，大同成為處理世界各國關係的思想資源。就康有為對大同社會的設想與孔子的關係而言，不得不承認的是，與其他近代哲學家相比，康有為的大同理想離儒家——孔子的思想最近，是一幅儒家理想的近代願景。譚嗣同的大同願景取材於莊子的「大同而無己」，「洞澈彼此，一塵不隔」〔註107〕更是使譚嗣同的大同建構成為佛教和莊子思想的和合。孫中山與康有為的大同理想一樣是孔子或儒家式的，然而，無論歸依於進化的西學要素、與民權時代以及蘇維埃政權相提並論還是基督教的信仰都使他的大同設想趕不上具有儒學情結的康有為的大同思想的儒學元素濃鬱。康有為以

〔註107〕 《仁學》，《譚嗣同全集》(增訂本)中華書局 1998 年版，第 365 頁。

平釋同，將大同詮釋為至平，依稀可見孔子「不患寡而患不均」的平均心理，將「至仁」「至公」「至平」說成是大同社會的本質特徵也與孔子的思想具有某種內在關聯。在這個前提下應該看到，康有為對大同社會的想像與孔子相去霄壤。秉持夷夏之辨的立場，孔子大同理想中的天下、各國是文化概念，大同社會可以說是天下為公的天下大同。康有為所講的大同社會儘管天下為公，卻是另一番景象，最突出的特徵是，以取消國家、消除人種之別和同一文化、同一語言文字為前提。這使大同社會成為同化人種的世界大同，也可以說是打破現有的世界格局對全人類統一進行的全球規劃。對於康有為來說，大同是文化、政治概念，也是全球化背景下的地理概念。不僅如此，康有為的大同思想吸納了道家、道教代表的中學和佛學思想，尤其是在全球多元的文化融合中借鑑了西方的思想要素。例如，康有為對大同社會的描述吸納了空想社會主義的思想，同時加入了資本主義的生產和技術成果，高度電氣化、機械化和自動化便證明了這一點。

　　上述內容顯示，康有為一面推崇孔子，一面對孔子的思想進行大膽詮釋和盡情發揮，存在著明顯的過度詮釋。這就是說，康有為在吸收、借鑑孔子思想的同時，對孔子的思想進行了改造。正是這一點注定了康有為所提倡的孔教儘管是以孔子的名義進行的，在本質上卻已經與孔子本人的思想相去甚遠。康有為闡發的孔教無論理論來源、思想內容還是致思方向、價值旨趣都與孔子的思想迥異其趣，與其說是還原孔子思想的孔教，毋寧說是經過重新詮釋的「康教」。對於從孔教到「康教」的蛻變，可以從兩方面去理解或評價：一方面，思想的薪火相傳是通過經典解讀和義理詮釋進行的，正如解讀存在著誤讀一樣，詮釋不可避免地存在著過度詮釋的問題——越是在思想創新之時，這些現象表現得越突出。在肯定誤讀和過度詮釋背離原義的消極意義的同時，不得不承認，這是思想創新的體現，有時甚至是思想得以發展的前提。在這個維度上可以說，康有為對孔子思想的過度詮釋——特別是為孔子思想注入西學和自由、平等、博愛、民主、進化等近代價值理念是時代使然，也使孔子代表的儒家思想和傳統文化在中國近代發揮了思想啟蒙的作用，其積極意義不可抹殺。另一方面，以孔子思想為理論來源與打著孔子的旗號是兩碼事，明明是伸張自己變法維新、君主立憲的政治主張和價值訴求，康有為卻硬說變法維新、君主立憲都是孔子思想的題中應有之義，則難免牽強附會之嫌。難怪就連他最得意的弟子——梁啟超都指責康有為這樣做難脫「好依傍」之窠臼，是缺乏思想自

由的表現。更有甚者，當康有為借助孔子的權威，試圖通過立孔教為國教達到他的政治目的乃至個人目的時，其消極意義和理論誤區也隨之充分暴露出來。

　　儘管哲學主張和理論熱點一直在變，然而，康有為始終對天津津樂道，談天、尊天作為他樂此不疲的話題相伴始終。由此，引發了對康有為哲學的兩點思考：第一，天在康有為哲學中佔有何種地位？換言之，康有為的哲學以何為本原？究竟如何理解天與元、氣、仁在康有為哲學中的關係？這些問題是康有為哲學的基本問題，對這些問題的認識直接決定著對康有為哲學的基本把握和定性。第二，康有為對天之內涵的界定是變化的還是不變的？換言之，天之作用在康有為哲學的不同時期是否相同？第一個問題直接影響乃至決定著對康有為哲學的定位和評價，第二以及第三和第四個問題則與康有為講天的意圖以及對天之功能的闡發密不可分。

　　綜觀康有為的思想可以發現，與康有為思想的建構軌跡和心路歷程一脈相承，他在不同時期所講的天無論來源、初衷還是意蘊都差若雲泥。大致說來，康有為早年講天以孔子的名義進行，在聲稱孔子尊天、孔子的一切言論皆從天而來的前提下，斷言自由、平等、博愛、民主和進化等都是孔子思想的題中應有之義，進而將這些價值理念和時代訴求注入到以孔子、孟子和董仲舒等人為首的儒家思想之中。後來，康有為所講的天不再以孔子的名義進行，這種情況在 1901 年前後定稿的《大同書》中已是如此，在最後之作──《諸天講》中則體現得更為充分和徹底。所不同的是，《大同書》所講的天承載天賦人權的使命，《諸天講》所講的天不再有包括天賦人權在內的啟蒙意蘊，並且與孔子以及儒家思想日益疏遠，主要源自道教、佛教之天，此外還有天文學代表的自然科學和耶教代表的其他宗教所講的天。

　　進而言之，康有為之所以講天、尊天和祭天，具有多重意圖：第一，康有為認為，孔子講天，孔教的教義歸根結底均源於天。這證明孔子的思想是宗教，孔子與耶穌一樣是教主，孔教足以與耶教分庭抗禮──康有為早期講天，最主要的目的即在於此。第二，康有為一再引導人「直隸於天」，而不是「直隸於」君、父或夫。這表明，康有為具有以天開展思想啟蒙的意圖，推崇天的權威是為了用天賦人權解構三綱，宣傳自由、平等、博愛和民主。從戊戌維新前到「百日維新」後，康有為講天均有此動機。這是《大同書》與前期思想的一致性，也是《大同書》與《諸天講》的不同點。第三，在康有為看來，正如不知天而做家人、鄉人、國人或地人都使人之生「與憂俱來」一樣，只有知天而做天人、

天上人、天上之人，人才能憑藉「天遊」，「見大而心泰」，進入至樂境界。他講天是為了讓人認識天之大、天之多而自由往來於諸天。這是扭轉人之生與憂俱來的關鍵，也是人之生與樂俱來的源泉。康有為晚年講天的宗旨集中於此，既是《諸天講》的目的所在，也是《諸天講》與《大同書》的區別。

第五節　康有為與孔子在近代的命運

戊戌政變之前，康有為的主要精力和學術重心是考辨中國本土文化的「學術源流」，通過考辨得出了「百家皆孔子之學」的結論。在此過程中，他一面對孔學的內容和傳承予以梳理，一面以孔學對諸子百家進行整合。康有為對孔子的推崇和他營造的孔教時代無論對於康有為本人還是對於中國近代的政治鬥爭、學術思想都產生了不可忽視的重大影響，甚至直接影響了孔子在中國近代的命運走向。

首先，可以明確的是，孔教在康有為那裏不僅是學術問題，而且是政治問題；不僅關乎個人情感，而且牽涉國家命運。從這個意義上說，孔教將康有為的學術研究與政治追求結合起來，成為自己的奮鬥目標。

對孔子思想的解讀從先秦就已經開始，探究儒學的傳承系統也非始於康有為。為了突出儒家的傳承系統，韓愈提出了儒家的道統說，以與佛教的傳法系統分庭抗禮。他對儒家傳道系統的追溯、勾勒更是盡人皆知：「堯以是（指以仁、義、禮、智為核心的倫理道德——引者注）傳之舜，舜以是傳之禹，禹以是傳之湯，湯以是傳之文武周公，文武周公傳之孔子，孔子傳之孟軻。軻之死不得其傳焉。」（《原道》）這些似乎在說，康有為對孔學內容的界定和傳承譜系的勾勒歷史上由來已久，已屬老生常談，並不是什麼新鮮事。既然如此，康有為所做的這一切又有何意義和價值？與古代思想家辨別源流是為了捍衛正統、排斥異端不同，康有為對孔學傳承譜系的追溯除了緊扣中國近代社會救亡圖存的現實需要和政治鬥爭、服務於立孔教為國教這一目標之外，明顯受到了西方近代學科分類的啟發，更是出於應對全球文化多元、重建中國文化的需要。他以孔學整合諸子百家，並將孔學稱為孔教，以孔教與佛教、耶教對應即是這種心態的反映。正如韓愈面對佛教入侵後儒學的日益式微而搬出儒家的傳道系統抵制佛教一樣，康有為身處全球多元文化的歷史背景和文化語境，重談孔學的傳承譜系是為了在西學大量東漸和救亡圖存迫在眉睫的嚴峻形勢下

重建中國文化，肩負著啟蒙與救亡的雙重歷史使命。這決定了他對孔學及其傳承系統的探索具有不同以往的特征和意義。

鴉片戰爭改變了中國的歷史，也改變了中國傳統文化的命運。正如突如其來的鴉片戰爭將封閉的中國驟然捲入「世界歷史」一樣，在中國傳承了幾千年的傳統文化遭受前所未有的挑戰：一方面，伴隨著西方的堅船利炮而來的是，西學大量傳入中國。另一方面，中國傳統文化被突然拋到了世界面前，接受歷史的考驗。更令中國人在文化選擇上矛盾和困惑的是，西學以基督教（康有為稱之為耶教）為價值和信仰，西學的主人就是侵略中國的西方列強。在這種特殊的歷史背景和政治環境之下，康有為確立了以教治教的救亡路線，將孔學或孔教奉為中國文化的象徵，對孔子、孔教的推崇與愛國主義和民族自尊心、自信心息息相關。他將孔學稱為孔教，是為了與西方的耶教相抗衡，呼籲立孔教為國教是為了通過保教（孔教）來保國、保種。這表明，康有為通過保教來保國、保種就是出於救亡圖存的需要。這一點正如梁啟超所言：「然以為生於中國，當先救中國；欲救中國，不可不因中國人之歷史習慣而利導之。又以為中國人公德缺乏，團體渙散，將不可以立於大地；欲從而統一之，非擇一舉國人所同戴而誠服者，則不足以結合其感情，而光大其本性。於是以孔教復原為第一著手。」〔註108〕

康有為將囊括諸子百家的全部中國本土文化統稱為孔教，通過保教來保國、保種的做法是中國歷史上從未有過的現象，即使是與明末基督教傳入後以禮儀之爭為表現形式的孔耶之爭也不可同日而語。由於西方文化的價值主體是基督教，為了與西方文化溝通，更為了與西方文化分庭抗禮，康有為將孔學及其代表的中國本土文化稱為孔教。孔教的潛臺詞是：與西方民族是具有文化教養的民族一樣，中國也不是沒有經過文明洗禮的蠻荒之地，中國人有自己的教化，孔子之教便是中國的國教，中國的孔教足以與西方的基督教相媲美。於是，他語重心長地寫道：

> 妄人寡識，以己國一日之弱而驚於歐人一日之強，乃欲盡棄其學而學焉，於我國所棄除之諸子舊說出之，歐人則珍之，而乃輕其東家邱，至有謂中國無教主。敢謂孔子乃哲學家、政治家、教育家，非教主者，審若是，然則中國無教乎？於是媚外風行，群盲推波，乃至大

〔註108〕《南海康先生傳》，《梁啟超全集》（第一冊）北京出版社1999年版，第486頁。

學堂編官書亦公然採茲謬說，漸且有議謁聖不行拜跪禮者，漸且有自稱西曆幾世紀者。無識無恥，謬妄顛愚，舉國若狂，甘為奴隸。噫！何吾國人之少弱即不自立，愚頑忘恥若是之甚也！……豈有數千年文明之中國而可無教，又可無主持教化之人乎？若數千年中國而無教也，然則中國人不皆為禽獸乎？人雖欲媚外自輕，亦何忍棄自昔先民無數聖哲之精英乎？亦何忍自降於無教之禽獸乎？人雖欲自辱自賤，何至如是哉？國有大聖而必自攻棄之，而謂他人父、謂他人君乃為然耶。此等異聞豈真數千年來未有之特識耶？〔註109〕

　　今好新者動以奴隸性質罵人，而以自主自立為貴。然媚外自棄若此，非奴隸而何？以數千年學術文教最文明之中國而全棄之，不能自主自立，如何甚且以日人所譯歐義不完不備不妥不通之宗教等名詞，人擯我為無教，我亦曰「吾無教」，人擯孔子非教主，我亦曰「孔子非教主」，如木偶、土梗，如留聲機器，聽人之揶揄辱罵為無教之野蠻禽獸，而亦甘簽名具親供曰：「我中國為無教之野蠻禽獸。」真不料吾神明之種族有此無恥無憤不知不覺之物也。一人自供認野蠻禽獸猶以為未足，而乃智者創述之，官書公定之，行之通國，教之學童，惟恐舉國四萬萬人及後嗣子孫不知己為野蠻禽獸，而大昌揚訓導之曰：「爾中國無教者也，無教主者也。」是誠何心？不過欲盡驅納之於他教，盡驅納之為他國奴耳。就令若是，彼創述者亦何益焉？而乃互相傳習，互相稱述，盡翻數千年中國為有教、有教主之說。惟恐不至，惟恐不盡，惟恐未明，若尚使中國數千年稍有一不作野蠻、不作禽獸者而少有教焉，則心不安耶。苟非喪心病狂，則何稱焉？吾國神明之冑不幸何以有此乎！吾國人士若不念神明之種，甘為野蠻禽獸也，則從之曰「中國無教、無教主」可也；吾國人士而稍自念神明之冑，不甘為野蠻禽獸也，其無盲從妄說曰「吾中國無教、無教主」也。知吾國教最文明、最精深，然後吾種貴；知吾國產教主道最中庸、最博大、最進化、最宜於今世，可大行於歐美，全地莫不尊親，然後吾種貴；知吾國有最美之教。有神明聖王之教主，我全國及各校宜尊之拜之，將來使大地效之，如歐人之

〔註109〕　《歐美學校圖記　英惡士弗大學校圖記》，《康有為全集》（第八集）中國人民大學出版社 2007 年版，第 125～126 頁。

尊耶穌然，然後吾種貴。知吾種貴，然後不媚外為奴，不稱人世紀而自立。知自立而後學，盛道尊而後種強民貴焉。茲事所關大，可不留意耶？〔註110〕

康有為推崇孔教的這一心態在譚嗣同那裏得到了印證。儘管康有為與譚嗣同對孔子在世界文化中的定位存在分歧，對孔教與耶教關係的認識卻是一致的——將孔教置於耶教之上，這恰好印證了兩人將孔學或中國文化稱為孔教以與西方文化抗衡的立言宗旨。

問題的關鍵是，近代是全球文化多元的時代，中國已經被強行拋入「世界歷史」。這對於通過保教來保國、保種的康有為來說，需要回答孔子在中國本土文化中的地位問題，更需要回答孔子在世界文化中的位置問題——或者說，這是一個問題的兩個方面。

在對世界文化的審視中，康有為依然堅持孔教立場，在孔教與佛教、耶教的排列中突出孔教的至尊地位。通過他的論證，孔子地位的優越性不僅表現為在中國本土文化中對於「九流」「百家」無可比擬的獨尊地位，而且表現為孔教對於包括西方文化在內的異質文化的優越性。正因為如此，在接觸以西學為代表的異質文化後，康有為往往將之與孔子相聯繫，並且藉此重申、凸顯孔學的優越性。為此，他營造了中國歷史上著名的孔教時代，弘揚孔教成為康有為在學術上、政治上的共同目標。

其次，康有為堅信，孔教是激發愛國心的下手處，保教（孔教）就是保國、保種的不二法門。

這是康有為大聲疾呼立孔教為國教的初衷，更是康有為與其他近代思想家的分歧所在。例如，就對孔子和中國本土文化的看法來說，康有為和譚嗣同的觀點驚人一致——都認定諸子百家皆孔子之學，都將孔學稱為孔教，並使孔教成為中國本土文化的整體稱謂和象徵。在這個維度上可以說，康有為和譚嗣同一起推出了一個孔教時代。儘管如此，不容忽視的是，譚嗣同推崇孔教卻與保教無關，因為他認為教無可保。對此，譚嗣同論證並解釋說：「教無可亡也。教而亡，必其教之本不足存，亡亦何恨。教之至者，極其量不過亡其名耳，其實固莫能亡矣。名非聖人之所爭。聖人亦名也，聖人之名若姓皆名也。即吾之言仁言學，皆名也。名則無與於存亡。呼馬，馬應之可也；呼牛，牛應之可也；

〔註110〕《歐美學校圖記 英惡士弗大學校圖記》，《康有為全集》（第八集）中國人民大學出版社 2007 年版，第 128 頁。

道在屎溺，佛法是乾屎橛，無不可也。何者？皆名也，其實固莫能亡矣。惟有其實而不克既其實，使人反瞀於名實之為苦。」〔註111〕由此可見，譚嗣同儘管在以孔教整合、稱謂中國本土文化上與康有為的觀點如出一轍，然而，在通過保教來保國、保種上卻與康有為的觀點恰好相反。由此，兩人的思想漸行漸遠。至於嚴復、章炳麟等人不惟沒有像康有為那樣試圖通過保教來保國、保種，反而將批判的矛頭直接指向了康有為所提倡的孔教。

再次，在世界文化的範圍內，康有為依然提升孔子的地位，重申孔教立場。

誠然，康有為對佛教十分喜愛，並且「尤為受用」，這使他所推崇的孔教吸收了佛教的成分。據梁啟超介紹：「先生於佛教，尤為受用者也。先生由陽明學以入佛學，故最得力於禪宗，而以華嚴宗為歸宿焉。其為學也，即心是佛，無得無證。」〔註112〕康有為在許多場合對孔教與佛教思想的圓融無礙予以闡發，並且「盡出其所學，教授弟子。以孔學、佛學、宋明學為體，以史學、西學為用」〔註113〕。儘管如此，一個不爭的事實是，康有為對佛教的肯定是在主張立孔教為國教的前提下發出的。在這種情形下可以想像，當佛教遭遇孔教時，康有為會毫不猶豫地選擇孔教而貶損佛教。果然不出所料，他對當時的世風日下開出了這樣的診斷：「今日風俗之敗壞，清談之故也。顧亭林所謂古之清談在老、莊，今之清談在孔、孟，然至今孔、孟清談並無之耳。今日清談，流為佛學。」〔註114〕這決定了佛教始終不可能成為康有為早期思想的主體內容，更不能打入他主流的價值理念和學術立場。與此相一致，在世界文化的排名中，康有為不可能像譚嗣同、梁啟超和章炳麟等人那樣力挺佛教，而是堅持並重申自己的孔教立場。

康有為對孔教的堅守通過孔教與佛教的關係表達得淋漓盡致。對於孔教與耶教以及由此演繹的中學與西學的關係，共同的立言宗旨和現實需要使近代思想家與康有為的觀點並無本質區別。在這一點上，以西學家的面目示人、並且被譽為近代西學第一人的嚴復也坦言，自己輸入西學是為了以西學弘揚

〔註111〕　《仁學》，《譚嗣同全集》（增訂本）中華書局 1998 年版，第 290 頁。
〔註112〕　《南海康先生傳》，《梁啟超全集》（第一冊）北京出版社 1999 年版，第 487 頁。
〔註113〕　《南海康先生傳》，《梁啟超全集》（第一冊）北京出版社 1999 年版，第 483 頁。
〔註114〕　《康南海先生講學記‧古今學術源流》，《康有為全集》（第二集），北京：中國人民大學出版社 2007 年版，第 110 頁。

中學——「回照故林」,至於章炳麟排斥以基督教為主體的西方文化更是眾所周知。有鑑於此,儘管對中國固有文化的稱謂和理解具體觀點有別,與康有為一樣堅守中國本土文化,弘揚國學則是近代思想家的共識。如果說康有為在對孔教與耶教關係的認識上與其他近代思想家並無不同的話,那麼,康有為對孔教與佛教關係的認識則是與同時代的人相左的。還是拿譚嗣同來說,雖然與康有為一樣將包括諸子百家在內的中國本土文化稱為孔教,但是,譚嗣同堅持「佛能統孔、耶」〔註115〕,對世界文化的排列是:「佛教大矣,孔次大,耶為小。」〔註116〕在這個排列順序中,佛教處於人類文化的最高位置,孔教低於佛教。對此,他的理由是:「六經未有不與佛經合者也,即未有能外佛經者也。」〔註117〕在這裡,譚嗣同一面肯定孔教與佛教相合,一面強調孔教被佛教所含納,自然從屬於佛教而低於佛教。從將佛教置於孔教之上、視為人類文化的最高形態這個意義上說,譚嗣同推出了一個佛教時代,與康有為的孔教時代分道揚鑣。上述內容共同證明,無論是對孔教地位的提升還是堅守都成為康有為學術和政治主張的一大特色。

最後,從孔子代表的傳統文化在近代的命運來看,康有為的孔教時代是中學面對全球文化多元以及回應西學的第一個階段,既引領了近現代哲學的熱門話題,也奠定了孔子在近代的命運走向。

在中國近代思想、文化發展史上,康有為對孔子思想及孔門後學的解讀構成了孔學和儒學近代命運的第一階段。在這一階段,孔子的地位至高無上,孔子之學作為全部中國本土文化的象徵又稱為孔教。孔教時代標誌著孔學、儒學在近代最風光、最顯赫的巔峰時代。之後,梁啟超將孔子與老子、墨子一起並稱為中國文化的「三位大聖」或「三聖」,孔學也隨之由獨尊變成了與老學、墨學平分秋色,孔子則在與老子、墨子並尊為「三聖」時被排在了老子之後。與此相伴而生的是,孔教急劇祛魅,而被還原為儒家文化、儒家道術、儒家哲學或儒學,不再有宗教意蘊或標識全部中國本土文化的殊榮。梁啟超的儒學時代標誌著孔子在近代的命運進入第二階段,這是孔學、儒家的主干時代。在康有為那裏,孔子不僅是中國文化,而且是世界文化的至高點;梁啟超早年兼採中西後來轉向東方文化,明確聲稱「佛教是全世界文化的最高

〔註115〕 《仁學》,《譚嗣同全集》(增訂本)中華書局 1998 年版,第 289 頁。
〔註116〕 《仁學》,《譚嗣同全集》(增訂本)中華書局 1998 年版,第 333 頁。
〔註117〕 《仁學》,《譚嗣同全集》(增訂本)中華書局 1998 年版,第 333 頁。

產品」〔註118〕。這表明，梁啟超與譚嗣同一樣將佛教列在孔教或儒家之上，兩人共同支起了一個佛教時代。章炳麟對佛學的膜拜盡人皆知。就對中西文化的取捨而言，他固守中國本土文化而保存國粹，創立了一個國學時代。章炳麟所弘揚的國學作為一國固有之學與西學是相對的，側重中國本土文化。盡管如此，章炳麟聲明自己提倡的國粹不是康有為提倡的孔教，無論是他整理的國故還是弘揚的國學均看不見儒家思想的特殊地位。在章炳麟那裏，孔學也就是孔子創立的儒家學派，以熱衷仕途、追逐功利為尚，在「無可無不可」的中庸中喪失道德操守。因此，在道德上，墨子讓孔子相形見絀；在學術上，老子讓孔子自歎弗如。有鑑於此，儒學和儒家在章炳麟的國學中被邊緣化，代之而起的是道家。無論是章炳麟對孔子與老子、墨子的比較還是對儒家的批判都使孔子、儒家與老子、墨子及老學、墨學的三足鼎立亦不可能，也將孔子和儒家的命運帶入了第三階段，這是孔子和儒家被邊緣化的時代。孔學或孔教概念的內涵演繹和中國近代文化的遞嬗軌跡直觀地展示了孔子和儒家在近代文化中的漸漸淡出——從主流到邊緣化的過程。有了這些，孔子和儒家在五四運動時期成為眾矢之的，由此陷入萬劫不復的深淵，也就不那麼令人驚訝和不解了。

〔註118〕　《治國學的兩條大路》，《梁啟超全集》（第七冊）北京出版社 1999 年版，第4071 頁。

第二章　康有為與孟子比較

　　儘管近代思想家一致稱讚孟子，然而，將孟子的地位抬得最高且對孟子思想最先予以系統闡釋的則非康有為莫屬。康有為對孟子的身份認定和思想闡釋是他早年考辨學術源流的重要組成部分，不僅成為「百家皆孔子之學」的一個佐證，而且開闢了全球化背景下孟子思想近代轉型的先河，帶有濃鬱的時代氣息。

第一節　「孔門之龍樹、保羅」

　　因提倡立孔教為國教而著稱於世的康有為對孔子推崇備至，宣稱「『六經』皆孔子作，百家皆孔子之學」〔註1〕。這使他把孔子的地位提升到了無以復加的地步，其他近代思想家中沒有人將孔子提到如此高度。在對孔門傳承譜系的追溯中，康有為確認孟子、荀子為孔門「的派」，將兩人共同奉為孔門戰國時期的「二伯」；之後，他卻極力突出孟子的地位，使孟子獨自成為孔門「大伯」。

　　在對孔子後學及其傳承譜系的追溯中，康有為不僅列舉了孔子的親授弟子，而且遴選了孔子的再傳、三傳弟子。在此過程中，他一再突出孟子和荀子在孔子後學中的特殊地位，將兩人一起奉為戰國孔門的兩大傳人——「二伯」。於是，康有為連篇累牘地宣稱：

〔註1〕《萬木草堂口說·學術源流》，《康有為全集》（第二集）中國人民大學出版社2007年版，第145頁。

孔子後傳諸孟子、荀子，見之《史記》。〔註2〕

後人皆知孟子為孔子學，獨不知荀子為大儒，甚可慨也。孟子、荀子是孔子的派。〔註3〕

荀子，傳孔子禮學者也。可知戰國孟子、荀子為孔子二伯。〔註4〕

孟、荀為孔子後學之最。〔註5〕

在這裡，康有為分別用了「孔子的派」、「孔子二伯」或「孔子後學之最」來稱謂孟子和荀子，旨在強調孔子後學至戰國時分為兩大派──孟子與荀子分別代表其中的一派，兩人皆得孔子大義。這就是說，孟子和荀子都是孔子嫡傳，兩人的思想是相通的。正是在這個意義上，康有為不厭其煩地斷言：

孟、荀言先生、後王，皆知孔子。〔註6〕

董、荀、孟三子之言，皆孔子大義。〔註7〕

孔子之後儒分為八，至孟、荀遂分兩大宗。孟、荀之微言最多，《論語》之微言尚少，蓋《論語》隨意記孔子之言，而孟、荀則有意明道也。〔註8〕

孟、荀言儒，莊、列言道。〔註9〕

孟子、荀子輩義理體。司馬相如輩詞章體。〔註10〕

〔註2〕《萬木草堂講義・七月初三夜講源流》，《康有為全集》（第二集）中國人民大學出版社2007年版，第282頁。

〔註3〕《康南海先生講學記・古今學術源流》，《康有為全集》（第二集）中國人民大學出版社2007年版，第112頁。

〔註4〕《康南海先生講學記・古今學術源流》，《康有為全集》（第二集）中國人民大學出版社2007年版，第112頁。

〔註5〕《萬木草堂口說・諸子》，《康有為全集》（第二集）中國人民大學出版社2007年版，第179頁。

〔註6〕《萬木草堂口說・荀子》，《康有為全集》（第二集）中國人民大學出版社2007年版，第183頁。

〔註7〕《萬木草堂口說・孔子改制》，《康有為全集》（第二集）中國人民大學出版社2007年版，第151頁。

〔註8〕《南海師承記・講史記儒林傳》，《康有為全集》（第二集）中國人民大學出版社2007年版，第238頁。

〔註9〕《南海師承記・講文體》，《康有為全集》（第二集）中國人民大學出版社2007年版，第241頁。

〔註10〕《南海師承記・講文章源流》，《康有為全集》（第二集）中國人民大學出版社2007年版，第242頁。

　　曾子言：天無二日，民無二王，喪無二主。故孟子言定於一。

　　荀子亦發揮定於一。〔註11〕

　　這表明，孟子和荀子對於傳承孔學的貢獻是相同的，兩人均得孔子大義。有鑑於此，康有為對兩人相提並論，極其贊同司馬遷在《史記》中為孟子、荀子合傳的做法，並且給予孟子與荀子一樣的重視和對待。對此，他反覆強調：

　　中國稱孟、荀，即婆羅門稱馬鳴、龍樹也。〔註12〕

　　孔子後有孟、荀，佛有馬鳴、龍樹。〔註13〕

　　儘管如此，康有為並沒有始終對孟子與荀子一視同仁，而是越向中、後期轉變，越對兩人分別看待。可以看到，隨著思想由早期向中、晚期的過渡，康有為對荀子的態度發生了巨大翻轉，前後之間判若兩人，呈現出早期推崇、後期貶損的態勢。鑑於這種情況，梁啟超在將康有為復原孔教的活動劃分為三個階段的同時，特意指出其中的第三階段以排斥荀學為特徵。據載：

　　其（指康有為——引者注）從事於孔教復原也，不可不先排斥俗學而明辨之，以撥雲霧而見青天。於是其料簡之次第，凡分三段階：

　　第一　排斥宋學，以其僅言孔子修己之學，不明孔子救世之學也。

　　第二　排斥歆學，（劉歆之學）以其作偽，誣孔子，誤後世也。

　　第三　排斥荀學（荀卿之學），以其僅傳孔子小康之統，不傳孔子大同之統也……次則論三世之義。《春秋》之例，分十二公為三世：有據亂世，有升平世，有太平世。據亂、升平，亦謂之小康；太平亦謂之大同。其義與《禮運》所傳相表裏焉。小康為國別主義，大同為世界主義；小康為督制主義，大同為平等主義。凡世界非經過小康之級，則不能進至大同；而既經過小康之級，又不可以不進至大同。孔子立小康義以治現在之世界，立大同義以治將來之世界。所謂六通四辟，小大粗精。其運無乎不在也。小康之義，門弟子皆

〔註11〕《萬木草堂口說・孔子改制》，《康有為全集》（第二集）中國人民大學出版社2007年版，第147頁。

〔註12〕《萬木草堂口說・學術源流》，《康有為全集》（第二集）中國人民大學出版社2007年版，第147頁。

〔註13〕《萬木草堂口說・荀子》，《康有為全集》（第二集）中國人民大學出版社2007年版，第182頁。

受之，而荀卿一派為最盛。傳於兩漢，立於學官；及劉歆竄入古文
經，而荀學之統亦篡矣。宋元明儒者，別發性理，稍脫劉歆之範圍，
而皆不出於荀學之一小支。大同之學，門弟子受之者蓋寡，子游、
孟子稍得其崖略。〔註14〕

　　梁啟超的這個評價是基本符合康有為思想的變化軌跡的，並且點明了康
有為第一時期排斥的宋學「不出於荀學之一小支」。這等於說，康有為復原孔
教的第一、第三階段直接與排斥荀子相關，就連第二階段也由於「劉歆竄入古
文經，而荀學之統亦篡」，致使荀子脫不了干係。綜合考察康有為的思想可以
發現：如果說萬木草堂時期的康有為尚孟子與荀子並提，將兩人並尊為孔門
「二伯」的話，那麼，《新學偽經考》的敵人是劉歆，從《孟子微》開始，荀
子的地位急遽下降，以後的《論語注》則是排斥荀子的。

　　與對待荀子的態度截然不同，無論在哪個時期，康有為對孟子的崇尚都是
有目共睹的，同時不放過任何機會來提升孟子的地位。例如，早年倍加推崇的
《莊子‧天下篇》也被他用來證明孟子的孔門出身。康有為說道：「通部《莊
子》皆寓言，獨《天下篇》乃莊語也。讀之可考周秦諸子學案，直過於《荀子‧
非十二子篇》。其中以孔子為宗旨，故列孔子為第一等，稱聖王。……篇中稱
孔子最精透者，『配神明，醇天地，育萬物，和天下，澤及百姓，明於本數，
繫於末度，六通四辟，小大精粗，其運無乎不在』數句，即子思《中庸》、《孟
子》七篇與宰我、子貢、有若諸人。」〔註15〕《讀莊子天下篇》是康有為在萬
木草堂講學的講稿，代表了康有為早期即對莊子倍加推崇時期的觀點，此篇多
次被他用來證明孔子的至尊地位。在此文中，無論是表面上對莊子的《天下篇》
勝於荀子的《非十二子篇》的稱讚還是列孔子為「第一等」的對孔子地位的擢
升，都使孟子成為最終的受益者，孟子的地位也隨之得以空前提高。在這裡，
康有為無疑是以孔子的權威突顯孟子身份的正當性和思想的權威性，他所認
定的莊子在《天下篇》中所稱讚的孔子思想的「最精透」的部分便是由子思和
孟子傳承的。

　　康有為對孟子的推崇矢志不渝，前後期之間並無明顯或巨大變化，反而越
向後期越堅定越篤實。就整體評價和價值旨趣而言，他對孟子的推崇是荀子無

〔註14〕《南海康先生傳》，《梁啟超全集》（第一冊）北京出版社 1999 年版，第 486～
　　　　487 頁。
〔註15〕《南海師承記卷一‧讀莊子天下篇》，《康有為全集》（第二集）中國人民大學
　　　　出版社 2007 年版，第 234 頁。

可比擬的。與此相一致，康有為從多個方面比較了孟子與荀子的不同，進而突出孟子的顯赫地位：第一，傳承譜系之別。康有為承認孟子和荀子一樣是孔子後學，卻突出兩人傳承譜系的區別。對此，康有為一而再、再而三地宣稱：

　　　荀子發揮子夏之學，孟子發揮子游之學。〔註16〕

　　　孟子，公羊之學。荀子，穀梁之學。〔註17〕

　　　荀子傳《穀梁》，孟子傳《公羊》。〔註18〕

　　　孟傳《公羊》，多發大義；荀傳《穀梁》，而不甚發明。〔註19〕

　　依據康有為的上述說法，孟子與荀子的傳承譜系存在巨大差異：孟子師出子游，荀子師出子夏。孔子親授弟子眾多，其中的七十子各有側重。同為賢人的子夏與子游就傳承了孔子思想的不同內容而有所差異，這決定了分屬於兩人傳承譜系的孟子與荀子思想的不同。就對《春秋》的傳承來說，孟子傳承了今文經的《春秋公羊傳》，荀子傳承了古文經的《春秋穀梁傳》。古文經與今文經的學術傳統預示了就傳承方式而言，孟子注重發揮大義，荀子注重傳承經典。第二，經典文本之殊。康有為注意到了孟子與荀子對孔子所作六經的不同傳承，指出「荀卿傳《禮》，孟子傳《詩》《書》及《春秋》。《禮》者，防檢於外，行於當時，故僅有小康，據亂世之制，而大同以時未可，蓋難言之。《春秋》本仁，上本天心，下該人事，故兼據亂、升平、太平三世之制。」〔註20〕這表明，從經典上看，孟子傳承了《詩》、《書》和《春秋》並以傳承《春秋》為主，荀子則只傳承了《禮》。在這個視界中，孟子傳承了多部經典，故而比荀子更為全面和重要。不僅如此，六經的不同地位更是決定了孟子的地位是荀子不可企及的。按照康有為的說法，儘管六經皆出於孔子之手，然而，彼此的重要性並不相同——六經以《春秋》為首，因為《春秋》寄予了孔子託古改制的微言大義，這使傳《春秋》微言大義的孟子具有了荀子無可比擬的優越性。

〔註16〕　《萬木草堂口說·禮運》，《康有為全集》（第二集）中國人民大學出版社2007年版，第160頁。

〔註17〕　《萬木草堂口說·學術源流》，《康有為全集》（第二集）中國人民大學出版社2007年版，第135頁。

〔註18〕　《萬木草堂口說·孔子改制》，《康有為全集》（第二集）中國人民大學出版社2007年版，第147頁。

〔註19〕　《萬木草堂口說·孔子改制》，《康有為全集》（第二集）中國人民大學出版社2007年版，第151頁。

〔註20〕　《孟子微》序，《康有為全集》（第五集）中國人民大學出版社2007年版，第411頁。

第三，思想內容之異。不同的傳承譜系和經典依據注定了孟子與荀子思想的差異性。孟子之學以經世為主，言仁政以經營天下，屬內出之學，重擴充；荀子之學以傳經為主，言禮以正身，屬外入之學，重踐履。在此基礎上，康有為進而強調，孟子屬於內出之學，本於仁的《春秋》兼三世之制；作為外入之學的禮只能防檢於外，行於當時，充其量只有小康、據亂世之制，而無大同、太平世之制。從這個意義上說，孟子的思想優於荀子。康有為這方面的說法比比皆是，下僅舉其一斑：

> 傳經之功，荀子為多，孟子多言經世。孟子言仁制，經天下者也；荀子言禮，正一身者也。孟學從內出，荀學言外入。內出，故重擴充；外入，故言踐履。〔註21〕

> 荀子發揮「自明誠」，孟子發揮「自誠明」。〔註22〕

> 孟言擴充，是直出。荀言變化，是曲出。〔註23〕

> 孟子開口講求放心，荀子開口講勸學。〔註24〕

> 《論語》多以仁智並舉，不以仁義並舉，荀子以仁智並舉，孟子則以仁義並舉矣。〔註25〕

> 孟子學多在德性，荀子學多在禮，而傳經則荀子為最多。〔註26〕

康有為對孟子與荀子的比較可謂方方面面，並不假於傳承譜系、經典文本和思想內容三個方面。在這裡，康有為揭示了孟子與荀子思想的差異，勾勒出各自相對獨立的傳承系統，同時指出了二者不同的學術命運。有鑑於此，在將孔子後學分為孟子與荀子兩派的同時，康有為對孟子的關注、推崇和闡發遠遠超過荀子。

〔註21〕《萬木草堂口說·古今學術源流》，《康有為全集》（第二集）中國人民大學出版社 2007 年版，第 136 頁。

〔註22〕《萬木草堂口說·中庸》，《康有為全集》（第二集）中國人民大學出版社 2007年版，第 173 頁。

〔註23〕《萬木草堂口說·荀子》，《康有為全集》（第二集）中國人民大學出版社 2007年版，第 182 頁。

〔註24〕《萬木草堂講義·七月初三夜講源流》，《康有為全集》（第二集）中國人民大學出版社 2007 年版，第 289 頁。

〔註25〕《萬木草堂口說·荀子》，《康有為全集》（第二集）中國人民大學出版社 2007年版，第 184 頁。

〔註26〕《康南海先生講學記·古今學術源流》，《康有為全集》（第二集）中國人民大學出版社 2007 年版，第 106 頁。

　　與此同時，為了配合孟子地位的提升，給孟子思想的博大精深提供辯護，康有為在孔子之學的傳承譜系中找到了孟子的多重譜系：孔子→有子→子游→子思→孟子，以此證明孟子為孔子之嫡傳，是「得孔子之本者也」、「真得孔子大道之本者也」。這就是說，孟子是由有子而子游，子游而子思，子思而孟子的一脈相承，即「子思、孟子傳子游、有子之學者也。程子以子思為曾子門人，蓋王肅偽《家語》之誤。今以《中庸》、《孟子》考之，其義閎深，曾子將死之言，尚在容貌辭氣顏色之間，與荀子之禮學同，其與子思、孟子異矣。」〔註27〕

　　其一，康有為堅持孟子是子游後學，傳《春秋公羊傳》代表的今文經學。這是康有為關於孟子學術身份和傳承譜系的基本觀點，上述的孟、荀比較已經說明了這一點。只不過前者是在與荀子對比的維度上立論的，這裡是專門就孟子立論的。正是在這個維度上，康有為再三強調：

　　　　孟子確傳《公羊》之學。〔註28〕

　　　　荀子言子思出於子游，《史記》言孟子子思門人，則孟子亦傳子

　　游之學。〔註29〕

　　　　孟子，子游之再傳。〔註30〕

　　其二，康有為在孔子的另一位親授弟子——有子那裏為孟子找到了傳承源頭，並且在有子與孟子的密切相關中突出孟子具有荀子無可比擬的身份地位。對此，他寫道：

　　　　《論語》開章於孔子之後，即繼以有子、曾子，又孔門諸弟子

　　皆稱字，雖顏子亦然，惟有子、曾子獨稱子，蓋孔門傳學二大派，

　　而有子、曾子為鉅子宗師也。自顏子之外，無如有子者，故以子夏

　　之學，子游之禮，子張之才，尚願事以為師，惟曾子不可，故別開

　　學派。今觀子夏、子張、子游之學，可推見有子之學矣。子游傳大

　　同之學，有子必更深，其與曾子之專言省躬寡過、規模狹隘者，蓋

〔註27〕《孟子微》，《康有為全集》（第五集）中國人民大學出版社 2007 年版，第 497 頁。

〔註28〕《萬木草堂口說・孔子改制》，《康有為全集》（第二集）中國人民大學出版社 2007 年版，第 147 頁。

〔註29〕《萬木草堂口說・孟荀》，《康有為全集》（第二集）中國人民大學出版社 2007 年版，第 181 頁。

〔註30〕《萬木草堂講義・七月初三夜講源流》，《康有為全集》（第二集）中國人民大學出版社 2007 年版，第 282 頁。

甚遠矣。後人並孟子不考，以曾子、顏子、子思、孟子為四配，而置有子於子夏、子張、子游之下，不通學派甚矣。大約顏子、子貢無所不聞，故孔子問子貢與回也孰愈，而歎性與天道。子貢傳太平之學，曰：我不欲人之加諸我，吾亦欲無加諸人。人己皆平。莊子傳之，故為「在宥」之說，其軌道甚遠。有子傳升平之學，其傳在子游、子張、子夏，而子游得大同，傳之子思、孟子。曾子傳據亂世之學，故以省躬寡過為主，規模少狹隘矣。曾子最老壽，九十餘乃卒，弟子最多，故其道最行。而有子亦早卒，其道不昌。〔註31〕

這段話出自發微孟子思想的《孟子微》，表面看來並不是直接推崇孟子的，而是從孔子親授弟子的角度為有子爭地位的。從「孔門傳學二大派，而有子、曾子為鉅子宗師」的角度看，似乎是肯定曾子與有子具有相同的權威，接下來卻將子游、子張和子夏都歸到了有子的名下，致使有子的地位遠遠超過了曾子。在此基礎上，康有為對孟子的傳承提出了新的說法——不是歸為子游，而是歸為有子，即「有子傳升平之學，其傳在子游、子張、子夏，而子游得大同，傳之子思、孟子」。在這裡，康有為肯定孟子之學得於子思、子游，卻向前追溯到了有子。借助有子，證明了孟子的顯赫地位——除了有子地位的顯赫使得其真傳的孟子受益匪淺之外，還有孟子與子思直接的師承關係。最能體現孟子地位的是，在被康有為提及的數人之中，除了孔子的親授弟子和聖孫子思之外，只有莊子和孟子兩個人，而孟子則直授於子思。這些情況都指向了孟子的孔學嫡傳身份。

其三，康有為通過提升子思的地位，突出子思之學的博大精深。康有為強調孔子的聖孫——子思接續了孔學的聖統，並且兼傳有子、子游之統，得孔子思想的全體。「瞷然念孔子之教論，莫精於子思《中庸》一篇……鄭康成曰：《中庸》者，孔子之孫子思作之，以昭明聖祖之德也。天下之為道術多矣，而折衷於孔子。孔子之道大矣，蕩蕩如天，民難名之，惟聖孫子思親傳文道，具知聖統。其云『昭明聖祖之德』，猶述作孔子之行狀云爾。子思既趨庭捧手，兼傳有子、子游之統，備知盛德至道之全體。」〔註32〕在此基礎上，他進一步突出孟子與子思的傳承關係，致使孟子成為子思的唯一後學。對此，康有為的

〔註31〕《孟子微》，《康有為全集》（第五集）中國人民大學出版社 2007 年版，第 496 頁。

〔註32〕《中庸注》序，《康有為全集》（第五集）中國人民大學出版社 2007 年版，第 369 頁。

說法眾多、不一而足。下僅舉其一斑：

> 曾、夏皆傳粗學，子思能傳心學。〔註33〕

> 孟子受業子思之門人，有《史記》可考。子思受業曾子，無可據。子思作《中庸》，精深博大，非曾子可比，惟孟子確得子思之學。〔註34〕

> 孟子之學出於子思，見《史記》。然比之《中庸》，理多不粹，其不及子思遠矣。〔註35〕

> 子思以孔學之粗者傳之孟子。〔註36〕

康有為的上述說法之間不是互洽的，顯然不能自圓其說。盡管如此，這些言論卻共同指向了同一個主題：子思在孔子之學中具有至關重要的地位，惟有孟子得子思之學，故而顯示了孟子在孔學中無可匹敵的高貴出身和地位。

此外，與孟子的嫡傳身份一脈相承，康有為從不同角度彰顯孟子的正統地位和護法作用，強調孟子一直站在孔子的立場上擔當孔門的護法使者：或者攻擊孔子的反對者，或者矯正對孔子的歪曲，在捍衛孔子思想正統性和權威性的過程中發揮了重要作用。正是在這個意義上，康有為不止一次地說道：

> 戰國與孔子爭教者，老、墨二家，孟子不攻老，因當時楊學盛行，攻其弟子即攻其師也。〔註37〕

> 子莫雖執中，然不依孔子條理，故孟子攻之。其能出於老、墨之外，不能入於孔子之中，故孟子云：執中無權，猶執一也。〔註38〕

> 孟子所以斥墨氏者，為其二本也。〔註39〕

〔註33〕《萬木草堂口說·學術源流》，《康有為全集》（第二集）中國人民大學出版社2007年版，第133頁。

〔註34〕《萬木草堂口說·孔子改制》，《康有為全集》（第二集）中國人民大學出版社2007年版，第147頁。

〔註35〕《萬木草堂口說·中庸》，《康有為全集》（第二集）中國人民大學出版社2007年版，第170頁。

〔註36〕《萬木草堂口說·中庸》，《康有為全集》（第二集）中國人民大學出版社2007年版，第172頁。

〔註37〕《萬木草堂口說·諸子》，《康有為全集》（第二集）中國人民大學出版社2007年版，第176頁。

〔註38〕《萬木草堂口說·諸子》，《康有為全集》（第二集）中國人民大學出版社2007年版，第180頁。

〔註39〕《南海師承記·講孝悌任恤宣教同體饑溺》，《康有為全集》（第二集）中國人民大學出版社2007年版，第250頁。

墨翟，則《淮南子》以為孔子後學而變教自立者。墨子為三月之喪，親戚皆同，故孟子以為無父，又謂兼愛無差等。蓋父子與諸親及路人，自有厚薄，乃天理之自然，非人為也。故孔子等五服之次，立親親仁民愛物之等，此因天序順人情，亦非強為者也。〔註40〕

在這裡，孟子的身份是孔子的正統繼承人和孔教的護法使者，因為與孔子爭教最盛的是老、墨兩家，孟子便攻擊之；因為子莫對執中的理解不依孔子條理，孟子同樣攻擊之；孟子對墨子兼愛的攻擊也是出於捍衛孔子之道的目的，其孔教立場天地可鑒。

在康有為看來，孟子對孔子的捍衛功不可沒，對孔子的定位也最為準確；這在先秦諸子中只有孟子和莊子兩人。正是在這個意義上，他寫道：「聖人作而萬物睹，陶鈞天下，化育群生，聖人也。聖人盛德之至，至誠之極，而其上有神人，聖而不可知者。含元統天，大明終始，時乘六龍，變化屈伸，前知無窮，化身無盡，其惟孔子乎？莊子以老子為至人，彭盛、關尹為真人，至於言孔子，則曰神何由降，明何由出？聖有所生，王有所成，上尊號曰『神明聖王』，亦以孔子為神人焉！孟子以聖人為第二等，故夷、惠皆以許之。後世不知此義，僅以聖人稱孔子，失孟子、莊子之義，不幾於從降乎？故稱孔子以『神明聖王』，至宜也。」〔註41〕

在孔學中的正統地位以及師出名門為孟子思想的重要性奠定了基礎。這一點不僅表現在孟子學術來源的多元化和至尊性，而且表現在對後續文化的影響上。康有為曾經說：「《韓非子·顯學篇》有樂正氏之儒，如孟子後學，僅樂正一人。」〔註42〕從這個意義上說，似乎孟子後學乏人，其實不然。他一再突出孔後一人、漢代純儒董仲舒的思想與孟子之間的關係——無論對孔子之微言的詮釋、傳承大同之制還是以今文經發揮微言大義的方式光大孔學都是如此。與此同時，康有為多次從性善、義理等不同角度發掘孟子與宋明理學之間千絲萬縷的聯繫，突出孟子對宋明理學的影響，尤其強調陸九淵、王守仁與孟子思想的淵源關係。

〔註40〕《孟子微》，《康有為全集》（第五集）中國人民大學出版社 2007 年版，第 493 頁。

〔註41〕《孟子微》，《康有為全集》（第五集）中國人民大學出版社 2007 年版，第 483 ～484 頁。

〔註42〕《萬木草堂口說·孟荀》，《康有為全集》（第二集）中國人民大學出版社 2007 年版，第 181 頁。

　　與斷言孟子師出名門且得孔子真傳密切相關，康有為對孟子推崇備至。從《孟子微》代表的中期作品開始，他撇開與孟子一同被稱為「二伯」的荀子，而單獨把孟子譽為「孔門之龍樹、保羅」。於是，康有為盛讚道：「孟子乎真得孔子大道之本者也。養氣知言，故傳孔子之道，霹靂而雷聲者也。雖荀子非難之，亦齊之於聖孫子思，以為傳仲尼、子游之道。今考之《中庸》而義合，本之《禮運》而道同，證之《春秋》、《公》、《穀》而說符。然則，孟子乎真傳子游、子思之道者也。直指本來，條分脈縷，欲得孔子性道之原，平世之大同之義，捨孟子乎莫之求矣。顏子之道不可得傳，得見子游、子思之道，斯可矣！孟子乎，真孔門之龍樹、保羅乎！若夫論者因孟子發民貴君輕之義，舉子貢過於仲尼，則未知孟子所傳道之本末也。孟子曰：乃所願，則學孔子也。孟子之義，由子游、子思而傳自孔子，非孟子之所創也。民貴君輕，乃孔子升平之說耳。」〔註43〕從中可見，康有為極力表彰孟子發揮孔子之道的巨大貢獻，故而對孟子大加讚揚，屢屢稱頌。按照他的說法，孟子是孔門的護法使者，深得孔子思想的精髓，並且傳承了太平、大同之教。如果領悟並遵循了孟子的微言大義，中國不僅可以躲過近代的劫難，而且早已進入太平、至善的大同社會了。基於這種理解，康有為對孟子的推崇和對仁道的張揚堅定不移，並著《孟子微》專門闡發孟子的思想。

　　總之，與對其他先秦諸子的判定明顯不同，康有為對孟子是孔門後學且傳承孔子微言大義的認定始終如一。為了證明孟子的孔門嫡傳身份，他不僅對孔子之學的傳承譜系予以追溯，而且確定了孟子所傳孔子之學的具體內容。進而言之，康有為對孟子學術譜系的追溯和地位的提升具有雙重意義：一是肯定了孟子在孔子之學中至關重要的地位，一是奠定了孟子思想的闡釋方向。

第二節　「真得孔子大道之本者也」

　　在康有為的思想中，孟子的地位與其對孔子之學的傳承內容有關，其對孔子之學的傳承又奠定了孟子在孔子後學中首屈一指的地位。其實，這是一個問題的兩個方面。按照他的說法，對孔子大道的傳承不僅決定了孟子在孔學中的地位，而且框定了孟子思想的主體內容。因此，早在強調孟子得孔子大道之本、

〔註43〕《孟子微》序，《康有為全集》（第五集）中國人民大學出版社 2007 年版，第412 頁。

係孔門嫡傳之時，康有為就在追溯孟子學術譜系的過程中道出了孟子傳承的內容，這奠定了他闡釋孟子思想的基礎。與此相互印證且一脈相承的是，在稍晚出現的《孟子微》中，康有為從不同方面反覆申明孟子對於孔子大道的獨特價值，從不同角度闡釋了孟子思想的內容。在《孟子微》的自序中，他闡明了孟子的至關重要性，也開宗明義地羅列了孟子思想的具體內容，即道出了孟子對孔子之學的具體傳承。按照康有為的說法，正是這些內容使《孟子》一書遠勝於「中國之百億萬群書」，故而才作《孟子微》專門對孟子的思想予以闡釋。值得注意的是，康有為一面盛讚孟子傳承孔子之道，一面強調孟子思想「非孟子之所創」，只是從有子、子游和子思等人那裏傳承了孔子的思想而已。這決定了康有為對孟子思想的理解和闡釋與對孔子的闡釋息息相通。

一、《春秋》之微言大義

與強調《春秋》對於孔子地位的至關重要相一致，康有為對孟子思想的解釋圍繞著傳承《春秋》的微言大義而展開。在他看來，正如傳《春秋》奠定了孟子的至尊地位一樣，傳《春秋》微言大義是孟子思想的主要內容。為了突出《春秋》的地位，康有為不惜改變六經皆孔子所作的說法，獨將《春秋》歸於孔子。正是在這個意義上，他斷言：「諸經皆出於周公，惟《春秋》獨為孔子之作，欲窺孔子之學者，必於《春秋》。」〔註44〕這一說法雖與六經皆出孔子之手相矛盾，卻將《春秋》推上了至高地位。按照康有為的說法，《春秋》之所以尊貴，原因在於：作為孔子晚年的成熟之作，《春秋》不是歷史陳跡的記載而是無所不備的孔學大道。孟子的價值和貢獻在於：最能體悟孔子作《春秋》的良苦用心，也深諳《春秋》的微言大義。這用康有為本人的話說便是：「孟子引孔子之言曰：知我者其為《春秋》，罪我者其為《春秋》。孟子又雲：《春秋》，天子之事也。又云：王者之跡熄而《詩》亡，《詩》亡然後《春秋》作。」〔註45〕這些都表明，孟子獨得《春秋》精髓，對《春秋》的理解深中肯綮。不僅如此，孟子在孔學中的尊貴地位取決於傳承並且發揮了孔子的微言大義，集中表現為以今文經的學統對《春秋》的傳承和發微。這就是說，孟子的思想與《春秋》密不可分，是傳承、發微《春秋》大義成就了孟子。對

〔註44〕《教學通義·春秋》，《康有為全集》（第一集）中國人民大學出版社 2007 年版，第 39 頁。
〔註45〕《南海師承記·王魯例》，《康有為全集》（第二集）中國人民大學出版社 2007 年版，第 261 頁。

此，康有為如是說：「而孟子者，兩述禹、湯、文、武、周公，至孔子，不言其至德愨行，《詩》、《書》、《禮》、《樂》、《論語》、《孝經》，而獨稱其《春秋》。意者孔子之大道仁術，其在《春秋》耶？孟子宜有所傳授而云然耶？而世之捨《春秋》而言大道，或反尊信雜說及百千年之後師異論。然則《孟子》謬陋不傳而無知也，《孟子》而少有知也，則《春秋》為孔子之大道之統，學孔子者不可不留意也。」〔註46〕

　　基於這種理解，康有為在抒發《孟子》微言大義的《孟子微》中反覆申明孟子對《春秋》微言大義的傳承和發揚。康有為在該書的序中云：

　　　　孟子傳《詩》《書》及《春秋》。……《春秋》本仁，上本天心，下該人事，故兼據亂、升平、太平三世之制。子游受孔子大同之道，傳之子思。而孟子受業於子思之門，深得孔子《春秋》之學而神明之。故論人性則主善而本仁，始於孝悌，終於推民物。論修學，則養氣而知言，始於資深逢源，終於塞天地。論治法則本於不忍之仁，推心於親親、仁民、愛物，法乎堯、舜之平世。蓋有本於內，專重廓充，恃源以往，浩然旁沛礡汗，若決江河，波濤瀾汗，傳平世大同之仁道，得孔子之本者也。……孟子乎真得孔子大道之本者也。養氣知言，故傳孔子之道，霹靂而雷聲者也。雖荀子非難之，亦齊之於聖孫子思，以為傳仲尼、子游之道。今考之《中庸》而義合，本之《禮運》而道同，證之《春秋》、《公》、《穀》而說符。然則，孟子乎真傳子游、子思之道者也。直指本來，條分脈縷，欲得孔子性道之原，平世之大同之義，捨孟子乎莫之求矣。顏子之道不可得傳，得見子游、子思之道，斯可矣！孟子乎，真孔門之龍樹、保羅乎！若夫論者因孟子發民貴君輕之義，舉子貢過於仲尼，則未知孟子所傳道之本末也。孟子曰：乃所願，則學孔子也。孟子之義，由子游、子思而傳自孔子，非孟子之所創也。民貴君輕，乃孔子升平之說耳。〔註47〕

　　　　夫天地之大，測者難以驟明也。孔子之道之大，博深高遠，當時弟子已難盡傳，子貢已謂得見宮廟之美、百官之富者寡矣。數千

〔註46〕《孟子公羊同義證傳序》，《康有為全集》（第二集）中國人民大學出版社 2007年版，第 127 頁。

〔註47〕《孟子微》序，《康有為全集》（第五集）中國人民大學出版社 2007 年版，第411～412 頁。

年之後學，而欲知孔子之道，其益難窺萬一，不待言也。雖然，天不可知，欲知天者，莫若假器於渾儀。孔子不可知，欲知孔子者，莫若假途於孟子。蓋孟子之言孔道，如導水之有支派脈絡也，如伐樹之有幹枝葉卉也，其本末至明，條理至詳。通乎孟子，其於孔子之道得門而入，可次第升堂而入室矣。雖未登天圄而入地隧乎，亦庶幾見百官之車服禮器焉，至易至簡，未有過之。吾以信孟子者知孔子。〔註48〕

舉中國之百億萬群書，莫如《孟子》矣。傳孔子《春秋》之奧說，明太平大同之微言，發平等同民之公理，著隸天獨立之偉義，以拯普天生民於卑下鉗制之中，莫如孟子矣！探冥冥之本原於天生之性，許其為善而超擢之。著靈明之魂於萬物皆備之身，信其誠有而自樂之。秩天爵於人人自有而貴顯之，以普救生人神明之昏濁污蔽之中，莫如孟子矣！孟子哉，其道一於仁而已。孟子深造自得於孔子仁之至理，於是開合操縱，淺深遠近，抑揚進退，時有大聲霹靂以震動大地、蘇援生人者，終於仁而已矣。通於仁者，本末精粗，六通四辟，無之而不可矣。吾中國之獨存此微言也，早行之乎，豈惟四萬萬神明之胄賴之，其茲大地生民賴之！吾其揚翔於太平大同之世久矣！〔註49〕

在康有為的視界中，孟子傳承了孔子的《詩》、《書》和《春秋》等多部經典，並且以發揮《春秋》的微言大義為主。傳承《春秋》不僅決定了孟子在孔學中至關重要的地位，而且注定了孟子思想的中心和主旨。由於《春秋》內容宏富，「上本天心，下該人事」，孟子對《春秋》的發微包羅萬象，涵蓋了本體論、人性論、歷史學和政治學等諸多領域。其中，最核心的內容有：孔子的三世說，認為人類社會沿著據亂世、升平世、太平世的順序依次進化，尤其張揚太平大同之世；側重太平大同之世表明了孟子的思想含有自由、平等意蘊，因為這一點是大同社會的基本特徵；「著隸天獨立之偉義」，這是平等的前提和基礎；在人性論上，本仁而確信人性皆善；在修養論上，重視「知言養氣」；在

〔註48〕《孟子微》序，《康有為全集》（第五集）中國人民大學出版社 2007 年版，第412 頁。

〔註49〕《孟子微》新民叢報本序，《康有為全集》（第五集）中國人民大學出版社 2007年版，第 412～413 頁。

法治上，本於不忍之心，依憑仁政而治等等。值得注意的是，按照康有為的說法，這些原本是孔子思想的題中應有之義，孟子只是傳承且闡揚之而已。這表明，孟子對孔子思想的傳揚以《春秋》為主，抓住了孔子思想的精髓，同時以《春秋公羊傳》為經典，通過今文經的方式發揮孔子的微言大義。這決定了孟子的思想最接近孔子，《孟子》也是學習孔子之道的入門書。正因為如此，早在《孟子微》之前的《桂學答問》中，他便多次指出：

> 天下之所宗師者，孔子也。義理、制度皆出於孔子，故經者學孔子而已。孔子去今三千年，其學何在？曰在「六經」。夫人知之，故經學尊焉。凡為孔子之學者，皆當學經學也。人人皆當學經學，而經學之書汗牛充棟，有窮老涉學而不得其門者，則經說亂之，偽文雜之。如泛海無舟，邈然望洋而歎；如適沙漠而無嚮導，悵悵然迷道而返，固也。然以迷道之故，遂捨孔子而不學，可乎？今為學者覓駕海之航，訪導引之人。有孟子者，古今稱能學孔子，而宜可信者也。由孟子而學孔子，其時至近，其傳授至不遠，其道至正，宜不歧誤也。孟子於孔子無不學矣。〔註50〕

> 學《春秋》當從何人？有左氏者，有公羊、穀梁者，有以「三傳」束高閣，獨抱遺經究終始者，果誰氏之從也？曰：上摺之於孟子，下折之於董子可乎！孟子之言曰：其事則齊桓、晉文，其文則史，其義則丘竊取之矣。故學《春秋》者，在其義，不在其事與文。然則《公》、《穀》是而《左氏》非也。孟子又曰：《春秋》天子之事。又述孔子之言曰：知我罪我，其惟《春秋》。惟《公羊》有「王魯改制」之說。董子為漢世第一純儒，而有「孔子改制，《春秋》當新王」之說。《論衡》曰：文王之文，傳於孔子；孔子之文，傳於仲舒。則《春秋》微言大義，多在《公羊》，而不在《穀梁》也。〔註51〕

事情至此並沒有結束，在專門闡釋《春秋》的《春秋筆削大義微言考》中，康有為不僅重申了孟子得孔子大道之本，而且指出「善言孔子者，莫如孟子」。對此，他解釋說：

〔註50〕《桂學答問》，《康有為全集》（第二集）中國人民大學出版社 2007 年版，第 18 頁。

〔註51〕《桂學答問》，《康有為全集》（第二集）中國人民大學出版社 2007 年版，第 18 頁。

然則求孔子之道者，於六藝其可乎？子思曰：仲尼祖述堯、舜，憲章文、武，上律天時，下襲水土。譬如天地之無不持載、無不覆幬，如四時之錯行，日月之代明。孟子者，得子思升平之傳；故善言孔子者，莫如孟子。孟子言禹，則曰抑洪水；言周公，則曰兼夷狄、驅猛獸；言孔子，不舉其他，但曰「知我罪我，其惟《春秋》」，又曰「其事則齊桓、晉文，其文則史，其義則丘竊取之」。然則六藝之中，求孔子之道者，莫如《春秋》……然孟子者，去孔子不遠，得《春秋》之傳，應比後儒可信也。其言春秋學而述孔子之自言，則曰「其事則齊桓、晉文，其文則史，其義則丘竊取之」。蓋不取其文與事，而獨取其義。其義何在乎？《公羊》曰：制《春秋》之義以俟後聖……前有孟子、公羊，後有董子、劉向，兩漢諸儒，證據繁確，至為可信。若不信諸儒，則不信孟子可也。若以孟子可信，學《春秋》者，第一當知孔子所作《春秋》為《春秋之義》，別為一書，而非今《春秋》會盟征伐一萬六千四百四十六字史文之書也。獨抱今會盟征伐一萬六千四百四十六字之書，則為抱古魯史，而非抱孔子之遺經矣。買櫝還珠，得筌忘魚，史存則經亡矣。凡《史記》、《漢書》引《春秋》義者，可條證焉！〔註52〕

二、天、性、心三位一體

康有為認為，孔子之道本天，孔子所講的人道皆因循人性。孟子則側重從天、性、心的角度來詮釋、發揚孔子之道，致使天與性、心相互印證：第一，從天的角度看，康有為認定孔子的思想源出於天。康有為反覆斷言：「孔子之道本天，以元統天。」〔註53〕「孔子之制度必本於天。」〔註54〕《易》和《春秋》之所以重要和高深，就是因為兩書探究天人之精微，孟子傳《春秋》便傳承了孔子的天人之學。「然《詩》、《書》、《禮》皆為撥亂世而作，若天人之精微，則在《易》與《春秋》。孔子之道，本末精粗，無乎不在；若求晚年定論，

〔註52〕《春秋筆削大義微言考》發凡，《康有為全集》（第六集）中國人民大學出版社2007年版，第3～5頁。

〔註53〕《萬木草堂講義·七月初三夜講源流》，《康有為全集》（第二集）中國人民大學出版社2007年版，第281頁。

〔註54〕《萬木草堂講義·中庸》，《康有為全集》（第二集）中國人民大學出版社2007年版，第294頁。

則以《易》、《春秋》為至也。其後學，荀子傳《詩》、《書》、《禮》，孟子傳《春秋》，莊子傳《易》，其淺深即由此而分焉。」〔註55〕在闡發孔子天人之學方面，孟子的貢獻在於，「著隸天獨立之偉義，以拯普天生民於卑下鉗制之中，莫如孟子矣！探冥冥之本原於天生之性，許其為善而超擢之；著靈明之魂於萬物皆備之身，信其誠有而自樂之；秩天爵於人人自有而貴顯之，以普救生人神明之昏濁污蔽之中」。第二，從性的角度看，康有為指出，人性是孔子之道的重要組成部分，「言孔子教之始於人道，孔子道之出於人性，而人性之本於天生，以明孔教之原於天，而宜於人也。」〔註56〕孟子的思想從子思而來，沿襲了《中庸》從人性的角度發揚孔子之道的致思方向。具體地說，孟子宣稱不忍人之心是人與生俱來的善性，使性與天一脈相承。這一點對於孔學至關重要，由此推出了民主思想。這便是前文所講的「故論人性，則主善而本仁，始於孝悌，終於推民物」。康有為進而強調，孟子對性的看法貢獻尤其重大，主要集中在兩個方面：一是在性善中引申出擴充、修養等道德實踐工夫，一是在對性善的彰顯中找到了救世之方，從仁政到教化皆由仁而來。對此，康有為再三聲稱：

> 孟子言養，言擴充，皆自性命推出。〔註57〕

> 蓋孟子之道，不在防守禮法之嚴，而在擴充善性之本，其道已極直捷，人人固有，人人可學，人人能逮。〔註58〕

> 性善者，孟子得救世之言。〔註59〕

第三，從心的角度看，《春秋》「上本天心」，孟子則由天心講到人心，並且注重心的作用。

不僅如此，就天、性、心三者比較來說，康有為尤其突出孟子對心的彰顯，聲明孟子之學從根本上說就是心學，《孟子》書中的《告子篇》直指本心，是專門的心學經典。對此，他多次論證說：

〔註55〕《論語注》，《康有為全集》（第六集）中國人民大學出版社 2007 年版，第 429～430 頁。

〔註56〕《中庸注》，《康有為全集》（第五集）中國人民大學出版社 2007 年版，第 369～370 頁。

〔註57〕《萬木草堂口說‧春秋繁露》，《康有為全集》（第二集）中國人民大學出版社 2007 年版，第 204 頁。

〔註58〕《孟子微》，《康有為全集》（第五集）中國人民大學出版社 2007 年版，第 484 頁。

〔註59〕《萬木草堂口說‧春秋繁露》，《康有為全集》（第二集）中國人民大學出版社 2007 年版，第 204 頁。

孟子提倡良心、良知、良能。〔註60〕

全部《告子》直指本心。〔註61〕

在康有為看來，作為心學的一個方面，孟子關注養心，其學說可謂是一種「養神之學」。對此，他解釋並比較說：「『《仲尼篇》壺丘子禦寇之遊』一段，是養神之學，老氏固以本為精，以物為粗者也。《孟子》『萬物皆備，反身而誠』，亦有此意。」〔註62〕與確認孟子注重養神、養心密切相關，康有為指出，孟子重視「知言養氣」，「知言養氣」與孟子所講的「萬物皆備於我」一樣既與修身養性相關，又是心學的工夫。於是，他連篇累牘地斷言：

萬物皆備於我。孟子何等氣象！〔註63〕

孟子「說大人」章，氣節甚盛，惟其能格物也。〔註64〕

孟子獨得工夫，在知言養氣。〔註65〕

讀書不全在記性，觀《孟子》「三人則予忘之」，又「其詳不可得而聞」，可知不甚強記，但其本領在知言養氣耳。〔註66〕

確乎不拔，獨立不懼，遁世無悶，不動也。孟子亦有此學。〔註67〕

在肯定孟子的學說以心學為主的基礎上，康有為進一步指出，孟子心學出身正統，在孔門的傳承譜系中上而承接孔子，下而傳續陸王，具有特殊的意義和作用。對於這一點，康有為從各個角度進行了說明和論證：

孟子之學，心學也。宋儒陸象山與明儒王陽明之學，皆出自孟

〔註60〕《萬木草堂講義·七月初三夜講源流》，《康有為全集》（第二集）中國人民大學出版社 2007 年版，第 282 頁。

〔註61〕《萬木草堂講義·七月初三夜講源流》，《康有為全集》（第二集）中國人民大學出版社 2007 年版，第 282 頁。

〔註62〕《萬木草堂口說·列子》，《康有為全集》（第二集）中國人民大學出版社 2007 年版，第 207 頁。

〔註63〕《萬木草堂口說·荀子》，《康有為全集》（第二集）中國人民大學出版社 2007 年版，第 182 頁。

〔註64〕《南海師承記·講勵節》，《康有為全集》（第二集）中國人民大學出版社 2007 年版，第 246 頁。

〔註65〕《萬木草堂口說·荀子》，《康有為全集》（第二集）中國人民大學出版社 2007 年版，第 182 頁。

〔註66〕《萬木草堂口說·荀子》，《康有為全集》（第二集）中國人民大學出版社 2007 年版，第 182 頁。

〔註67〕《南海師承記·講主靜出倪養心不動》，《康有為全集》（第二集）中國人民大學出版社 2007 年版，第 248 頁。

子。孟子，傳孔子心學者也。〔註68〕

孟子之學，其後開陸、王二派。〔註69〕

陸子靜專講心學，得孟子之傳。〔註70〕

陸子頗有孟子之學。〔註71〕

這就是說，正是對心的側重使孟子在宋明理學中大行其道；或者說，重視心使孟子的思想成為陸王心學最直接的理論來源，也成為孟子和宋明理學尤其是陸九淵、王守仁哲學的共同特徵。在闡發孟子心學的過程中，康有為將之不僅與中國本土的陸王心學乃至整個宋明理學相對接，而且與西方傳入的心理學相提並論。他在《日本書目志》中寫道：

心學固吾孔子舊學哉！顏子三月不違，《大學》正心，《孟子》養心，宋學尤暢斯理。當晚明之季，天下無不言心學哉！故氣節昌，聰明出，陽明氏之力也。以《明儒學案》披析之，淵淵乎與《楞伽》相印矣。三藏言心，未有精微淵異如《楞伽》者也。泰西析條分理甚秩秩，其微妙玄通，去遠內典矣。吾土自乾嘉時學者捊擊心學，乃並自刳其心，則何以箸書？何以任事？嗚呼！心亦可攻乎哉？亦大異矣。日人中江原、伊藤維楨本為陽明之學，其言心理學，則純乎泰西者。〔註72〕

《日本書目志》是從日本轉譯西學的書目，採取的是近代西方的學科分類方式，其中的「理學門」中列有心理學一類。對此，康有為的看法是，日本的心理學者中江原、伊藤維楨等人的思想源自王守仁，他們所講的心理學卻是純然西方的，這是一種怪現象。其實，中國本土心理學昌盛，《孟子》書中講的「養心」就是心理學，孟子等人的養心之學被包括陸九淵、王守仁在內的宋明理學家發揚光大。明清之際的思想家和日本學者的錯誤在於，不懂得中國的心

〔註68〕《康南海先生講學記・古今學術源流》，《康有為全集》（第二集）中國人民大學出版社 2007 年版，第 112 頁。

〔註69〕《康南海先生講學記・儒家》，《康有為全集》（第二集）中國人民大學出版社 2007 年版，第 116 頁。

〔註70〕《萬木草堂口說・學術源流》，《康有為全集》（第二集）中國人民大學出版社 2007 年版，第 139 頁。

〔註71〕《南海師承記・講宋元學派》，《康有為全集》（第二集）中國人民大學出版社 2007 年版，第 255 頁。

〔註72〕《日本書目志》卷二，《康有為全集》（第三集）中國人民大學出版社 2007 年版，第 293 頁。

學其實就是心理學，造成這一錯誤的重要原因就是不理解——至少是忽視了孟子的心學思想。

經過康有為的詮釋，天、性、心的三位一體既成為孟子對孔子思想的發揮，又成為孟子對於孔學的獨特貢獻。

三、仁和不忍人之心

康有為肯定孔子思想的宗旨是仁，孟子的思想便是對孔子之仁的發揮。與此相聯繫，從追溯孟子思想的學術源流開始，他一直突出孟子對仁的闡發，認定孟子的思想與孔子一樣以仁為宗旨，並且所有主張都圍繞著仁而展開——「其道一於仁而已」。於是，康有為一而再、再而三地斷言：

> 孟子傳孔子之道，故師慕堯、舜、文王，一切議論，舉以為稱。
> 而孟子尤注意於平世，故尤以稱法堯、舜為主。人人皆性善，人人皆與堯、舜同，人人皆可為太平大同之道，不必讓與人，自諉其責任也。故以有為責，其上者直法堯、舜，次者斟酌時勢，亦可法文王。世雖有三，道似不同，然審時勢之並行不悖，故其道只有一。一者仁也，無論亂世平世，只歸於仁而已。此孟子第一義。孟子之道，本末分明，如大樹之有根本枝葉，此其根本也。得此根本，餘枝葉皆可推尋矣，學者宜留意焉。〔註73〕

> 孟子講仁義最精。〔註74〕

> 孟子言：道二，仁與不仁而已。〔註75〕

> 孟子謂：人者，仁也。此解最直捷通達。〔註76〕

> 仁者，人也。《表記》、《孟子》、《中庸》同解。〔註77〕

康有為強調，孟子對仁的闡釋淺深遠近、本末精粗無所不備，「深造自得

〔註73〕《孟子微》，《康有為全集》（第五集）中國人民大學出版社 2007 年版，第 414 頁。
〔註74〕《南海師承記·講性理》，《康有為全集》（第二集）中國人民大學出版社 2007 年版，第 233 頁。
〔註75〕《南海師承記·講孝悌任恤宣教同體饑溺》，《康有為全集》（第二集）中國人民大學出版社 2007 年版，第 249 頁。
〔註76〕《南海師承記·講仁字》，《康有為全集》（第二集）中國人民大學出版社 2007 年版，第 227 頁。
〔註77〕《南海師承記·講孝悌任恤宣教同體饑溺》，《康有為全集》（第二集）中國人民大學出版社 2007 年版，第 249 頁。

於孔子仁之至理」。孟子對孔子之仁的闡發簡捷明快，具體表現是將仁詮釋為「不忍人之心」；《春秋》本仁，「上本天心」，孟子則用人的不忍人之心詮釋孔子所講的仁，不僅彰顯了心的作用，而且用心將仁與天聯繫起來，用人之性、心貫通天道與人道。正是在這個意義上，他多次指出：

> 孟子仁字專全在擴充，說仁忍也，又不忍也，皆從字音生。〔註78〕

> 不忍人之心，仁也，電也，以太也，人人皆有之。……為萬化之海，為一切根，為一切源。一核而成參天之樹，一滴而成大海之水。人道之仁愛，人道之文明，人道之進化，至於太平大同，皆從此出。孟子直指出聖人用心，為儒家治教之本，霹靂震雷，大聲抉發，學者宜體驗而擴充矣。〔註79〕

> 孟子傳子思之道，故直指曰：仁者人也。以人行仁，人人有相愛之心，人人有相為之事，推之人人皆同，故謂合人與仁即為道也。〔註80〕

康有為認為，孔子尚仁，不僅在治國路線上貴德而賤刑，而且將仁推廣到政治、經濟、倫理和教化等各個領域，即「封建、學校、井田，皆孔子制，皆由『仁』字推出」〔註81〕。孔子內在於仁的這套思想被孟子發揚光大，在政治上，「民貴君輕，乃孔子升平之說耳」；在經濟上，注重封建井田之制；在人性上，弘揚孝悌之道；在教化上，依憑發端於不忍人之心的仁政。於是，康有為連篇累牘地聲稱：

> 孔子所以為聖人，以其改制而曲成萬物、範圍萬世也。其心為不忍人之仁，其制為不忍人之政。仁道本於孝悌，則定為人倫；仁術始於井田，則推為王政。孟子發孔子之道最精，而大率發明此義，蓋本末精粗舉矣。〔註82〕

〔註78〕《南海師承記・講孝悌任恤宣教同體饑溺》，《康有為全集》（第二集）中國人民大學出版社2007年版，第250頁。

〔註79〕《孟子微》，《康有為全集》（第五集）中國人民大學出版社2007年版，第414頁。

〔註80〕《孟子微》，《康有為全集》（第五集）中國人民大學出版社2007年版，第415頁。

〔註81〕《萬木草堂口說・孔子改制》，《康有為全集》（第二集）中國人民大學出版社2007年版，第152頁。

〔註82〕《南海師承記・學章》，《康有為全集》（第二集）中國人民大學出版社2007年版，第212頁。

　　孟子發揮孔子，全講井田，時井田之制尚未行，故孟子屢言之。

〔註83〕

　　兄弟與父子不同，只可以恩，不能以威。故孔子發怡怡之義，

孟子所謂親愛之而已矣，皆所謂人倫之至也。〔註84〕

　　孔子謂仁為天心從春生起。……仁之最大者莫如孝悌，故有子曰：

孝悌也者，其為仁之本歟。孟子曰：堯、舜之道，孝悌而已矣。〔註85〕

　　康有為認為，仁是孟子思想的本質，仁政是仁的延續；孝悌、井田是仁在交往和經濟方面的具體表現，也是仁的題中應有之義。在此基礎上，他將孟子的仁學思想概括為「論治法，則本於不忍之仁，推心於親親、仁民、愛物，法乎堯舜之平世」。在康有為看來，孟子對仁的解釋不僅捍衛了孔教宗旨，而且由於不忍人之心的加入而使仁在政教等各方面得以貫徹。孟子仁學的這一特徵在與韓非、李斯等人依靠刑名法術的比較中則看得更加清楚：

　　不忍人之心，仁心也。不忍人之政，仁政也。雖有內外、體用

之殊，其為道則一，亦曰仁而已矣。〔註86〕

　　孟子最能發揮父子之道，其言堯、舜之道，亦只孝悌而已矣。

〔註87〕

　　孟子本指在仁，由仁推之，而與人交，則為孝悌，推之於制，

則為井田。〔註88〕

　　孟子言仁政、王政，皆孔子之政。〔註89〕

〔註83〕《萬木草堂口說‧王制》，《康有為全集》（第二集）中國人民大學出版社 2007
　　　　年版，第 163 頁。
〔註84〕《南海師承記‧講孝悌任恤宣教同體饑溺》，《康有為全集》（第二集）中國人
　　　　民大學出版社 2007 年版，第 250 頁。
〔註85〕《南海師承記‧講仁字》，《康有為全集》（第二集）中國人民大學出版社 2007
　　　　年版，第 228 頁。
〔註86〕《孟子微》，《康有為全集》（第五集）中國人民大學出版社 2007 年版，第 415
　　　　頁。
〔註87〕《萬木草堂口說‧學術源流》，《康有為全集》（第二集）中國人民大學出版社
　　　　2007 年版，第 133 頁。
〔註88〕《萬木草堂口說‧孟荀》，《康有為全集》（第二集）中國人民大學出版社 2007
　　　　年版，第 181 頁。
〔註89〕《萬木草堂口說‧孔子改制》，《康有為全集》（第二集）中國人民大學出版社
　　　　2007 年版，第 148 頁。

　　孟子論理以仁為主，論倫以父子為主，施天下則以同饑同溺為主，所以發井田之制特為詳備。〔註90〕

　　《孟子》一書，言義理自仁始，言人倫自父子始，言制度自井田始。〔註91〕

　　《孟子》：爭地以戰，殺人盈野。爭城以戰，殺人盈城。此條宜熟讀之。〔註92〕

　　苟如韓非、李斯之事秦，以法術督責之術媚其君者，謂之不敬。以鉗制壓伏待其民者，謂之民賊。故堯、舜可以為法，而幽、厲可以為戒。厲王暴虐，民得放流之於彘。幽王闇昏，戎乃殺之。……孟子又總大道而言之，只有仁與不仁二者，二道實一道之正負也。此乃該括天下之大道，一切治教之得失、進退、是非皆以此決之。此一言乃孔子論道之總要，提綱揭領，大聲疾呼，判黑白之途，別善惡之界，分上下之達，辨是非之門。鑒於今古禍福之由，驗乎興衰存亡之理。得此入門，乃不惑於歧誤。據此論議，乃可辨乎是非。雖事有萬殊，不出二道，特以其分數多少等差之而已。一念之出入，行事之從違，學者宜知決擇矣。吾嘗為百度人表，以仁、不仁差之，等其分數，以為其人度之多寡進退。一切政教萬化，皆括於是矣。〔註93〕

四、民主思想

　　在康有為看來，孟子直接傳承了孔子的民主思想，並且發揚光大，於是成為中國古代最傑出的民主思想家。與此相聯繫，康有為側重從民主思想的角度闡發孟子的思想，突出孟子思想的民主意蘊。在康有為對孟子民主思想的解讀中，可以發現孟子對孔子思想的發明，更可以體悟孟子發明孔子思想的全備而無所不賅。不僅如此，康有為將孟子思想中的民本元素與近代西方的民主思想

〔註90〕《南海師承記‧講孝悌任恤宣教同體饑溺》，《康有為全集》（第二集）中國人民大學出版社 2007 年版，第 250 頁。

〔註91〕《萬木草堂口說‧學術源流》，《康有為全集》（第二集）中國人民大學出版社 2007 年版，第 133 頁。

〔註92〕《萬木草堂講義‧七月初三夜講源流》，《康有為全集》（第二集）中國人民大學出版社 2007 年版，第 284 頁。

〔註93〕《孟子微》，《康有為全集》（第五集）中國人民大學出版社 2007 年版，第 416 頁。

相提並論。在《日本書目志》中，他將西方的政治學與孔子之學——六經聯繫起來，在強調西方的政治學不出孔子範圍，孔子所作的六經可以與西方的政治學相媲美的同時，指出西方政治學的核心理念與孟子的思想別無二致——從「教民、養民、保民、通民氣」到「同民樂」與孟子所講的「與民同欲，樂民樂，憂民憂，保民而王」說的都是一個意思。正是在這個前提下，康有為再三斷言：

> 政治之學最美者，莫如吾《六經》也。嘗考泰西所以強者，皆暗合吾經義者也。泰西自強之本，在教民、養民、保民、通民氣、同民樂，此《春秋》重人、《孟子》所謂「與民同欲，樂民樂，憂民憂，保民而王」也。〔註94〕

> 孔子制度本諸身，各教多如是，而征諸庶民，則不能。孟子言與民同之，最得孔子大義。〔註95〕

> 通戰國君臣多言事少言民，皆知有國不知有民者也。故孟子特倡言民事不可緩，所以告滕文公，又言保民，皆救時良策也。〔註96〕

在這裡，康有為將孟子的民主思想具體解釋為以仁為本、養民保民，與這個說法類似的還有如下表述：「孟子傳經最約，其大宗專言仁，甚愛民，惡賊民。」〔註97〕與此同時，他強調，無論是孟子提倡的孝悌之道還是井田制都是仁政的具體內容，表現在政治上都是與「民同之」，這與西方的議院、民主制度完全相同。基於這種理解，康有為得出了如下結論：

> 孟子用殺皆聽國人皆曰，亦「與眾共之」義。西人議院即本此意。〔註98〕

> 此孟子特明升平授民權、開議院之制，蓋今之立憲體，君民共主法也。今英、德、奧、意、日、葡、比、荷、日本皆行之。左右者，行政官及元老顧問官也。諸大夫，上議院也。一切政法，以下

〔註94〕《日本書目志》卷五，《康有為全集》（第三集）中國人民大學出版社2007年版，第328頁。

〔註95〕《萬木草堂口說‧中庸》，《康有為全集》（第二集）中國人民大學出版社2007年版，第168頁。

〔註96〕《南海師承記‧講孟荀列傳》，《康有為全集》（第二集）中國人民大學出版社2007年版，第228頁。

〔註97〕《萬木草堂講義‧七月初三夜講源流》，《康有為全集》（第二集）中國人民大學出版社2007年版，第282頁。

〔註98〕《萬木草堂口說‧王制》，《康有為全集》（第二集）中國人民大學出版社2007年版，第164頁。

議院為與民共之，以國者，國人公共之物，當與民公任之也。孔子之為《洪範》曰「謀及卿士，謀及庶人」是也，堯之師錫眾曰，盤庚之命眾至庭，皆是民權共政之體，孔子創立，而孟子述之。惜後世人君，為老子、韓非尊君卑臣，刑名法術，督責鉗制所亂，此法不行耳。然斟酌於君民之間，升平之善制也。〔註99〕

此（指《孟子·盡心下》孟子曰：「孟子曰：民為貴，社稷次之，君為輕」——引者注）孟子立民主之制，太平法也。蓋國之為國，聚民而成之，天生民而利樂之。民聚則謀公共安全之事，故一切禮樂政法皆以為民也。但民事眾多，不能人人自為公共之事，必公舉人任之。所謂君者，代眾民任此公共保全安樂之事。為眾民之所公舉，即為眾民之所公用。民者如店肆之東人，君者乃聘雇之司理人耳。民為主而君為客，民為主而君為僕，故民貴而君賤易明也。眾民所歸，乃舉為民主，如美、法之總統。然總統得任群官，群官得任庶僚，所謂得乎丘民為天子，得乎天子為諸侯，得乎諸侯為大夫也。今法、美、瑞士及南美各國皆行之，近於大同之世，天下為公，選賢與能也。孟子已早發明之。〔註100〕

孟子言治天下，皆由與民同之。此真孟子非常異議，全與西人議院民主之制同。〔註101〕

更有甚者，康有為指出，孟子具有革命思想，孟子的革命思想與孔子是一脈相承的：「孔子立君臣之義，而《革》卦又云：湯、武革命，順乎天而應乎人。此非常大義。孟子傳孔子之學，故論每如此。」〔註102〕在他看來，民主與革命密切相關，孔子基於民意立君臣之義，旨在表明一切制度、法令和舉措都應該以民意為本，這正如湯武革命順天應人一樣；深諳孔子微言大義的孟子自然能夠領會孔子思想的「非常大義」，並且加以闡釋和發揮。於是，民主和

〔註99〕　《孟子微》，《康有為全集》（第五集）中國人民大學出版社2007年版，第421頁。

〔註100〕　《孟子微》，《康有為全集》（第五集）中國人民大學出版社2007年版，第421頁。

〔註101〕　《萬木草堂口說·孟荀》，《康有為全集》（第二集）中國人民大學出版社2007年版，第181頁。

〔註102〕　《南海師承記·講史記儒林傳》，《康有為全集》（第二集）中國人民大學出版社2007年版，第238頁。

革命思想便成為孟子思想的一部分。

五、大同之教

康有為認為，孔子的思想無所不包，既有由據亂世至升平世的小康之教，也有通往太平世的大同之教。大同之教以仁為主，子游傳之，孟子從子游那裏傳承了孔子的大同之教。對此，他反覆強調：

> 孟子多言仁，少言禮，大同也。荀子多言禮，少言仁，小康也。
> 〔註103〕

> 言偃，孔子弟子，字子游。《荀子·非十二子篇》稱：仲尼、子游為茲厚於世。以子游與仲尼並稱，且以子思、孟子同出於子游。蓋子游為傳大同之道者，故獨尊之。此蓋孔門之秘宗，今大同之道幸得一傳，以見孔子之真，賴是也。〔註104〕

> 孟子之義，其猶晦冥霾瘮哉！夫累千年之國教，立於學官，達於童孺，誦之服之，不為不尊。挾普通試士之力，舉國百千萬億之衿纓，伏案咿唔，舐筆呻吟，思之沉沉，發之深深，不為不明。孟子之義，豈不殊尤顯微哉！乃僅知其介介之義，而不知其肫肫之仁。僅知證其直指之心，而不知推其公同之理。不窺其門，不測其涯，士盡割地，國皆失日，冥沉黑暗，邈邈數千年。嗟哉！吾昔滋懼，竊不自量，發其微言，宣其大義。擇其篇章，類而聚之，俾彰徹大明。庶幾孔子大同之仁、太平之義光明於大地，利澤於生民，其茲孟子之志歟！〔註105〕

對於康有為認定孟子傳孔子的大同之教，康有為眾多弟子的介紹都提供了證明：梁啟超在聲稱「述」康南海之言的前提下指出：「則大同教派之大師，莊子、孟子也。小康教派之大師，荀子也。」〔註106〕陸乃翔、陸敦騤介紹說：「孟子稱堯、舜以民為貴，君為輕，又聽國人之公議，一切與民同之，乃大同

〔註103〕《萬木草堂口說·禮運》，《康有為全集》（第二集）中國人民大學出版社 2007年版，第 160 頁。

〔註104〕《禮運注》，《康有為全集》（第五集）中國人民大學出版社 2007 年版，第 554頁。

〔註105〕《孟子微》新民叢報本序，《康有為全集》（第五集）中國人民大學出版社 2007年版，第 413 頁。

〔註106〕《論支那宗教改革》，《梁啟超全集》（第一冊）北京出版社 1999 年版，第 264頁。

天下為公之法。先秦、西漢之儒，皆傳荀子之學。荀子大攻子思、孟子者，故孟子之學不著，於是大同之道不明矣。」〔註107〕

康有為進而指出，小康之教是專制主義，大同之教是平等主義；孟子傳承了孔子的太平、大同之教，自由、平等便成為孟子思想的題中應有之義。為此，他多次解釋並論證說：

> 孟子一生學術，皆在「道性善」、「稱堯、舜」二語，為《孟子》總括，即為七篇總提。孟子探原於天，尊其魂而賤其魄，以人性之靈明皆善，此出於天生，而非稟於父母者。厚待於人，捨其惡而稱其善，以人性之質點可為善，則可謂性為善，推之青雲之上，而人不可甘降於塵土也。蓋天之生物，人為最貴，有物有則，天賦定理，人人得之，人人皆可平等自立。故可以全世界皆善，愷悌慈祥，和平中正，無險詖之心，無愁欲之氣。建德之國，妙音之天，蓋太平大同世之人如此。堯、舜者，太平大同之道也。〔註108〕

作為孔子思想的題中應有之義，孟子思想以仁為主，側重民主政治。在這些內容中，康有為特別強調孟子的所有思想都接續了孔子《春秋》大一統的衣缽，傳承了大同學說。於是，他反覆宣稱：

> 孟子述周制，傳孔子之大一統。〔註109〕

> 孔子大同之學，子游、子思傳之，孟子亦傳其學。〔註110〕

六、「於孔子無不學」

至此可見，康有為對孟子思想的闡釋始終圍繞著孔子之學展開，甚至可以說，是利用孟子詮釋和豐富了孔子的思想，孟子思想的上述五個方面也同時成為康有為視界中孔子思想的主要內容。其實，孟子思想的內容並不限於以上五個方面，因為康有為視界中的孟子作為孔門的保羅和龍樹處處以捍衛孔子思想為宗旨，凡是孔子標榜的便加以發揮。孟子的孔教立場在與老子、墨子以及莊

子等人的比較中更加鮮明而堅定。例如，康有為一再強調名是孔子大義，並與老子、莊子戒名相反，孟子則成為孔子之名的大力闡發和維護者。康有為聲稱：

> 名為孔子大義，所以厲行恥而光聲譽，致人道於高尚，而補刑賞所未及者也。故《孝經》曰：立身行道，揚名於後世，以為孝之終。《中庸》言舜則曰「必得其名」；言武王則曰「不失顯名」。《穀梁》曰：學成矣，而名譽不彰，友朋之過。《孟子》曰：令聞廣譽施於身，不願人之文繡。故教曰名教，理曰名理，義曰名義，言曰名言，德曰名德，儒曰名儒，士曰名士，無在而不言名。惟老莊乃戒名，曰：為善無近名，為惡無近刑。蓋無出而陽柴立中央之巧也。〔註111〕

進而言之，孔子之所以重名，是為了立名教教化萬民，使民「行己有恥」。這表明，名與恥具有內在一致性，故而孔子在重名的同時「最貴有恥」；與孔子別無二致，孟子倡導人不可以無恥。康有為不止一次地說道：

> 一部《易經》，專講中和。孟子言忍性，則性不盡善可知。子路聞過最喜，為善最勇，的當得「雷霆走精銳，冰雪淨聰明」二句。孔子最貴有恥，故詩人言：人而無恥，不死何為？子貢問士，告以「行己有恥」，即管子亦以禮義廉恥為四維。偽《逸周書》有《醜篇》，皆重有恥。〔註112〕

> 孟子言：人不可以無恥；孔子言：行己有恥。「恥」字最關緊要。〔註113〕

其實，並不限於名和恥，在康有為的視界中，凡是孔子所及孟子必至且發揚光大，每每相合，百試不爽。這方面的例子俯拾即是，下僅舉其一斑：

> 崇義抑利之說與《孟子》同，為孔門大義。〔註114〕

> 命為孔子大義。《易》曰：樂天知命，故不憂。……孟子傳孔子之學，故篤信命，而大發莫非命之義。言正命者，與《孝經緯》

〔註111〕 《論語注》，《康有為全集》（第六集）中國人民大學出版社2007年版，第403頁。

〔註112〕 《南海師承記·講周子通書》，《康有為全集》（第二集）中國人民大學出版社2007年版，第233頁。

〔註113〕 《南海師承記·講勵節》，《康有為全集》（第二集）中國人民大學出版社2007年版，第246頁。

〔註114〕 《春秋董氏學》卷六，《康有為全集》（第二集）中國人民大學出版社2007年版，第392頁。

說同。〔註115〕

　　《論語》曰：不知命，無以為君子也，賜不受命。《中庸》曰：故大德必受命，君子居易以俟命。《孟子》曰：莫非命也，順受其正引。孔子曰：得之不得曰有命。「六經」中，言命者不可更僕。蓋命為孔子一大義，使人安分循理、遷善去惡。〔註116〕

　　鑒於孟子的思想處處與孔子相合，鑒於「孟子為孔子後學，故曰以推行孔道為事」〔註117〕，康有為得出結論：學孔子之道必學孟子，不僅簡捷明快，而且不易歧誤，可謂方便法門；如果學孔子而不學孟子，等於閉門入室，萬萬不能。這用他本人的話說便是：

　　有孟子者，古今稱能學孔子，而宜可信者也。由孟子而學孔子，其時至近，其傳授至不遠，其道至正，宜不歧誤也。孟子於孔子無不學矣，而於「禹抑洪水，周公兼夷狄」，述及孔子，即捨「五經」而言《春秋》。於「禹惡旨酒，湯執中，文王視民如傷，武王不泄邇，不忘遠，周公思兼三王」，述及孔子，亦捨「五經」而言《春秋》。然則孔子雖有「六經」而大道萃於《春秋》。若學孔子而不學《春秋》，是欲其入而閉之門也。〔註118〕

　　按照這個說法，孟子於孔子之道無所不學，並且與孔子思想相合而「不歧誤」；孟子的特殊貢獻是發現了《春秋》在六經中的至關重要性，從以今文經學的方式解讀《春秋》入手光大孔學。這正是康有為寫作《孟子微》的理論初衷。可以作為佐證的是，張伯楨在介紹康有為的思想時如是說：「通乎《孟子》，其於孔子之道得門而入，可次第升堂而入室。惜乎數千年來注者雖多，未有以發明之。此書（指《孟子微》——引者注）探原分條，引而伸之，其中微言大義，一一為之表出。」〔註119〕

〔註115〕　《孟子微》，《康有為全集》（第五集）中國人民大學出版社 2007 年版，第 434 頁。
〔註116〕　《春秋董氏學》卷六，《康有為全集》（第二集）中國人民大學出版社 2007 年版，第 384 頁。
〔註117〕　《孟子微》，《康有為全集》（第五集）中國人民大學出版社 2007 年版，第 434 頁。
〔註118〕　《南海師承記·學章》，《康有為全集》（第二集）中國人民大學出版社 2007 年版，第 212 頁。
〔註119〕　《南海先生傳》，《康有為全集》（第十二集）中國人民大學出版社 2007 年版，第 495 頁。

　　無論是孟子的嫡傳身份還是對孔子思想的傳承發微都證明了孟子的重要地位，甚至是獨一無二的。正是在這個意義上，康有為在將孟子喻為孔門龍樹、保羅的同時，比喻為傳揚老師蘇格拉底學說的柏拉圖或亞里士多德，認定孟子是「孔子後學之大宗」：

> 蓋孔子為創教之發始，孟子為孔子後學之大宗也。如佛之有龍樹、馬鳴，耶之有保羅，索格底之有惡士滔圖矣。〔註120〕

> 及索格底出，則為道德之宗。其弟子伯拉多，再傳亞利士滔圖，皆守其說。而亞利士滔圖兼及物理學，而攻詭辯之教，懷疑之教，與孟子略同矣。〔註121〕

　　柏拉圖與亞里士多德的思想相去甚遠。康有為一再從道德之宗的角度指出孔子與蘇格拉底相似，對作為孔子後學的孟子則一會兒比喻為柏拉圖，一會兒比喻為亞里士多德。其實，無論康有為將孟子比喻為柏拉圖還是亞里士多德都是從力闢他學，捍衛而堅守師說的角度立論的。這證明了孟子力闢異端的巨大作用，也從一個側面證明了孟子是孔子的第一後學。

七、圓融性和開放性

　　在始終強調孟子是孔子嫡傳和正統的前提下，康有為關注孟子與其他思想的相通性和兼容性。這主要表現為孟子與墨子、莊子、佛學以及西方思想的圓融、相通。孟子思想的這一特徵在康有為的下列說法中可見其一斑：

> 莊子知其無可奈何而安之，是艱苦老僧；孟子莫非命也，順受其正，是羅漢境界；子思君子無入而不自得焉，正如佛氏地獄天堂皆成佛土，是菩薩境界；孔子天下有道，某不與易，正佛所謂我不入地獄，誰當入地獄！此佛境界也。〔註122〕

> 孔、孟及佛、墨、宋牼，皆以救人為主，故能不朽，耶氏亦然。〔註123〕

〔註120〕《孟子微》，《康有為全集》（第五集）中國人民大學出版社 2007 年版，第 425 頁。

〔註121〕《孟子微》，《康有為全集》（第五集）中國人民大學出版社 2007 年版，第 494 頁。

〔註122〕《萬木草堂口說·孟荀》，《康有為學術文化隨筆》中國青年出版社 1999 年版，第 36 頁。

〔註123〕《孝悌 任恤 宣教 同體饑溺》，《康有為學術文化隨筆》中國青年出版社 1999 年版，第 119 頁。

　　康有為十分重視孟子思想的開放性，尤其突出孟子與佛教思想的相通。其實，與佛教相通並非孟子思想的獨特性，孔子以及儒家思想大都如此。所不同的是，孟子直指本心，與佛教的禪宗更近。對此，他反覆指出：

　　　　孟子用六祖之法，直指本心，即心是佛也。〔註124〕

　　　　孔子言神字，以鬼神造化處言。……孟子言聖而不可知之，謂神頗能發出誠精，故明此句，發物理甚精，故孟子充實而有光輝之，謂大佛典言頂上有圓光，故大放光明，能照十方世界。〔註125〕

　　值得注意的是，鑒於孟子長於心學的認識，康有為在指出孟子與宋明理學密切相關的同時強調孟子與佛教——特別是與以直指本心為旨歸的禪宗之間具有內在聯繫，甚至斷定孟子得以在宋明理學中盛行是由於佛教的原因——孟子所講的心、性善說與佛教所講的佛和佛性別無二致。於是，他不遺餘力地宣稱：

　　　　宋儒之學，皆本禪學，即孟子心學。〔註126〕

　　　　宋學皆兼禪學，即本於孟子之心學。〔註127〕

　　　　孟子性善之說，所以大行於宋儒者，皆由佛氏之故。蓋宋儒佛學大行，專言即心即佛，與孟子性善暗合，乃反求之儒家，得性善之說，乃極力發明之。又得《中庸》「天命謂性」，故亦極尊《中庸》。然既以性善立說，則性惡在所必攻，此孟子所以得運二千年，荀子所以失運二千年也。然宋儒言變化氣質，已不能出荀子範疇，此則宋儒之蔽也。〔註128〕

　　　　佛言性善，宋人惑之，故特言出孟子。〔註129〕

〔註124〕　《萬木草堂口說・孟荀》，《康有為全集》（第二集）中國人民大學出版社2007年版，第182頁。

〔註125〕　《南海師承記・講周子通書》，《康有為全集》（第二集）中國人民大學出版社2007年版，第232頁。

〔註126〕　《萬木草堂口說・學術源流》，《康有為全集》（第二集）中國人民大學出版社2007年版，第136頁。

〔註127〕　《康南海先生講學記・古今學術源流》，《康有為全集》（第二集）中國人民大學出版社2007年版，第107頁。

〔註128〕　《萬木草堂口說・孟荀》，《康有為全集》（第二集）中國人民大學出版社2007年版，第181頁。

〔註129〕　《萬木草堂口說・學術源流》，《康有為全集》（第二集）中國人民大學出版社2007年版，第140頁。

宋儒每附會孟子性善之說，故云：儒教不離敬靜二字，異教每主靜。〔註130〕

康有為強調，孟子與佛學相關，宋明理學入佛與孟子不無關係；此外，孟子的思想與《中庸》密切相關，這也成為其在宋明理學中倍受推崇的原因。就孟子的性善說與佛教所講的佛性密切相關而言，孟子對宋明理學的影響是全面的；就孟子長於心學而言，孟子對陸王心學的影響首屈一指；就孟子與《中庸》的密切相關而言，孟子對周敦頤等人的影響以及對宋明理學的影響不容低估。下面的說法從周敦頤的角度反覆突顯了孟子在宋明理學中的勢力和影響：

周子一生講一個誠字，天地萬物皆從誠字出，故《中庸》曰：不誠無物。孟子曰：我善養吾浩然之氣。誠之所至也。〔註131〕

《中庸》、《繫辭》似出於子思手筆，周子《通書》實從此出也。《中庸》專發一誠字。周子言：誠者，聖人之本。大哉乾元，萬物資始。誠之原也。此語極精。《易經》幹道變，各正性命，周子首章能拈出。周子言：純粹，至善也。至善二字非聖人本意，得之與佛、與孟子。〔註132〕

《洪範》：思曰睿。《管子》謂：思之思之，鬼神來告之。《中庸》言：慎思之。《詩》：思無邪。《孟子》：思則得之。孔子言「有欲」，周子言「無欲」，各名一是，均持之有故，言之成理，以誠為祖，以無欲為宗，以幾為用，以靜為止，此《通書》之大旨也。〔註133〕

強調孟子與非儒思想的相通性也就肯定了孟子思想的開放性，這是孟子面對全球化走向世界的前提，也奠定了孟子與西方思想的相通、相合。進而言之，在康有為對孟子思想的闡釋中，無論是理論視界的融合還是近代風尚的注入都預示了孟子思想的近代轉換。

〔註130〕《南海師承記·講宋學》，《康有為全集》（第二集）中國人民大學出版社2007年版，第254頁。

〔註131〕《南海師承記·講性理》，《康有為全集》（第二集）中國人民大學出版社2007年版，第233頁。

〔註132〕《南海師承記·續講正蒙及通書》，《康有為全集》（第二集）中國人民大學出版社2007年版，第234頁。

〔註133〕《南海師承記·續講正蒙及通書》，《康有為全集》（第二集）中國人民大學出版社2007年版，第234頁。

第三節　孟子與康有為哲學

　　康有為是中國近代以孔釋孟的典型，對孟子的身份定位和思想闡釋皆受制於對孔子的推崇和對孔子思想內涵的界定。這一立場決定了康有為基本上是在孔學範圍內理解和闡釋孟子思想的，正如他依據自己的孔教觀對其他先秦諸子予以不同的學術歸屬和褒貶一樣。與此同時，康有為推崇孟子的過程也是根據自己的需要對孟子的思想予以重新發掘和詮釋的過程，這使孟子具有了顯著的近代特徵和風韻。

　　康有為對孟子予以詮釋的過程是對孟子思想進行深入挖掘和重新解釋的過程，也是賦予其全新內容的過程。因此，在肯定孟子思想出自孔子的同時，他對孟子思想的闡發並不囿於孔子、儒家或中國本土文化，而是以發揮微言大義為主，融合了不同以往的新的思想要素，如自由、平等和大同學說、心學和民主思想等等。這使孟子的思想擁有了全新的思想內容、價值理念和時代風韻，推動了孟子以及儒家思想的現代轉化，是孟子走向近代、面向世界的最初嘗試。可以看到，康有為視界中的孟子無論形象還是思想都與以往具有明顯差異，這些也可以理解為康有為對孟子思想的創新。

　　康有為哲學的思想來源、意蘊內涵、理論構成和價值旨趣等均與孟子密切相關，這一點在梁啟超對康有為哲學的介紹和概括中得到了證實。梁啟超在給康有為作傳時單獨列有《康南海之哲學》一章，將康有為的哲學概括為四個方面，即「先生之哲學，博愛派哲學也。……先生之哲學，主樂派哲學也。……先生之哲學，進化派哲學也。……先生之哲學，社會主義派哲學也。」〔註134〕不需要太多研讀即可發現，梁啟超所概括的康有為哲學的這四個方面均與孟子的思想密切相關；甚至可以說，離開了孟子，康有為的哲學是無法想像的。

一、仁、不忍人之心與「博愛派哲學」

　　在介紹、概括康有為的哲學時，梁啟超首先將之歸結為「博愛派哲學」，可見博愛對於康有為哲學是至關重要的。對於康有為的哲學因何屬於博愛派，其具體內容是什麼，梁啟超論證並解釋說：

　　　　先生之哲學，博愛派哲學也。先生之論理，以「仁」字為唯一之宗旨，以為世界之所以立，眾生之所以生，家國之所以存，禮義

〔註134〕《南海康先生傳》，《梁啟超全集》（第一冊）北京出版社1999年版，第488～489頁。

之所以起，無一不本於仁。苟無愛力，則乾坤應時而滅矣。是故果之核謂之仁，無仁則根幹不能苗，枝葉不能蔭；手足麻木者謂之不仁。……故懸仁以為鵠，以衡量天下之宗教、之倫理、之政治、之學術，乃至一人之言論行事，凡合於此者謂之善良，不合於此者謂之惡劣。以故三教可以合一，孔子也，佛也，耶穌也，其立教之條目不同，而其以仁為主則一也。以故當博愛，當平等，人類皆同胞，而一國更不必論，而所親更不必論。故先生之論政論學，皆發於不忍人之心。人人有不忍人之心，則其救國救天下也，欲已而不能自己。如左手有痛癢，右手從而煦之也；不然者，則麻木而已矣，不仁而已矣。其哲學之大本，蓋在於是。〔註135〕

按照梁啟超的說法，康有為的「博愛派哲學」具體表現為兩個方面：第一，奉仁為世界本原。梁啟超認為，康有為以仁為本原，宣稱世界萬物本於仁並將仁的內涵界定為博愛。第二，奉仁為最高價值。梁啟超認為，康有為以仁為判斷是非、善惡的標準和處理人際關係的原則，並由此而推導出平等和博愛。

梁啟超眼中的康有為哲學的這兩個表現在康有為本人那裏得到了證實，並且都與孟子相關：對於第一點，康有為在解釋孟子的不忍人之心時指出：「不忍人之心，仁也，電也，以太也，人人皆有之。……為萬化之海，為一切根，為一切源。」〔註136〕在康有為看來，孟子所講的仁、不忍人之心就是世界的本原；在這一點上，自己與孟子的觀點如出一轍，或者說，是孟子的這個觀點為自己提供了辯護。對於第二點，早在追溯孟子的學術身份、確證孟子是孔子後學和闡發孟子思想之時，康有為就多次明言平等、博愛是孟子對孔子之學的傳承，並且是孟子太平、大同之道的題中應有之義，孟子的民主思想也是對這方面的極好表達。

更為重要的是，利用孟子的不忍人之心，康有為將儒家的仁者愛人、愛有差等詮釋為與天賦人權相關聯的自由、平等、博愛和自主、獨立，突出了自己哲學的時代風範和價值訴求。他所推崇的博愛雖然兼容了墨子的兼愛和基督教的愛人如己等因素，卻始終以孔子之仁和孟子的不忍人之心為主。在這方面，康有為將孟子的不忍人之心稱為不忍之心，進而與仁相提並論，用

〔註135〕《南海康先生傳》，《梁啟超全集》（第一冊）北京出版社 1999 年版，第 488 頁。

〔註136〕《孟子微》，《康有為全集》（第五集）中國人民大學出版社 2007 年版，第 414 頁。

不忍之心來闡發孔子之仁，而全部的孔子之學在他看來無非就是一個仁字。對於康有為來說，不忍之心與仁異名而同實，二者是可以相互規定或詮釋的。他以不忍之心釋仁不僅肯定、強化了仁的博愛內涵，而且可以通過心與仁的互釋強化仁的相互感通，並且與自己本體哲學領域的心學主旨相對接。正是循著孟子以不忍人之心詮釋仁的思路，康有為憑藉不忍之心，以人與人之間的感通彰顯人與人之間的平等，進而使不忍之心在感通中突破家庭和國家的局限而達到了無極限的博愛。這表明，如果說孟子之仁和不忍人之心的內涵是差等之愛的話，那麼，康有為則基於自己的理論初衷將之改造成了平等而博愛。無論是否符合孟子的原意，康有為利用孟子的思想完成自己博愛哲學的建構則是毋庸置疑的。這一點在他對孟子之仁和不忍人之心的發掘中即已初露端倪。

二、不忍人之心、與民同之與「主樂派哲學」

　　康有為重視人之存在的現實性和自然性，在肯定仁、不忍之心是人的本性的同時將「求樂免苦」說成是人的本性。他進而強調，「求樂免苦」作為人的欲望是人性的基本內容，與生俱來，天然合理，具有無可厚非的正當性，應該得到滿足。這使追求快樂、逃避痛苦成為人的天賦權利，進而成為人的人生價值和生存意義的一部分。基於這一點，梁啟超稱康有為的哲學是「主樂派哲學」。

　　誠然，康有為的「求樂免苦」思想來源於西方的功利主義，是一種自然人性論，表面上看與孟子以仁為旨歸的性善說相去甚遠。其實不然：第一，在康有為那裏，主樂的前提是人有求樂的欲望和享受快樂的資格，這一切是通過對孟子思想的創新詮釋完成論證的。考察康有為的全部思想可以發現，其主導思想是人性善，《孟子微》明確用仁、以太、電和力等眾多學說來論證人性之善。究而言之，人性善之所以至關重要，是因為性善奠定了人追求快樂的人生基調，同時是人享受自由、平等之權的先天資格。第二，更為重要的是，康有為所理解的樂不單是個人快樂，同時包括他人、群體之樂。這使他的快樂主義離不開人發自性善的惻隱之心和由此而來的博愛情懷。這一點從梁啟超對康有為「主樂派哲學」的概括中可以窺見一斑：

　　　　先生之哲學，主樂派哲學也。凡仁必相愛，相愛必使人人得其所欲，而去其所惡。人之所欲者何？曰樂是也。先生以為快樂者眾

生究竟之目的，凡為樂者固以求樂，凡為苦者亦以為求樂也。耶教之殺身流血，可為極苦，然其目的在天國之樂也。佛教之苦行絕俗，可謂極苦，然其目的在涅槃之樂也。即不歆天國，不愛涅槃，而亦必其以不歆不愛為樂也。是固樂也，若夫孔教之言大同，言太平，為人間世有形之樂，又不待言矣。是故使其魂樂者，良宗教、良學問也；反是則其不良者也。使全國人民皆樂者，良政治也；反是則其不良者也。而其人民得樂之數之多寡，及其樂之大小，則為良否之差率。故各國政體之等級，千差萬別，而其最良之鵠，可得而懸指也。墨子之非樂，此墨子所以不成為教主也。若非使人去苦而得樂，則宗教可無設也。而先生之言樂，與近世西儒所倡功利主義，謂人人各求其私利者有異。先生之論，凡常人樂凡俗之樂，而大人不可不樂高尚之樂。使人人皆安於俗樂，則世界之大樂真樂者，終不可得。夫所謂高尚之樂者何？即常自苦以樂人是也。〔註137〕

由此可見，儘管不排斥常人的凡俗之樂，然而高尚之樂才是康有為「主樂派哲學」的價值旨歸；高尚之樂以自苦樂人為高尚，這種樂使康有為的「主樂派哲學」與「博愛派哲學」一脈相承，並以「人皆有不忍人之心」為前提，因而離不開博愛的救世情懷。不僅如此，在康有為的眼中，孟子的哲學也屬於「主樂派哲學」。於是，康有為一再指出：

孟子樂以天下，憂以天下，樂、貨、勇、色、園、囿、池、沼，皆與民同。同民所欲，孔子之至義也。〔註138〕

孟子一通仁說，推波助瀾，逢源左右，觸處融碎。今泰西茶會動至數千人，賽會燃燈至數百萬人，其餘一切會，皆千數百人，皆得眾樂之義。孟子為平等大同之學，人己平等，各得其樂，固不肯如暴君民賊，凌虐天下，以養一己之體，而但縱一人之欲，亦不肯為佛氏之絕欲，墨子之尚儉，至生不歌，死無服，裘葛以為衣，跂屩以為服，使民憂，使民悲也。宋賢自朱子染於釋氏無欲之說，專以克己，禁一切歌樂之事，其道太觳，近於墨氏，使民情不歆，民

〔註137〕 《南海康先生傳》，《梁啟超全集》（第一冊）北京出版社 1999 年版，第 488 ～489 頁。

〔註138〕 《春秋董氏學》卷六，《康有為全集》（第二集）中國人民大學出版社 2007 年 版，第 407 頁。

氣不昌，非孔子道也。孔子之道，本諸身，人身本有好貨、好色、
好樂之欲，聖人不禁，但欲其推以同人。蓋孔孟之學在仁，故推之
而彌廣。〔註139〕

　　總之，孟子以仁、不忍人之心為主體內容的性善說為康有為的「主樂派哲
學」奠定了人性根基，進而搭建了通往自由、平等、博愛的橋樑。對於康有為
來說，人皆有仁和不忍之心是快樂的前提，以仁、不忍之心來博愛濟眾本身就
是快樂的重要組成部分。更有甚者，性善本身就是快樂，因為性善表明人是自
由、平等的，有了自由、平等，人便擺脫了家庭之累和現世之苦，進而享受人
生之樂。在康有為的表述中，孟子提出的「人皆有不忍人之心」與西方的天賦
人權論相互印證，人生來即有不忍人之心不僅表明人性是善的，而且表明人為
天生，「隸天獨立」，人的獨立、自主之權是天賦的，與這一切相伴的便是，「人
之生，與樂俱來」。

三、《春秋》大義與「進化派哲學」

　　康有為是較早對進化予以關注和闡釋的近代思想家之一，並且率先將進
化理念運用到社會歷史領域。因此，梁啟超將康有為的哲學歸為進化派是恰如
其分的。對於康有為的「進化派哲學」，梁啟超介紹並解釋道：

　　　　先生之哲學，進化派哲學也。中國數千年學術之大體，大抵皆
取保守主義，以為文明世界，在於古時，日趨而日下。先生獨發明
《春秋》三世之義，以為文明世界，在於他日，日進而日盛。蓋中
國自創意言進化學者，以此為嚆矢焉。先生於中國史學，用力最深，
心得最多，故常以史學言進化之理。……又以為世界既進步之後，
則斷無復行退步之理，即有時為外界別種阻力之所過，亦不過停頓
不進耳，更無復返其初。〔註140〕

　　康有為的「進化派哲學」雖然不能說與達爾文進化論絕無關聯，但是，它
的主體內容絕非達爾文的進化論，而是對中國本土文化特別是《春秋》三世的
肆意發揮，這一點在康有為的許多著作中都有所反映。梁啟超發現了康有為的
「進化派哲學」與《春秋》密不可分以及與西方進化論的疏遠，特意使用了「蓋

〔註139〕《孟子微》，《康有為全集》（第五集）中國人民大學出版社 2007 年版，第 462
　　　　頁。
〔註140〕《南海康先生傳》，《梁啟超全集》（第一冊）北京出版社 1999 年版，第 489
　　　　頁。

中國自創意言進化」和「獨發明《春秋》三世之義」來強調這一點，應該說是符合事實的。必須注意的是，梁啟超同時特意指出康有為的進化哲學與孟子相左，其言曰：「故孟子言『天下之生久矣，一治一亂』，其說主於循環；《春秋》言據亂、升平、太平，其說主於進化。二義正相反對，而先生則一主後說焉。」〔註141〕梁啟超的這個說法是不準確的，誤解了康有為對孟子的理解而偏離了康有為的本意。

首先，根據梁啟超的介紹，康有為的「進化派哲學」主於《春秋》，《春秋》和康有為的哲學一樣高揚進化而沒有循環或復古。

其實，三世說以三世——據亂世、升平世和太平世來推演萬世本身就注定了其思維模式永遠逃遁不了循環論的窠臼。在這方面，康有為以據亂世、升平世和太平世來推演萬世便是明證，也是康有為的「進化派哲學」「義取漸進」，並將孔子的三世說與佛教的輪迴說相提並論的癥結所在。對於這一點，他不止一次地說道：

> 三統、三世皆孔子絕大之義，每一世中皆有三統。〔註142〕

> 「三世」為孔子非常大義，託之《春秋》以明之。所傳聞世為據亂，所聞世託升平，所見世託太平。亂世者，文教未明也。升平者，漸有文教，小康也。太平者，大同之世，遠近大小如一，文教全備也。大義多屬小康，微言多屬太平。為孔子學，當分二類，乃可得之。此為《春秋》第一大義。自偽《左》滅《公羊》而《春秋》亡，孔子之道遂亡矣。〔註143〕

按照何休等今文經學家的解釋，《春秋》三世的具體含義是據亂世、升平世和太平世，特指人類社會的三個不同階段，分別對應「所見之世」、「所聞之世」和「所傳聞之世」。佛教所講的三世說基於業因不滅的業報輪迴，特指過去、現在與未來三世。由此不難看出，《春秋》三世與佛教三世之間自說自話，各不相涉。值得一提的是，在認定三世是孔子微言大義的同時，康有為強調孔子對三世的認識與佛學如出一轍。正是在這個意義上，他反覆宣稱：

〔註141〕 《南海康先生傳》，《梁啟超全集》（第一冊）北京出版社 1999 年版，第 489頁。

〔註142〕 《春秋董氏學》卷五，《康有為全集》（第二集）中國人民大學出版社 2007 年版，第 370 頁。

〔註143〕 《春秋董氏學》卷二，《康有為全集》（第二集）中國人民大學出版社 2007 年版，第 324 頁。

孔子有三統、三世，儒與佛同。〔註144〕

佛學有三世。〔註145〕

康有為的這個說法證明了其以三世大義為依託的進化哲學與佛教不無關係。為此，他將《春秋》三世以及孔子的三世、三統說與佛教的業報輪迴說聯繫起來，淡化甚至彌合其間的界限。在這方面，康有為的具體辦法是對輪迴予以界定，將輪迴泛化，使之由一個專門的佛教術語變成了一個一般概念，進而以輪迴為交界點使孔教與佛教混合為一。輪迴在梵語中亦稱「六道輪迴」，原意是「流轉」，為婆羅門教的主要教義之一。佛教沿用了這一概念，並將之理解為一切眾生如不尋求解脫，就永遠在「六道」（天、人、阿修羅、地獄、餓鬼和畜生）中生死相續，無有止息，猶如車輪一般轉動不停。佛教以輪迴解釋人間的痛苦，康有為則把之普遍化為宇宙間一切事物的存在方式。對此，他多次解釋說：

百物之生，皆由於地動。地動者，輪迴也。〔註146〕

血脈輪迴，我無人，人亦無我，無質之輪迴也。〔註147〕

循著這個思路，強調變化的都屬於輪迴思想。這樣一來，輪迴便有了最寬泛的內涵，凡運動、流動、變化乃至循環等皆可稱之為輪迴。基於這種理解，康有為認定孔子與佛教一樣宣揚輪迴，進而斷言「輪迴之說，是孔子之至尋常理」〔註148〕。在這個前提下，他進一步將孔子的三世說、三統說與佛教宣揚的三世輪迴說相提並論，最終使佛教借助《春秋》三世的微言大義成為其「進化派哲學」的重要構成因素。

需要說明的是，康有為一再強調孔子《春秋》並非限於三世而可以範圍百世、萬世，這使《春秋》演繹為規模人類歷史終始的進化哲學，並且直通大同社會。這就是說，康有為視界中的《春秋》不是歷史的「陳跡」，而是未來的

〔註144〕《萬木草堂講義·七月初三夜講源流》，《康有為全集》（第二集）中國人民大學出版社 2007 年版，第 288 頁。

〔註145〕《萬木草堂講義·七月初三夜講源流》，《康有為全集》（第二集）中國人民大學出版社 2007 年版，第 283 頁。

〔註146〕《萬木草堂口說·學術源流》，《康有為全集》（第二集）中國人民大學出版社 2007 年版，第 133 頁。

〔註147〕《萬木草堂口說·學術源流》，《康有為全集》（第二集）中國人民大學出版社 2007 年版，第 134 頁。

〔註148〕《萬木草堂講義·中庸》，《康有為全集》（第二集）中國人民大學出版社 2007 年版，第 293 頁。

藍圖。正因為如此，佛教宣揚的未來世界對於康有為具有極大的誘惑力，成為他將孔子的《春秋》三世的微言大義與佛教的三世輪迴相提並論的主要動力。康有為說道：

> 孔子之學，專言百世。子思言「百世以俟聖人而不惑」，子貢言「由百世之後」、「等百世之王」，孟子言「聖人百世之師」，孔子言「雖百世可知也」，佛言「三千年」、「六百世」。由孔子至今剛得一百世。
>
> 此事甚奇，大抵百世以下，則孔子不忍言者也，然有深意。〔註149〕

可見，在康有為那裏，無論是作為人類歷史的進化（以輪迴釋之）、進化的軌跡（以三世釋之）還是進化的境界（以未來釋之）都帶有濃重的佛學烙印，特別是他對未來世界（大同社會）的暢想更多的是接續了佛教的衣缽。另外，康有為承認歷史進化的循環在近代絕非個案，龔自珍、魏源都有類似的看法。所不同的是，康有為關於歷史進化的軌跡循環往復的說法與佛教相關，佛教業報輪迴說的介入為此推波助瀾。之所以會出現這種局面，原因在於：按照他的理解，孔子的三世說就是循環，佛教的輪迴也是循環。

其次，按照梁啟超的說法，孟子是循環論者，並且與康有為的「進化派哲學」相左。孟子的歷史觀「主於循環」就梁啟超所舉的例子來說具有合理之處，然而，這充其量只能代表梁啟超本人對孟子的看法——他還專門對孟子「天下之生久矣，一治一亂」的觀點進行過批判，卻代表不了康有為的看法。

對於康有為來說，以《春秋》三世說推演人類社會的進程決定了孟子對於「進化派哲學」功不可沒。其實，在康有為對孟子身份的說明中就已經多次強調孟子傳承了《春秋》的微言大義，對公羊三世、太平大同予以闡釋和發微。正因為確信孟子闡揚了《春秋》的三世進化思想，所以，康有為在其發揮孟子思想的《孟子微》中多次講到三世遞嬗的歷史進化，並且將大同社會視為三世的最高境界。書中云：

> 凡世有進化，仁有軌道，世之仁有大小，即軌道大小，未至其時，不可強為。〔註150〕
>
> 或民主，或君主，皆因民情所推戴，而為天命所歸依，不能強

〔註149〕 《萬木草堂口說·中庸》，《康有為全集》（第二集）中國人民大學出版社2007年版，第175頁。

〔註150〕 《孟子微》，《康有為全集》（第五集）中國人民大學出版社2007年版，第415頁。

也。亂世、升平世、太平世，皆有時命運遇，不能強致，大義則專
為國民。若其因時選革，或民主，或君主，或君民共主，迭為變遷，
皆必有之義，而不能少者也。即如今大地中，三法並存，大約據亂
世尚君主，升平世尚君民共主，太平世尚民主矣。〔註151〕

按照康有為的說法，傳《春秋》三世之義表明了孟子主張歷史按照三世的
順序依次進化，指明了進化的軌跡、方向和目的。更為重要的是，如果說這是
孔子思想的微言大義的話，那麼，孟子的貢獻則是在此基礎上以「人皆有不忍
人之心」的性善說解決了通往大同社會的動力問題，為人類歷史的三世進化奠
定了人性根基。與此相聯繫，在康有為的哲學中，大同社會是歷史進化的最高
境界，同時是人性善的結果，並且出於人類追求快樂的需要。換言之，在通往
大同的過程中，人性善起了至關重要的作用，為臻於大同提供了人性的前提和
支持。有鑑於此，他不止一次地寫道：

人道之所以合群，所以能太平者，以其本有「愛質」而擴充
之。……而止於至善，極於大同。〔註152〕

同好仁而惡暴，同好文明而惡野蠻，同好進化而惡退化。積之
久，故可至太平之世，大同之道。〔註153〕

在康有為看來，人性善是社會進化的動力，快樂至善、人人平等的大同社
會之所以可信、可行，歸根結底取決於人性皆善。至此，便可以再一次領悟康
有為對孟子性善說的頂禮膜拜了。

四、太平大同與「社會主義派哲學」

梁啟超稱康有為哲學為「社會主義派哲學」，意指康有為嚮往太平大同、
天下為公，並且從人類社會的進化中推出了大同社會。這用梁啟超本人的話說
便是：「先生於是推進化之運，以為必有極樂世界在於他日。而思想所極，遂
衍為大同學說。」〔註154〕根據這一說法，康有為所講的「社會主義派哲學」

〔註151〕《孟子微》，《康有為全集》（第五集）中國人民大學出版社 2007 年版，第 464
頁。
〔註152〕《大同書》中州古籍出版社 1998 年版，第 344 頁。
〔註153〕《孟子微》，《康有為全集》（第五集）中國人民大學出版社 2007 年版，第 427
頁。
〔註154〕《南海康先生傳》，《梁啟超全集》（第一冊）北京出版社 1999 年版，第 489
頁。

以天下為公為宗旨，以大同社會為理想境界。這決定了他的「社會主義派哲學」與孟子的井田制、仁政等經濟制度、政治體制和治理手段之間具有先天的親合性。康有為認為，大同之制是孔子思想中的高級之教，孟子是孔子大同思想的正統傳承人，自己的大同思想便與孔子尤其是與孟子密不可分。至於大同社會人人皆有士君子之行的人性皆善以及享受高度電氣化、自動化和機械化的物質滿足似乎是孟子保民、養民、「與民同樂」思想的現代版。這用康有為的話說便是：「故非地球太平大同，人人獨立平等，民智大開，盡除人患，而致人樂，不能致眾樂也。」〔註155〕

進而言之，康有為之所以對大同社會心馳神往，就是因為大同社會「所願皆獲」，是一個沒有痛苦、快樂極至的極樂世界。有鑑於此，大同社會作為康有為哲學的目的地，是博愛、不忍之心發洩的結果，是主樂的滿足，是進化的境界，是自由、平等、博愛的最終實現。正是在這個意義上，他再三強調：

> 人人性善，堯、舜亦不過性善，故堯、舜與人人平等相同。此乃孟子明人人當自立，人人皆平等，乃太平大同世之極。〔註156〕

> 人人獨立，人人平等，人人自主，人人不相侵犯，人人交相親愛，此為人類之公理，而進化之至平者乎！〔註157〕

> 孟子一切皆與民同，特託文王以明公園。以國者，民之公也，即園者，亦當與民共之。今各國都邑皆有公園，聚天下鳥獸草木，識其種別，恣民遊觀，以紓民氣，同民樂，甚得孟子之義。但今之公園禁人採取，孟子則聽取芻蕘雉兔，寬嚴廣狹不同。蓋今各國，升平制也，孟子之說，太平大同制也。大同之世，人人以公為家，無復有私，人心公平，無復有貪，故可聽其採取娛樂也。大地既一，則推至千數百里可也。升平尚未能推之。公學校、公圖書館、公博物院、公音樂院，皆與民同者。凡一切藝業觀遊，足以開見聞，悅神思，便民用者，皆有公地以與民同，此乃孟子之意。孟子之學全

〔註155〕《孟子微》,《康有為全集》（第五集）中國人民大學出版社 2007 年版，第 462 頁。

〔註156〕《孟子微》,《康有為全集》（第五集）中國人民大學出版社 2007 年版，第 417 ～418 頁。

〔註157〕《孟子微》,《康有為全集》（第五集）中國人民大學出版社 2007 年版，第 423 頁。

在擴充，學者得其與民同之義，固可隨時擴充而極其樂也。〔註158〕

以上四個方面共同證明，孟子在康有為哲學中無所不在，是康有為哲學的主要思想來源和主體內容。從中可見，與其說康有為傳承了孟子的思想，不如說康有為利用孟子闡發了自己的哲學。這是因為，他對孟子思想的全新闡釋既使孟子適應了康有為以及近代哲學的需要，又使孟子思想具有了不同以往的內涵和特徵。正因為孟子可以抒發自己的哲學主張，康有為對孟子推崇備至，創造了一個與前人不同的孟子。這一點對於孟子很重要，是孟子思想近代轉化的開端；這一點對於康有為也很重要，影響了康有為哲學的面貌和性質。

第四節　康有為與孟子哲學比較

康有為早年是堅定的孔教信奉者，孔教立場決定了他是在孔學範圍內理解和闡釋孟子思想的。正如他根據孔教對其他先秦諸子予以不同的學術歸屬和褒貶一樣，康有為是中國近代以孔釋孟的典型，他對孟子的身份定位和思想闡釋皆受制於對孔子的推崇和對孔教內涵的界定。與此同時，康有為推崇孟子的過程也是根據自己的需要對孟子的思想予以重新發掘和詮釋的過程，致使孟子的思想具有了突出的近代特徵和風韻。

康有為在肯定孟子思想出自孔子的同時，卻不囿於孔子、儒家或中國本土文化，而是以發揮微言大義的方式賦予孟子思想以全新的思想內容、價值理念和時代風韻，推動了孟子以及儒家思想的現代轉化。他對孟子思想的闡發融合了不同以往的新的要素，如自由、平等和民主思想等等，是孟子思想走向近代、面向世界的最初嘗試。與此同時，在始終強調孟子是孔子嫡傳和正統的前提下，康有為關注孟子與其他思想的相通性和兼容性，這主要表現為孟子與墨子、莊子、佛學以及西方思想的相互融通。這種思想動向在下面的引文中可見其一斑：

> 莊子知其無可奈何而安之，是艱苦老僧；孟子莫非命也，順受
> 其正，是羅漢境界；子思君子無入而不自得焉，正如佛氏地獄天堂
> 皆成佛土，是菩薩境界；孔子天下有道，某不與易，正佛所謂我不

〔註158〕《孟子微》，《康有為全集》（第五集）中國人民大學出版社 2007 年版，第 461
頁。

入地獄，誰當入地獄！此佛境界也。〔註159〕

　　孔、孟及佛、墨、宋牼，皆以救人為主，故能不朽，耶氏亦然。〔註160〕

　　強調孟子與其他思想的相通性也就肯定了孟子思想的開放性，這是孟子面對全球化走向世界的前提，也奠定了孟子與西方思想的相通、相融。進而言之，無論是理論視界的融合還是近代風尚的注入都預示了孟子思想的新生。可以看到，康有為視界中的孟子無論形象還是思想都與以往具有明顯差異，這些也可以理解為康有為對孟子思想的創新。康有為對孟子思想的創新詮釋是為了滿足自己的思想需要另一方面，康有為的思想容納了孟子的思想要素。另一方面，康有為的思想與孟子具有明顯差異，這些差異形象地展示了康有為對孟子代表的傳統文化的現代轉換。

一、天命論演繹為「隸天獨立」

　　天在孟子和康有為的哲學中都是至關重要的，兩人對天的理解卻截然不同。這使天在兩人的思想中具有不同的含義和地位，從而發揮了不同的作用：在孟子那裏，天是派生萬物的本原，天派生人的過程也是命人以命的過程。在康有為那裏，天是自然天體和宇宙空間，為人提供了生存場所。由於地球只是諸天中的一個，人沒有必要囿於地球而應該放眼諸天而作「天人」、「天上人」或「天上之人」。

　　孟子繼承了孔子的天命論，其「莫之為而為者，天也；莫之致而至者，命也」（《孟子‧萬章上》）的觀點令人耳熟能詳，「知命者不立乎岩牆之下」（《孟子‧萬章上》）以及盡心、知性、知天、立命則開闢了儒家以道德踐履來安身立命的致思方向，更是被宋明理學家們所津津樂道。在孟子那裏，無論是命的強制性還是安身立命之方都指向了人的異己力量——天命，甚至連性善也可以視為天命的一種內容，故而稱之為「天爵」。作為天命論者，孟子將天奉為宇宙間的最高權威，為人先天地注定了「由仁義行」的神聖使命和人生追求。

　　其實，上天賦予人性之善與上天決定人的貧富貴賤一樣在本質上都是崇拜人之外在的異己力量，這與中國近代哲學崇拜人之精神力量的心學風尚在

─────────────────

〔註159〕　《萬木草堂口說‧孟荀》，《康有為學術文化隨筆》中國青年出版社 1999 年版，第 36 頁。

〔註160〕　《孝悌 任恤 宣教 同體飢溺》，《康有為學術文化隨筆》中國青年出版社 1999年版，第 119 頁。

致思方向和價值旨趣上相互牴牾。心學是中國近代哲學的主流和歸宿，崇拜人之異己力量的天命論在本質上與心學背道而馳，故而在近代哲學中成為眾矢之的。康有為本人也是心學的代表，與譚嗣同一起建構了近代心學的三大流派之一——仁學派〔註 161〕。與心學表面上看來極不協調的是，無論推崇氣學還是崇尚心學，康有為始終強調人與天的相通，對天的頂禮膜拜從未中斷過。當然，按照一貫的做派，他將這一切都說成是孔子的觀點：「孔子本天，以天為仁人，受命於天，取仁於天。凡天施、天時、天數、天道、天志，皆歸之於天。」〔註 162〕康有為對天的推崇在近代哲學中是不合時宜的，也為後人評價康有為哲學帶來了諸多爭議。其實，對於康有為來說，性善說和天賦人權論都需要上天的權威來加以伸張，所以，他才在本體哲學領域推崇天，試圖用天來讓人擺脫世間各種關係的羈絆。《諸天講》淋漓盡致地展示了康有為的這一思想傾向，其寫作初衷就是讓人明白自己是「天上人」。這一點正如康有為本人在《諸天講》自序中所言：「吾之談天也，欲為吾同胞天人發聾振聵，俾人人自知為天上人，知諸天之無量，人可乘為以太而天遊，則天人之電道，與天上之極樂，自有在矣。夫談天豈有盡乎？……雖慚簡陋，亦足為見大心泰之助，以除人間之苦，則所獲多矣。」〔註 163〕

這明白無誤地道出了康有為人在地球神往天界的心態，與其自署「天遊化人康有為」正相印證。因此，《諸天講》不是天文學著作，其理論重點不是宇宙或天體空間，而是天人關係——確切地說，是天人關係背景下的人與人之間的關係。進而言之，康有為之所以講天、推崇天與他側重從天賦權利的角度理解平等、獨立和自主之權一脈相承，也暴露出其平等、自主和獨立的秘密是「直隸於天」。事實上，康有為一再強調，蔽於一家、一國是產生人的各種悲苦和憂患的根源，只有擺脫了家庭、國家之禁錮，人才能享受自主、平等之樂。有鑑於此，他在《諸天講》中不厭其煩地讓人明白自己是「天上人」、「天上之人」，進而作「天人」而不作「家人」，作「天民」而不作「國民」，以此擺脫世間的種種羈絆而人人獨立、自主和平等。對此，康有為論證並解釋說：

〔註 161〕 詳見拙作《中國近代哲學的宏觀透視》，黑龍江教育出版社 1994 年版，第 145～148 頁。
〔註 162〕 《春秋董氏學》卷六，《康有為全集》（第二集）中國人民大學出版社 2007 年版，第 375 頁。
〔註 163〕 《〈諸天講〉自序》，《康有為全集》（第十二集）中國人民大學出版社 2007 年版，第 13 頁。

吾人生而終身居之、踐之、立之者，豈非地耶！豈可終身不知地所自耶！地者何耶？乃日所生，而與水、金、火、木、土、天王、海王同繞日之遊星也。吾人在吾地，昔昔矯首引鏡仰望土、木、火諸星，非光華炯炯、行於天上耶？若夫或昏見啟明，熠耀宵行於天上，尤人人舉目所共睹。然自金、水、火、木、土諸星中夜望吾地，其光華爛爛，運行於天上，亦一星也。夫星必在天上者也，吾人既生於星中，即生於天上。然則吾地上人皆天上人也，吾人真天上人也。人不知天，故不自知為天人。故人人皆當知天，然後能為天人；人人皆當知地為天上一星，然後知吾為天上人。莊子曰：人之生也，與憂俱來。（語出《莊子·至樂》，原文為「人之生也，與憂俱生」——引者注）吾則以為，人之生也，與樂俱來。生而為天人，諸天之物咸備於我，天下之樂，孰大於是！

自至愚者不知天，只知有家庭，則可謂為家人；或只知有里閭族黨而不知天，則可謂為鄉人；進而知有郡邑而不知天，則可謂為邑人；又進而知有國土而不知天，則可謂為國人。近者大地交通，能遊寰球者，數五洲如家珍而不知天，則可謂為地人。蔽於一家者，其知識、神思、行動，以一家之法則為憂樂，若灶下婢然，終身蓬首垢面於灶下，一食為飽，快然自足，餘皆憂苦，為地最隘最小，則最苦矣。蔽於一鄉一邑者，其知識、神思、行動以一鄉一邑之風俗為憂樂，多穀翁之十斛麥，乘障吏之自尊，其為地亦最隘小，而苦亦甚矣。蔽於一國者，其神思、知識、行動，以一國之政教為憂樂，或以舞刀筆效官職，或以能殺人稱功名，或以文學登高科至高位，或以生帝王家為親貴、為王、為帝，上有數千年之教俗，下有萬數千里之政例，自貴而相賤，自是而相非，以多為證，以同為正，用以相形而相逼、相傾、相織也，其為地亦隘小矣，其為人亦苦而不樂矣。〔註164〕

按照這個說法，人雖然生活在地球上，但是，人卻不應該褊狹地自認是地球人，因為地球只是天上的一顆星星而已；地球從屬於天，地球之人其實都是「天人」、「天上人」和「天上之人」。人只有懂得了自己是「天人」而不是「地

〔註164〕《〈諸天講〉自序》，《康有為全集》（第十二集）中國人民大學出版社 2007 年版，第 11～12 頁。

人」，才能超越家庭、家族和國家的局限，擺脫憂苦而與樂俱生。進而言之，作「天人」、「天上人」和「天上之人」之所以快樂無憂，是因為消除了國界、家界也就沒有了種種不平等，故而人人可以自主、獨立而平等。循著這個思路，康有為在社會政治領域呼籲「稱天而治」，號召人們做「天民」而不做「國民」或「臣民」。在他看來，人只對自己負責，而不對他人——包括父母、兄弟或國家、群體負責，只有領悟人為天生，才能臻於自主、獨立而平等。正是在這個意義上，康有為宣稱：「夫有國、有家、有己，則各有其界而自私之。其害公理而阻進化，甚矣。惟天為生人之本，人人皆天所生而直隸焉。凡隸天之下者皆公之，故不獨不得立國界，以至強弱相爭。並不得有家界，以至親愛不廣。且不得有身界，以至貨力自為。故只有天下為公，一切皆本公理而已。公者，人人如一之謂，無貴賤之分，無貧富之等，無人種之殊，無男女之異。分等殊異，此狹隘之小道也；平等公同，此廣大之道也。無所謂君，無所謂國，人人皆教養於公產，而不恃私產。人人即多私產，亦當分之於公產焉。則人無所用其私，何必為權術詐謀以害信義？更何肯為盜竊亂賊以損身名？非徒無此人，亦復無此思。內外為一，無所防虞。故外戶不閉，不知兵革。此大同之道，太平之世行之。惟人人皆公，人人皆平，故能與人大同也。」〔註165〕

　　在中國近代，康有為設想的通過「毀滅家族」（梁啟超語）而實現平等的主張可謂石破天驚。其實，「毀家」與無政府主義一脈相承，並不是康有為一個人的「獨見」，而是眾多近代思想家的共識，尤其是得到了革命派的廣泛認同。與其他人所不同的是，康有為的毀家主張具有首創之功：第一，從時間上看，毀家思潮經過革命派的提倡，至五四運動時期才成為思想界的主流之一。康有為的毀家主張集中體現在《大同書》中，而據他本人說《大同書》構思於1884 年，大大地早於革命派的主張。第二，康有為的毀家主張不僅有理念，而且有操作；不僅限於政治領域，而且關涉倫理、經濟和哲學等諸多領域；不僅限於中國，而且適用於全世界。從哲學上看，讓上天為男女平等的毀家主張和擺脫政治壓制的無政府主義辯護——這一點是獨樹一幟的。對於康有為來說，「毀滅家族」不僅是基於男女平等、各自獨立的公理，而且是基於宇宙公理的現實考量，因為人生而具有天賦之權，故而「隸天獨立」，不必為父母、家庭所累。同樣，消除國家是康有為設想的理想社會和快樂人生的重要內容，

〔註165〕《禮運注》，《康有為全集》（第五集）中國人民大學出版社 2007 年版，第 555頁。

《諸天講》以作「天民」而不作「國民」為口號，《大同書》更是從政治、經濟和文化等各個方面提出了消除國家的構想，全地球劃分為一百度的公政府便是全球一體化的體現。這表明，康有為所講的平等是從天賦人權的角度立論的，人之所以具有自主、平等之權，是因為這些權利是天賦的；並且，只有擺脫家、國的束縛而「隸天獨立」，才能真正享受這些上天賦予人的權利。這也是《孟子微》的主題，書中這方面的例子俯拾即是。例如，「人人皆天生，故不曰國民而曰天民；人人既是天生，則直隸於天，人人皆獨立而平等，人人皆同胞而相親如兄弟。」〔註166〕可見，天命論表明了孟子對天之力量的崇拜，天在孟子那裏具有本體哲學的意蘊；作為第一範疇，天是為人提供生存意義的價值依託。天在康有為那裏與其說是崇拜對象和宇宙本體，不如說是人擺脫地上各種桎梏而獨立、自主和平等的依據；就價值旨趣而言，與其說康有為崇拜天不如說他更崇拜人，於是，天理成為人理：「理者，人之所立。……故理者，人理也。」〔註167〕與此相聯繫，如果說孟子的天命論側重人對上天所命之命——仁義之天爵的道義擔當的話，那麼，康有為所講的天則代表了人性的天然合理。憑藉天，康有為推導出作為人性的具體內容和表現的追求快樂、逃避痛苦的欲望以及自由、平等和獨立之權的正當性。

二、性善演繹為天賦人權和自主、平等

「孟子道性善」，是先秦諸子中最早提出並系統論證人性善的哲學家。在他那裏，性善的具體含義是，人生來就有善的萌芽，四端即「惻隱之心」、「羞惡之心」、「辭讓之心」和「是非之心」非由外鑠，它們作為仁、義、禮、智之善根，是人與生俱來的。因此，仁、義、禮、智之善是人的一種先天本性或本能，這便是「人之所不學而能者，其良能也；所不慮而知者，其良知也。」（《孟子・盡心上》）

戊戌維新之後，康有為由早期的「性，生之質，無有善惡」轉而篤信性善，性善說也成為他推崇孟子的主要原因之一。甚至可以說，康有為在對孔教內容的認定上以孟子代表的儒家人物及儒家學說為主體，尤其側重孟子開創的性善說。這使康有為成為近代力挺孟子性善說的代表。需要說明的是，康有為是

〔註166〕　《孟子微》，《康有為全集》（第五集）中國人民大學出版社 2007 年版，第 417頁。

〔註167〕　《康子內外篇》，《康有為全集》（第一集）中國人民大學出版社 2007 年版，第 111 頁。

由早期的人性無善無惡（推崇告子）轉而認為人性偏惡（崇尚荀子），最終走向人性善的，這決定了他的人性論並非以孟子的性善說為單一成分。退一步說，就人性善來說，康有為在推崇、繼承孟子思想的同時對之予以了改造和創新，其思想具有兩個不同於孟子性善說的新動向。

首先，康有為彰顯人性的天然性而非道德性。

在孟子那裏，四肢與四心一樣與生俱來，即「人之有是四端也，猶其有四體也。」（《孟子‧公孫丑上》）儘管如此，孟子僅將作為善端的仁、義、禮、智視為人性的內容，而把與四心一樣與生俱來的四體拋在了人性之外，由此才有了人性善的判斷。這表明，孟子所講的性善特指人的道德屬性而非生理屬性，四肢之欲不可歸之為善。與孟子專門從仁、義、禮、智等道德維度匡定人性截然不同，康有為將人性等同於人與生俱來的本性、屬性，這使他所講的人性除了與孟子類似的仁、不忍之心等德性之外，還有知性即「靈明」和由「以魂合魄」而來的以「求樂免苦」為代表的各種欲望。在這個前提下，康有為宣布人性善，便等於將上述與生俱來的內容都視為善的。由此可見，在對性善的理解和界定上，如果說孟子以善（仁、義、禮、智之四端）為人性的話，那麼，康有為則以人性為善。在以人性為善的過程中，康有為用先天性代表天然性，然後讓天然性等於合理性，最後彰顯由本性而來的人的一切欲望、需求的正當性。正是在這個意義上，他將「求樂免苦」說成是人乃至一切生物的本性，斷言「普天之下，有生之徒，皆以『求樂免苦』而已，無他道矣。」〔註168〕

就對人性內容的具體界定來說，康有為仁智並提而非仁義並提，並且在仁智之中側重智而不是仁。按照他的說法，智是人類的獨特性，仁則是一切生物的共性，智對於人更重要。對於這個問題，康有為不止一次地論證並解釋說：

> 物皆有仁、義、禮，非獨人也。烏之反哺，羊之跪乳，仁也；即牛、馬之大，未嘗噬人，亦仁也；鹿之相呼，蟻之行列，禮也；犬之衛主，義也，惟無智，故安於禽獸耳。人惟有智，能造作飲食、宮室、衣服，飾之以禮樂、政事、文章，條之以倫常，精之以義理，皆智來也。苟使禽獸有智，彼亦能造作宮室、飲食、衣服，飾之以倫常、政事、禮樂、文章，彼亦自有其義矣。故惟智慧生萬理。或謂仁統四端，兼萬善，非也。吾昔亦謂仁統義、禮、智、信，與朱子言「義者，仁之斷制；禮者，仁之節文；信者仁之誠實；智者，仁

〔註168〕《大同書》中州古籍出版社 1998 年版，第 37 頁。

之分別」同。既乃知人道之異於禽獸者，全在智。惟其智者，故能慈愛以為仁，斷制以為義，節文以為禮，誠實以為信。夫約以人而言，有智而後仁、義、禮、信有所呈，而義、禮、信、智以之所為，亦以成其仁，故仁與智所以成終成始者也。昔夫子鮮以仁、義對舉，多以仁、智對舉。〔註169〕

孔子多言仁智，孟子多言仁義，然禽獸所以異於人者，為其不智也，故莫急哉！然知而不仁，則不肯下手，如老氏之取巧。仁而不知，則慈悲捨身，如佛氏之眾生平等。二言管天下之道術矣。孔子之仁，專以愛人類為主；其智，專以除人害為先。此孔子大道之管轄也。〔註170〕

智側重人的感受、智識，指經驗、感覺；義則側重德性道義，指理性、道德。在這裡，康有為贊同孔子仁智對舉的做法而反對孟子仁義對舉，體現了他不同意孟子突出義而從道德理性的維度界定人性的做法。從義轉向智直觀地再現了康有為將孟子人性論的道德性轉換成了以經驗感受為內容的先天性。

與對智的崇尚以及智對於人性的重要性密切相關，康有為對人性的內容是什麼以及智是什麼予以了如是界定和解釋：

性者，人之靈明，稟受於天，有所自來，有所自去。《禮》曰：體魄則降，知氣在上，又曰：魂氣則無不之，故不隨身之生死而變滅。或稱「明德」，又曰「德性」，精言之謂「神明」，粗言之曰「魂靈」，其實一事也。常人不足言神明，若君子所性，從無始來，積仁積智而習成，經歷萬變而不壞。其生於世，偶然之過，猶日光中之留影也，影之軒晃泥塗，於神明何預？太虛過雲，明鏡照花，色相瞥然，何所增損哉？故被袗飯糗，超勝無與，絕糧曲肱，寬然自樂，不為外物所累，故其外觀湛然。〔註171〕

心者，人體之精靈，凡知覺運動，存記構造，抽繹辨決，情感理義，皆是也，包大腦小腦而言。性者，天賦之知氣神明，合於人

〔註169〕《康子內外篇》，《康有為全集》（第一集）中國人民大學出版社2007年版，第108頁。

〔註170〕《春秋董氏學》卷六，《康有為全集》（第二集）中國人民大學出版社2007年版，第393頁。

〔註171〕《孟子微》，《康有為全集》（第五集）中國人民大學出版社2007年版，第423頁。

身而不繫於死生者。以天之精氣，附人之心體以魂合魄，合成人靈。故能盡其心感覺運動，存記搆造，抽繹辨決之才，則能知人性神明精爽、魂靈之妙，而可推知幹道變化之神矣。人為天生，性為天命，收攝保任其心，無使為物誘所化，則退藏於密，清明在躬。培養擴充其性，無使為習俗所薰，則光明剛大，參贊化育矣。〔註172〕

五官百骸，肌膚血液，身之體也。魄者，腦氣之白團，及腰之白筋如塊者，周身之腦氣筋，專司運動，微有知覺，強屬不化者。知氣者，靈魂也，略同電氣，物皆有之，而團聚尤靈而有知，亦曰性。養之久者，團聚不散。尤其靈明者，則為精氣，為神明，亦曰明德，其義一也。蓋人之死者，體魄而已。若魂氣有知，浮遊在上，固未嘗死也，季札所謂「魂氣無不之」是也。其生取精多、用物宏者，則魂強而為精靈。其抱養一、修煉通者，則魂清而為神明。其取精不多而未嘗抱養者，則散為異物，或多歷年歲，而盡就漸滅。其抱養固者，知氣不散，可附入他體，而神識不昧。其抱養愈固，不為事物所戀搖，仁、智交修，增益其魂靈之光大者，則知氣之流行愈久，隨附百體，頻歷生死，益增神靈，絕無障礙。其滅之久漸，視其修之深淺，及中經事物搖奪與否。或有搖奪，旋即隳落。故印度人知知氣不死，而立教專修之。所謂修煉精神，以至成佛是也。莊子謂：火盡而薪傳。林類謂：安知死於此者不復生？〔註173〕

進而言之，康有為所講的智（有時稱為知）主要指人的經驗、認識和感覺等，與體魄密不可分，或者說是人的形體而非心的欲望和功能。仁側重道德屬性，知則側重由感覺而來的各種欲望和追求。他在強調知是人類獨有的特性的同時，仁、知並舉。沿著這個思路，康有為將人「求樂免苦」的欲望以及對聲色貨利的追求都歸結為人性的範疇，並在人性善中賦予其合理性。有鑑於此，康有為一面贊同、利用孟子的性善說，一面以告子的生之謂性對之予以改造。下僅舉其一斑：

且孟子固以形色為天性，形色非生而何？而以詰難告子，未得

〔註172〕　《孟子微》，《康有為全集》（第五集）中國人民大學出版社 2007 年版，第 433頁。

〔註173〕　《禮運注》，《康有為全集》（第五集）中國人民大學出版社 2007 年版，第 558～559 頁。

其解。朱子謂：性者，人之所得於天之理也。生者，人之所得於天
之氣也。性，形而上者也。氣，形而下者也。人物之生，莫不有是
性，亦莫不有是氣。然以氣言矣，則知覺運動，人與物各不異也。
以理言之，則仁義禮智之稟，豈物之所得而全哉？此人之性所以無
不善，而為萬物之靈也。告子不知性之為理，而以所謂氣者當之。
此章之誤，乃其本根。按，《易》曰：天地之大德曰生。言生即兼理
氣而言，無所不包。夫謂之大德，何嘗不為理，何嘗專就氣言之？
即孟子，亦言形色為天性，則性不專就理言，在孟子亦無異說矣。
且孔子言：知氣在上，若魂氣則無不知。又曰：精氣為物。又曰：
元者，氣之始也。無形以始，有形以生，造起天地萬物之始，元氣、
知氣、精氣，皆理之至。蓋盈天下皆氣而已，由氣之中，自生條理。
物受生氣，何嘗不受生理？但與人不同。非止與人不同，亦物物不
同也。〔註174〕

　　告子以食色為性，而孟子不難之。蓋孟子亦以形色為天性，則生
　　之謂性，眾論所同。但孟子言人性與物性不同，此不過細析之，告子
　　亦以人性與物性同也。若渾言之，則生之謂性，無疑義矣。〔註175〕

其次，康有為將性善由先天本性演繹為後天權利。

在孟子那裏，仁、義、禮、智四端是人的先天本性，這些先天本性作為人
的行為本能規定了人的行為之善，也作為「天爵」決定了仁、義、禮、智之善
是人在天那裏稟受的先天之命。康有為承認仁、不忍之心是人性的內容，這與
孟子的思想從表面上看並無不同。然而，與從生理欲望而非道德理性來闡釋人
性相聯繫，康有為強調人與人之間仁和不忍之心的感通；與側重智力而非德性
相一致，在康有為的哲學中，人性的獨一無二性即人與其他存在（包括生物）
的區別在於智而不在於仁。因此，性善的意義對於康有為來說不是孟子所講的
仁義道德，而是在人後天的生存和交往中演繹為獨立、自主、博愛和平等。循
著這個思路，他寫道：

　　人人性善，堯、舜亦不過性善，故堯、舜與人人平等相同。此

〔註174〕　《孟子微》,《康有為全集》（第五集）中國人民大學出版社 2007 年版，第 432
　　　　　頁。
〔註175〕　《孟子微》,《康有為全集》（第五集）中國人民大學出版社 2007 年版，第 432
　　　　　頁。

乃孟子明人人當自立，人人皆平等，乃太平大同世之極。〔註176〕

人人獨立，人人平等，人人自主，人人不相侵犯，人人交相親愛，此為人類之公理，而進化之至平者乎！〔註177〕

夫仁者，相人偶之謂。莊子曰：「空谷之中，見似人者而喜。」凡人之情，見有同貌同形同聲者，必有相愛之心，故《中庸》曰：「仁者人也。」……人人平等，愛人如己，……不獨親親矣。〔註178〕

至此可見，在康有為那裏，性善只是一個前提或闡釋人性的背景，他的理論重心不是闡釋人性之善，而是在性善這個預定前提下伸張人的自主、平等、獨立之權，使平等、自立成為人的天賦權利。於是，康有為斷言：「人人有是四端，故人人可平等自立。」〔註179〕這表明，如果說孟子的性善說側重人的先天本性的話，那麼，康有為肯定人性善則旨在側重人由於性善在後天所擁有的權利。憑藉性善說，康有為所要表達的是：作為「隸天獨立」的人性根據和前提，人性出於天表明人在本性上是獨立、自主的，人皆隸屬於天而非隸屬於他人或國家、群體，人的這種本性先天地規定了人與人之間的平等關係。正是在這個意義上，他不止一次地申明：

蓋人人皆天所生，無分貴賤，生命平等，人身平等。〔註180〕

蓋天之生物，人為最貴，有物有則，天賦定理，人人得之，人人皆可平等自立。〔註181〕

總之，孟子的性善說側重先天本性，性善表明仁、義、禮、智不是外力強加的，作為本性是人不可推諉的神聖使命和後天追求。換言之，孟子的性善說以追求道德為旨歸，不僅秉持儒家一貫的倫理本位，而且突出家族的地位——

〔註176〕　《孟子微》，《康有為全集》（第五集）中國人民大學出版社 2007 年版，第 417 ～418 頁。

〔註177〕　《孟子微》，《康有為全集》（第五集）中國人民大學出版社 2007 年版，第 423 頁。

〔註178〕　《孟子微》，《康有為全集》（第五集）中國人民大學出版社 2007 年版，第 415 頁。

〔註179〕　《孟子微》，《康有為全集》（第五集）中國人民大學出版社 2007 年版，第 414 頁。

〔註180〕　《孟子微》，《康有為全集》（第五集）中國人民大學出版社 2007 年版，第 460 頁。

〔註181〕　《孟子微》，《康有為全集》（第五集）中國人民大學出版社 2007 年版，第 413 頁。

正如孔子之仁以孝悌為本一樣。康有為的性善是自由、平等、博愛的一個注腳或前提，彰顯個人本位和個體價值。換言之，康有為的性善說側重後天訴求和權利，在性善的背景下證明人的一切享樂、欲望和權利都是至善的，其源自天賦的天然性就是合理性，任何人都不可干涉或侵犯。對於康有為所追求的自主、獨立和平等來說，性善說與天賦人權論相互支持：一方面，性善說表明，人之善性是與生俱來的，天生如此，不假人為；這證明了人有享受獨立、自主和平等的資格。另一方面，天賦人權論表明，人的一切權利包括自主、平等和獨立都是上天賦予的，人人皆有。這表明，人的權利既是天賦的，也是神聖的，任何人都不得侵犯或干涉。

三、不忍人之心演繹為博愛

孟子強調四心皆與生俱來，卻以不忍人之心（即惻隱之心）為主，從經驗層面論證人性善的兩個具體例子——「今人乍見孺子將入於井」（《孟子‧公孫丑上》）和「舜之居深山之中」（《孟子‧盡心上》）都是從「人皆有不忍人之心」的角度立論的。並且，孟子以不忍人之心、惻隱之心對孔子的仁者愛人予以發揮，指出惻隱之心就是仁的萌芽，仁者之所以愛人是因為其有惻隱之心。孟子的這些觀點引申出兩個結論：第一，惻隱之心不是仁，只是仁的萌芽，必須在後天的道德實踐中修養、擴充才能成為仁，這便是只有通過盡心才能知性、知天，進而安身立命的原因。在此，盡心、知性、知命的踐履工夫是不可省略的，因為這些是上天賦予人的不可逃避的先天道德命令。這一點與孟子在道德理性維度上講性善息息相關。第二，不忍人之心擴充為仁是由親而人、由民而物的由近及遠的過程，這使仁者愛人演繹為「親親而仁民，仁民而愛物」（《孟子‧盡心上》），其中的親疏之差、尊卑之等不可逾越。

康有為將不忍人之心與仁相提並論，使不忍人之心成為仁的代名詞而稱為「不忍之心」。這個做法流露出孟子思想所不曾有過的兩個新動向：第一，康有為不是像孟子那樣將不忍人之心視為仁的萌芽，而是將仁與不忍人之心等同。例如，康有為斷言「不忍人之心，仁也，電也，人人皆有之，故謂人性皆善」，就是在仁與不忍人之心異名而同實的意義上立論的。這樣做的結果是省略了在孟子那裏必不可少的後天的擴充即道德修養的過程，強化了與生俱來的即為善的理念。第二，康有為不像譚嗣同那樣將仁詮釋為慈悲，而是通過「熱力」、「愛力」和「愛質」等概念渲染仁、不忍之心的愛之主題。

　　從渲染仁之愛的主題這個角度看，康有為對仁的界定與孟子的思想有相似之處。盡管如此，在論證不忍之心的過程中，康有為引入了西方近代自然科學的概念，如電、腦、力、以太和元素等，以此突出仁、不忍之心的相互感應和感通，這使平等成為仁的題中應有之義。具體地說，康有為所講的仁又稱「熱力」、「愛力」、「愛質」、「不忍之心」和「吸攝之力」等，這些與人的情感相關；由於力的加入，愛與力相伴隨，「熱力」、「愛力」和「吸攝之力」則成了仁的代名詞。這樣一來，不忍之心便具有了相互感應、相互感通的意蘊和特徵。康有為指出，人皆有不忍之心，不忍之心可以感通和傳遞，於是可以人人平等。這一轉變使不忍之心從在孟子那裏的萌芽即先天之善的可能性在康有為這裡變成了現實性，性善即先天性等同於現實性。更為重要的是，由於人與人之間可以相互感應和感通，康有為所理解的不忍之心與孟子的「親親而仁民，仁民而愛物」的等差之愛具有了本質區別，成為基於平等、沒有等級的博愛。有鑑於此，他一而再、再而三地斷言：

　　　　　蓋博愛之謂仁。〔註182〕

　　　　　蓋仁莫大於博愛。〔註183〕

　　　　　蓋人者仁也，取仁於天，而仁也以博愛為本。〔註184〕

　　　　　仁者，在天為生生之理，在人為博愛之德。〔註185〕

　　　　　若仁，則為元德，有惻怛之心，博愛之理。……僅能克己自守，

　　　　尚未有益於人，故未及能仁也。〔註186〕

　　康有為與孟子思想的上述區別涵蓋了本體、人性、道德和政治哲學等諸多領域，歸根結底是哲學理念的差異。康有為認定孟子傳承了孔子之仁，孟子的思想以良心、良知和良能為核心，是養心之學。從這個意義上說，康有為與孟子是相同的，都從心學的角度詮釋仁。所不同的是，在孟子那裏，「四心」作

〔註182〕《論語注》，《康有為全集》（第六集）中國人民大學出版社2007年版，第478頁。

〔註183〕《論語注》，《康有為全集》（第六集）中國人民大學出版社2007年版，第492頁。

〔註184〕《論語注》，《康有為全集》（第六集）中國人民大學出版社2007年版，第394頁。

〔註185〕《中庸注》，《康有為全集》（第五集）中國人民大學出版社2007年版，第379頁。

〔註186〕《論語注》，《康有為全集》（第六集）中國人民大學出版社2007年版，第488頁。

為萌芽要通過後天的人為努力去加以光大，這便是盡心、養心和求放心的工夫。孟子所講的心的作用只限於道德踐履的主動性和自覺性，孟子所推崇的心歸根到底只是人在恪守天命、篤信上天絕對權威前提下的一種立命方式。到了康有為那裏，心、腦、力相互印證，成為推動歷史進化的決定力量。這正如《大同書》所言：「山絕氣則崩，身絕脈則死，地絕氣則散。然則人絕其不忍之愛質乎？人道將滅絕矣。」〔註187〕對於所謂的「不忍之愛質」，他解釋說：「其歐人所謂以太耶？其古所謂不忍之心耶？」〔註188〕至此，康有為的哲學發生翻轉，由崇拜上天始，以膜拜人心終。這就是說，康有為對仁、不忍之心的推崇沒有像孟子那樣走向天命論，而轉向了心學——崇尚人心的精神力量。究其原因，孟子之仁、不忍人之心以及惻隱之心作為「四心」、「四端」之一是上天賦予人的善性，或者說是上天的先天道德命令；康有為的仁、不忍之心基於天賦的權利，表征人的平等、自主和獨立之權與生俱來，具有不可侵犯的神聖性。

康有為與孟子思想的差異表明，近代哲學與古代哲學既一脈相承，又有自己獨特的價值旨趣和時代風尚。儘管對孟子推崇有加，時代的現實需要和西方思想的加入使康有為的哲學無論是立言宗旨還是思想意蘊均與孟子不可同日而語。正因為康有為根據自己的需要和理解對孟子思想進行了全新的詮釋，他的思想與孟子之間既一脈相承，具有諸多相似性，又呈現出不容忽視的巨大差異。從這個意義上說，與其說康有為傳承了孟子的思想，不如說是康有為哲學利用孟子闡發了自己的哲學。

第五節　孟子對康有為哲學的影響

如果說康有為對孟子思想的吸收和利用作為有形存在，僅僅表明孟子思想填充了康有為哲學的具體內容的話，那麼，孟子在康有為哲學中還有作為價值旨趣和思維方式的隱形存在。與前者相比，後者的影響更為深遠和重大。

一、左右著康有為對其他人的好惡和取捨

對孟子的推崇在某種程度上決定著康有為對待其他人的態度和對古今中外各種思想的取捨。如果借用他本人的話語結構把孔子後學分為兩大派的話，那麼，康有為心目中的孔門兩大派是孟子與荀子，而不像譚嗣同所理解的那樣

〔註187〕《大同書》中州古籍出版社 1998 年版，第 35 頁。
〔註188〕《大同書》中州古籍出版社 1998 年版，第 34 頁。

是孟子與莊子。這表明，康有為與譚嗣同的分歧在於對莊子的不同態度，其實不然。這是因為，康有為對孟子的推崇鞏固了孟子在孔學中的地位，也使與孟子思想常常牴牾的荀子被邊緣化，進而被傳承孟子微言大義的董仲舒取而代之。綜觀康有為的思想便會發現兩個耐人尋味的現象：第一，荀子日趨邊緣化。與荀子是孔門戰國「二伯」的認定極不相稱，康有為所推崇的孔子之教沒有在內容上過多關注荀子，這一點越往後期越明顯。與此相一致，他對荀子的贊同也只集中在早期思想中，後期甚至以排斥荀子為復原孔教的手段，對荀子的思想持極端否定態度。與對荀子的貶損態度相一致，康有為在《孟子微》中拋開了荀子，而斷言孟子獨為孔門之龍樹和保羅，致使孟子由原來的「二伯」變成了孔門「大伯」。第二，董仲舒的地位驟然攀升。從戰國時與荀子一起並稱孔門「二伯」到獨為孔門龍樹、保羅，康有為對孟子的推崇與日俱增，並用董仲舒取代了荀子，因為董仲舒與孟子一樣以公羊學的方式從《春秋》中闡發孔子的微言大義。與此相聯繫，他作《春秋董氏學》，試圖借助董仲舒來闡發孔子和孟子的微言大義。在康有為那裏，對荀子的貶低與對董仲舒的褒揚這兩個現象之間具有內在聯繫。

譚嗣同雖然與康有為一樣將孔子之學分為兩大支，並且像康有為一樣讓孟子擔綱一支，但是，由於推崇莊子，他在對孔子之學的闡釋中忽視了孟子而以莊子和作為莊子後學的黃宗羲、王夫之為主。譚嗣同聲稱「君統盛而唐、虞後無可觀之政矣，孔教亡而三代下無可讀之書矣！乃若區玉檢於塵編，拾火齊於瓦礫，以冀萬一有當於孔教者，即黃梨洲《明夷待訪錄》其庶幾乎！其次，為王船山之遺書。皆於君民之際有隱恫焉。黃出於陸、王，陸、王將續莊之彷彿。王出於周、張，周、張亦綴鄒嶧之墜緒。輒有一二聞於孔之徒，非偶然也。」〔註189〕這使孟子失去了原本在康有為那裏的顯赫地位，並且，由始至終都不見董仲舒的影子。

二、決定著康有為哲學的構成因素

對孟子的偏袒影響了康有為哲學思想的基本內容，進而影響其學術傾向。孟子先是決定了康有為對不同人物的態度和取捨，這些人物的不同思想反過來又影響了康有為的哲學思想。可以看到，與對待孟子和董仲舒等人的極力推崇相一致，康有為的思想以及他心目中的孔教的主體內容是儒家思想，這

〔註189〕《仁學》，《譚嗣同全集（增訂本）》中華書局 1998 年版，第 338～339 頁。

從《春秋董氏學》、《孟子微》、《論語注》、《中庸注》、《禮運注》、《春秋筆削大義微言考》和《大同書》等一系列著作的名稱上即可一目了然。這些是康有為哲學的主體內容，也是他所理解的孔教的基本內容。與康有為理解的孔教不同，譚嗣同由於由始至終都以莊子為主來詮釋孔子的思想，將抵制君主專制視為孔子思想的主要內容，提倡君臣平等、父子平等和男女平等成為其題中應有之義。

對孟子與莊子的不同側重不僅影響了對孔子思想的認定，而且決定了康有為與譚嗣同對佛教的不同取捨。無論康有為還是譚嗣同都吸收佛教來建構自己的哲學體系，孟子與莊子的思想差異使二者選取的佛學內容迥然相異：與孟子注重養心密切相關，康有為將孟子的性善說與佛教所講的佛性相提並論，同時推崇禪宗，以孟子與禪宗的即心即佛相互印證，並且對與二者密切相關的陸王心學懷有好感。受莊子思想的影響，譚嗣同突出佛教思想的破除對待和無我思想。

與此同時，在康有為與譚嗣同的哲學中，由對孟子與莊子的不同偏袒引起的基本思想和理論特點的差異最終演變為對宇宙本體——仁的不同認定，由此導致了康有為、譚嗣同思想的巨大分歧。就對孔教的理解而言，孟子使康有為推崇的孔教始終以孔子、孟子和董仲舒等儒家思想為主，是以現代理念對《春秋》、《禮記》、《中庸》、《論語》、《孟子》以及《春秋繁露》等經典的全新詮釋。儘管與佛教相通，康有為哲學的主體內容是儒家的，這與用莊子闡發孔教的譚嗣同將孔教佛教化的做法相去甚遠。沿著這個思路，康有為與譚嗣同之間以孔釋佛與以佛釋孔以及由此導致的孔教至尊與「佛教大矣」的分歧也就在所難免了。

三、深刻影響了康有為思想的理論特徵

人物取捨和思想內容注定了理論特色，這預示著孟子對康有為哲學的影響並不限於以上兩個方面，而勢必延伸到理論特色之中。事實正是如此，對孟子的推崇堅定並維護了康有為的孔教立場，致使康有為在思維方式、價值取向以及孔教與佛教的關係上始終堅持以儒釋佛、以孔釋佛和以孟釋佛，與譚嗣同以莊釋佛相去甚遠。換言之，對於孟子的推崇給康有為的思想打上了不可磨滅的孟學烙印，這一點在各個方面表現出來，成為康有為哲學思想的先天印記。在中國近代哲學家中，康有為的哲學與譚嗣同最為接近，這一點在兩名當事人

那裏得到了認可，更得到了梁啟超等人的印證。事實上，從在自由、平等中側重平等到嚮往大同，從宣稱仁是天地萬物本原的仁學到將百家、諸子都歸結為孔子之學，處處都顯示了康有為與譚嗣同之間的默契。盡管如此，對待孟子的不同態度卻使兩人之間的上述觀點成為一種貌合神離，在表面相同的觀點背後隱藏著不同的精神意蘊和思想內涵。一方面，康有為、譚嗣同均聲稱仁是世界本原，並且賦予仁以時代意蘊，致使自由、平等成為仁的題中應有之義。這是兩人思想的共同點，也與其他近代思想家明顯不同。另一方面，對孟子與莊子的不同崇尚卻使康有為對仁的界定與譚嗣同截然不同，致使兩人建構的近代仁學產生不同的學術分野，其中最明顯的區別是：康有為重博愛，譚嗣同重平等。與對孟子的推崇相聯繫，康有為像孟子那樣將仁與不忍人之心相結合，又稱「不忍之心」，這使性善說成為仁學的理論核心。博愛是康有為之仁的基本內容，仁以博愛為本，故而又稱為「愛力」、「愛質」、「吸攝之力」和「不忍之心」等。正是在這個意義上，梁啟超將康有為的哲學稱為「博愛派哲學」。進而言之，儘管容納了墨子和基督教的思想元素，然而，就主體內容來說，康有為的「博愛派哲學」主要側重對孟子不忍人之心和性善說的闡發。譚嗣同與康有為一樣利用各種思想對仁加以詮釋，這使他所講的仁包羅萬象：「無以名之，名之曰『以太』。其顯於用也，孔謂之『仁』，謂之『元』，謂之『性』；墨謂之『兼愛』；佛謂之『性海』，謂之『慈悲』；耶謂之『靈魂』，謂之『愛人如己』、『視敵如友』；格致家謂之『愛力』、『吸力』；咸是物也。」〔註190〕從中可見，譚嗣同並沒有將仁演繹為博愛，儘管仁的代名詞不一而足，稱謂繁多，卻惟獨沒有孟子的不忍人之心的影子。這從一個側面反襯了康有為所講的仁之所以具有博愛內涵，與孟子的不忍人之心具有內在聯繫，對孟子的態度取決於是否將仁理解為博愛。與康有為哲學的情形不同，在譚嗣同的思想中，莊子的顯赫地位壓倒了孟子，由於沒有了孟子參與其中，譚嗣同所講的仁中也就沒有了不忍人之心，失去了不忍人之心，博愛則無從談起。

其實，對孟子與莊子的不同態度不僅決定了康有為、譚嗣同對仁是否具有博愛內涵的看法截然相反，而且決定了兩人對平等內涵的界定相去甚遠。儘管在是否將仁詮釋為博愛上康有為、譚嗣同之間存在分歧，然而，將仁與平等、自由聯繫起來則是兩人的共識。不僅如此，在對自由、平等的側重上，康有為、譚嗣同均突出平等而不是像嚴復、梁啟超那樣推崇自由。這一共同點使康有

〔註190〕《仁學》，《譚嗣同全集（增訂本）》中華書局 1998 年版，第 293～294 頁。

為、譚嗣同一起成為近代平等派的領軍人物。盡管如此，這只是問題的一個方面，問題的另一個方面是，兩人對平等內涵的界定相去甚遠，分歧的產生同樣與對待孟子與莊子的不同偏袒密切相關：借助孟子的性善說與西方的天賦人權論，康有為在人性善與天賦人權的相互印證中將平等理解為人的天賦權利，與譚嗣同在莊子與佛教的相互造勢中將平等界定為不生不滅的宇宙狀態不可同日而語。康有為推崇性善說的秘密是平等、自主之權的實現依憑不忍之心的發現，博愛是自由、平等的前提。換言之，在康有為那裏，自由、平等作為天賦權利是沒有任何現實意義的抽象，離不開人之善性——博愛之心的支持。譚嗣同所講的仁側重平等，又稱慈悲，宣稱「慈悲，吾儒所謂『仁』也。」〔註191〕在此基礎上，他將仁與慈悲相提並論，所謂慈悲就是泯滅一切差別，破除一切對待而平等。循著這個思路，譚嗣同聲稱：「蓋心力之實體，莫大於慈悲。慈悲則我視人平等，而我以無畏；人視我平等，而人亦以無畏。」〔註192〕慈悲是佛教術語，用慈悲來詮釋仁流露出譚嗣同思想的佛教情結。佛教情結反過來助長了譚嗣同對莊子思想的熱衷，而與孟子的思想越來越遠，與康有為思想的距離也隨之驟然拉大。

第六節　康有為與孟子在近代哲學中的命運

　　就對孟子的身份確證來說，康有為對孟子的身份證明和學術歸屬與對老子、墨子和莊子等人的身份確證相比是最沒有懸念的，從這個意義上說——也是最沒有新意的。這種情況取決於孟子與孔子思想的密切聯繫，也從一個側面證明了康有為對孟子的崇尚矢志不渝——無論孔教的內容如何縮小，孟子都沒有像老子、墨子或莊子那樣被逐出孔門；不管對孔教如何理解，孟子始終佔據最重要的一席而倍受推崇，沒有像荀子那樣遭到貶斥而被邊緣化。

　　就對孟子的態度評價來說，康有為不僅在孔子後學中讓孟子成為顯赫一族，而且基於孔教立場對孟子讚譽極高；在強調孟子傳承了孔子所作的《春秋》、《詩》和《書》等多部經典的同時，聲稱「《王制》與《孟子》、《公羊》條條相同。」〔註193〕不僅如此，他斷言《孟子》與《中庸》相合，給予兩者

〔註191〕　《上歐陽中鵠十》，《譚嗣同全集（增訂本）》中華書局1998年版，第464頁。

〔註192〕　《仁學》，《譚嗣同全集（增訂本）》中華書局1998年版，第357頁。

〔註193〕　《萬木草堂講義‧講王制》，《康有為全集》（第二集）中國人民大學出版社2007年版，第295頁。

相同的地位。例如康有為一再斷言：

　　　　《中庸》極精，《孟子》極精。〔註194〕

　　　　《中庸》、《孟子》皆完璧書。〔註195〕

　　如果說這個評價已經使孟子與子思比肩的話，那麼，問題到此並沒有結束。康有為甚至將孟子置於子思之上，聲稱「外國稱中國書至稱《孟子》」〔註196〕。這等於以外國人的視角──或者說,借外國人之口肯定孟子超過了子思，使人不由想起了康有為本人在《孟子微》的自序中曾經說過的那句話：「舉中國之百億萬群書，莫如《孟子》矣」。

　　正如給了孟子至高無上的容光一樣，康有為對孟子思想的闡發在近代思想家中無疑是最系統也是最全面的。與面面俱到、無一遺漏相對應，他不僅對《孟子》推崇有加，而且注意到了《孟子》和孟子思想的缺點。下面的說法顯然不是在贊許的維度上發出的：

　　　　《孟子》一部書，不道及中和字。〔註197〕

　　　　孟子短於禮學，觀「諸侯之禮，吾未之學也」便知。〔註198〕

　　　　孟子不甚講禮，不甚講變化氣質，專說擴充，專言心學，細針
　　　　密縷，工夫尚少。……不講變化氣質之故。〔註199〕

　　　　始於學經，終於讀禮，是入學門徑，孟子則無之。「六經」惟《禮》
　　　　可行，故孔子言執禮。〔註200〕

　　　　孟子云：動容周旋中禮者，盛德之至也。但此句頗言餘則，孟

〔註194〕《萬木草堂講義‧七月初三夜講源流》，《康有為全集》（第二集）中國人民大
　　　　學出版社 2007 年版，第 282 頁。

〔註195〕《萬木草堂講義‧七月初三夜講源流》，《康有為全集》（第二集）中國人民大
　　　　學出版社 2007 年版，第 282 頁。

〔註196〕《萬木草堂講義‧七月初三夜講源流》，《康有為全集》（第二集）中國人民大
　　　　學出版社 2007 年版，第 282 頁。

〔註197〕《萬木草堂口說‧荀子》，《康有為全集》（第二集）中國人民大學出版社 2007
　　　　年版，第 183 頁。

〔註198〕《康南海先生講學記‧古今學術源流》，《康有為全集》（第二集）中國人民大
　　　　學出版社 2007 年版，第 112 頁。

〔註199〕《南海師承記‧講變化氣質檢攝威儀》，《康有為全集》（第二集）中國人民大
　　　　學出版社 2007 年版，第 248 頁。

〔註200〕《萬木草堂口說‧荀子》，《康有為全集》（第二集）中國人民大學出版社 2007
　　　　年版，第 183 頁。

子書中言禮甚少。〔註201〕

這就是說，除了對孟子的推崇之外，康有為也道出了孟子的不足之處。如果說這些缺點是由孟子思想的傳承和側重決定的，可以視為特色並不是缺點——至少可以視為中性評價的話，那麼，接下來的內容則顯示，康有為對孟子的某些評價與前面的推崇備至之間是有出入的。例如，康有為斷言：「孟子之道近於『廣大』而不『精微』。」〔註202〕其實，從另一個角度看，對孟子的批判展示了康有為審視孟子的多種視角和維度，與對其他人的評價具有原則區別——對其他人的矛盾評價或多或少地取決於其人與孔子的關係，而孟子始終是孔門後學。這決定了康有為對孟子的批判都是在這個前提下發出的，如少言中和、短於禮等則構成了孟子思想獨特的一面。另外，康有為對孟子與宋明理學關係的重視和發掘獨樹一幟：如果說關注孟子與陸王的關係是近代思想家的共識的話，那麼，康有為在這個問題上則由於關注孟子與《中庸》和佛教的密切相關而注意到了朱熹尤其是周敦頤等人的思想與孟子之間的內在聯繫。這一視角和側重是其他近代思想家很少關注的，也為解讀孟子思想提供了一個反觀視角。就對康有為思想的影響來說，這方面的內容不僅接續了孟子在宋元明清時期的傳承系統，而且印證了康有為視界中的孟子思想的多維性和全面性，是他從不同角度闡釋孟子思想的結果。

康有為對孟子的定位和闡釋是出於考辨學術源流的需要，也是闡發孔子思想的需要，因而成為孔教思想的一部分。與此同時，作為推進中國本土文化向近代轉化的第一批啟蒙思想家，他對孟子的定位和詮釋具有視角、方法創新的意義，以不同方式影響了其他近代思想家。孟子在近代哲學中的命運與康有為之間具有某種程度的內在聯繫：第一，康有為對孟子身份的確證引領了近代思想家的致思方向，譚嗣同將中國固有文化皆歸於孔子之學與康有為如出一轍，認定孔學分為兩大支而孟子傳承一支更是與康有為的看法別無二致。梁啟超在諸多問題包括將諸子百家歸為孔子之學，進而稱為孔教上與康有為針鋒相對——這一點越向中、晚期過渡越明顯；儘管如此，梁啟超對孟子與荀子是孔門二派以及孟子傳《春秋》微言大義的認識卻是對其老師康有為的重複。至於康有為關心的孟荀關係以及兩人人性思想的異同等問題則成為對康有為多

〔註201〕 《南海師承記·講變化氣質檢攝威儀》，《康有為全集》（第二集）中國人民大學出版社 2007 年版，第 249 頁。

〔註202〕 《萬木草堂口說·中庸》，《康有為全集》（第二集）中國人民大學出版社 2007 年版，第 172 頁。

持反對意見的章炳麟的熱門話題，儘管具體觀點與康有為不盡相同，章炳麟對這些問題的津津樂道卻不啻為對康有為的致敬。第二，康有為以今文經的方式對孟子發揮微言大義的詮釋是近代思想家的共同作風，儘管其以孔釋孟的具體做法以及由此得出的某些結論不為章炳麟等人所苟同，康有為的致思方向和基本精神——將孟子與近代的價值理念和時代風氣相結合，進而為孟子注入自由、平等的新觀念，以及對孟子思想與佛教互釋等等都得到了近代思想家的一致響應。

綜觀康有為哲學和近代哲學可以發現，孟子在康有為哲學中的地位是顯赫的。拋開孔子不說，就孔子後學而言，康有為明確將董仲舒稱為「孔子之後一人」、「漢代第一純儒」，並且多次強調董仲舒超過於孟子和荀子。對此，康有為再三斷言：

董子之精深博大，得孔子大教之本，絕諸子之學，為傳道之宗，蓋自孔子之後一人哉！〔註203〕

董子傳微言過於孟子，傳大義過於荀子。〔註204〕

然大賢如孟、荀，為孔門龍象，求得孔子立制之本，如《繁露》之微言奧義不可得焉。董生道不高於孟、荀，何以得此？然則是皆孔子口說之所傳，而非董子之為之也。善乎王仲任之言曰：文王之文，傳於孔子。孔子之文，傳於仲舒。故所發言軼荀超孟，實為儒學群書之所無。若微董生，安從復窺孔子之大道哉！〔註205〕

按照康有為的說法，董仲舒對於孔子大道的貢獻超過了孟子和荀子，對孔子微言大義的傳承是無人能及的。不僅如此，他特別以作為孔子六經之首的《春秋》為例說明了董仲舒的作用，指出董仲舒糾正了孟子造成的錯誤。對此，康有為詳細地解釋說：「《春秋》文成數萬，其旨數千。今《春秋》經文萬九千字，皆會盟征伐之言，誅亂臣賊子，黜諸侯，貶大夫，尊王攘夷。寥寥數旨外，安所得數千之旨哉？孟子曰：其事則齊桓、晉文，其文則史，其義則丘竊取之。以孟子之說，《春秋》重義，不重經文矣。凡傳記稱引《詩》、《書》，皆引經文，

〔註203〕　《春秋董氏學》卷七，《康有為全集》（第二集）中國人民大學出版社2007年版，第416頁。

〔註204〕　《萬木草堂口說·春秋繁露》，《康有為全集》（第二集）中國人民大學出版社2007年版，第204頁。

〔註205〕　《春秋董氏學》自序，《康有為全集》（第二集）中國人民大學出版社2007年版，第307頁。

獨至《春秋》，則漢人所稱皆引《春秋》之義，不引經文，此是古今學者一非常怪事。……原《春秋》所以絕滅，而孔子之道所以不著，豈不在是哉！董子為《春秋》宗，所發新王改制之非常異義及諸微言大義，皆出經文外，又出《公羊》外，然而以孟、荀命世亞聖，猶未傳之，而董子乃知之。又公羊家不道《穀梁》，故邵公作《穀梁廢疾》。而董子說多與之同，又與何氏所傳胡母生義例同。此無他，皆七十子後學，師師相傳之口說也。公羊家早出於戰國，(《公羊》不出於漢時，別有考。)猶有諱避，不敢宣露，至董子乃敢盡發之。」〔註206〕康有為將董仲舒抬得如此之高，可以望其項背的則非孟子莫屬。

在先秦七子之中，康有為對孟子的評價除孔子外是最高的，足以讓老子、墨子和韓非等人相形見絀，即使是作為孔子後學的荀子也無法與孟子一比高下。與此同時，與其他近代思想家相比，康有為對孟子的評價是最高的。譚嗣同將中國本土文化歸結為孔子之學，讓孟子擔當了其中的一支，這些與康有為是相同的；所不同的是，譚嗣同在具體闡釋孔教的內容和自己的思想時讓孔子之學另一支的代表——莊子以絕對優勢壓倒了孟子，致使孟子在譚嗣同的哲學中絕非顯學成為既定事實。到了梁啟超那裏，孔子不再被獨尊而是與老子、墨子一起並稱為「三聖」或「三位大聖」，孔子地位的下降直接決定了孟子的風光不再，孟子位居「三聖」之下是不言而喻的。嚴復雖然對孟子懷有好感，其思想以西學為主是不爭的事實。在他對中學的推崇中，排在首位的當屬老子、莊子代表的道家思想，此外就是《易》。這決定了嚴復對孟子思想的闡釋充其量只能是隻鱗片爪，孟子地位的邊緣化也由此可想而知，甚至可以忽略不計。至於章炳麟，雖然在國學中為孟子爭得了一席之地，無論是份量還是地位均無法與老、莊尤其是莊子相提並論。

〔註206〕《春秋董氏學》卷四，《康有為全集》(第二集) 中國人民大學出版社 2007 年版，第 356～357 頁。

第三章　康有為與嚴復比較

　　康有為與嚴復的直接衝突集中表現在對立孔教為國教的態度上。其實，自從康有為大聲疾呼立孔教為國教開始，宗教便成為中國近代政論的主要話語之一。由於宗教與教化相混，康有為以孔教稱謂包括諸子百家在內的中國本土文化時，便出現了以宗教言國學的局面。嚴復憑藉深厚的西學素養對宗教概念予以釐清，將中國近代的宗教理念推向了一個新的階段。康有為、嚴復對宗教的理解和態度既有差異，又有相同之處。通過比較，不僅可以深入理解康有為、嚴復的宗教觀，而且有助於把握兩人孔教觀及國學觀的異同。

第一節　教與學

　　與西方文化語境中的 religion 相對應的宗教概念對於中國人來說是舶來品，與中國本土的教化一詞既有某種關聯又絕非一詞。康有為具有泛宗教傾向，對宗教的理解更接近中國本土的教化概念；嚴復是在與科學相對的角度理解宗教的，致使他的宗教觀念更接近西方學科分類框架中的宗教概念。

　　康有為在作於 1898 年春的《日本書目志》中列有宗教門，與政治、經濟、法律門相對應。他在宗教門中寫道：「合無量數圓首方足之民，必有聰明首出者作師以教之。崇山洪波，梯航未通，則九大洲各有開天之聖以為教主。太古之聖，則以勇為教主；中古之聖，則以仁為教主；後古之聖，則以知為教主。同是圓顱方趾則不畏敬，不畏敬而無以聳其身，則不尊信，故教必明之鬼神。」〔註1〕在這裡，康有為用三世、三統說對宗教的遞嬗軌跡予以整合，將宗教的

〔註1〕《日本書目志》卷三，《康有為全集》（第三集）中國人民大學出版社 2007 年版，第 297～298 頁。

發展分為太古、中古與後古三個階段，並且指出中古之世的宗教以仁為「教主」，即「太古之聖，則以勇為教主；中古之聖，則以仁為教主；後古之聖，則以知為教主」。在此基礎上，他將孔教歸為宗教，並且指出孔教在宗旨上與佛教、耶教（基督教）別無二致，作為中古宗教都以仁為宗旨和信仰對象。由此可見，在康有為的視界中，教與尊信密不可分，故而必明鬼神。

在遊歷歐洲各國、瞭解了西方各國的宗教觀念之後，康有為再次談到了宗教問題。此時，他對教的看法是：「其曰宗教家者，耶、佛、回之言神道者也；非言神道者，不得號曰宗教也。若如其意義，則非宗教也，乃神道也。今歐美各學校於研求耶教經典之科，日人亦知譯為神科矣。然則於耶、佛、回之教，何不譯曰神道乎？不爾，則亦曰神教乎？孔子雖天人並包，神靈兼舉，然若謂中國之教、孔子之道為神道，為神教，則非徒不足以包孔子之道之大，而義實不切。數千年來皆以孔子為教，無以孔子為神道、神教者。若妄名之，非愚則誣，亦言孔子教者所嗤而不受也。若以宗為神，則中國宗之文尊也，有祖義而無神義。即以佛教《傳燈錄》創立『宗』字，彼禪宗、天台宗、慈恩、華嚴皆指心現境，不尚鬼神。故以宗教代神教之名，謬矣！若以中國普遍之教名，則白蓮教、五斗米道教皆得為教，何況數千年之大教乎？故如日人之名詞，無一而可也。」〔註2〕在這裡，康有為將教與宗分割開來，在將宗界定為宗派的前提下，重申了教無所不包的主張。循著這個邏輯，教與宗教成為包含與被包含的關係。這表明，儘管康有為所使用的孔教概念具有教化、文化等寬泛的含義，其中包括宗教，然而，教卻與宗教並非同一概念。孔教概念本身具有廣狹之分。在廣義上，「百家皆孔子之學」，孔教是中國本土文化的代名詞；在狹義上，孔教是宗教，擁有一切宗教所具有的特徵，如與佛教、基督教一樣以仁為宗旨，與基督教一樣具有神職人員。這用康有為本人的話說便是：「墨者師，必如儒者之博士，西教牧師、神甫之類。」〔註3〕進而言之，由於教具有教化之義，康有為所講的教與學相混，正如孔教、孔子之教、孔子之學、孔學異名而同實一樣，老學與老教、墨學與墨教在他那裏並無明確區分。

嚴復始終認為教與學殊途，早在發表於 1895 年的《救亡決論》中就對教與學予以區分，旨在強調教與學是兩個「判然絕不相合」的概念，彼此不可混

〔註2〕《英國監布烈住大學華文總教習齋路士會見記》，《康有為全集》（第八集）中國人民大學出版社 2007 年版，第 35 頁。

〔註3〕《孔子改制考》卷六，《康有為全集》（第三集）中國人民大學出版社 2007 年版，第 69 頁。

淯：「是故西學之與西教，二者判然絕不相合。『教』者所以事天神，致民以不可知者也。致民以不可知，故無是非之可爭，亦無異同之足驗，信斯奉之而已矣。『學』者所以務民義，明民以所可知者也。明民以所可知，故求之吾心而有是非，考之外物而有離合，無所苟焉而已矣。『教』崇『學』卑，『教』幽『學』顯；崇幽以存神，卑顯以適道，蓋若是其不可同也。世人等之，不亦遠乎！是故取西學之規矩法戒，以繩吾『學』，則凡中國之所有，舉不得以『學』名；吾所有者，以彼法觀之，特閱歷知解積而存焉，如散錢，如委積。此非僅形名象數已也，即所謂道德、政治、禮樂，吾人所舉為大道，而誚西人為無所知者，質而言乎，亦僅如是而已矣。」〔註4〕在這裡，嚴復對教與學進行了區分，指出教起於信仰，信仰的對象是天神，最終指向不可知之域，不必與理相合；學源於實證，旨在使人的認識與外物相合，目的在於明理。這決定了教與學具有不同的對象，並且對應不同的界域：教對應不可知之境，學對應可知之境，二者指涉不同的領地。有鑑於此，嚴復指出，對教與學分別對待是學術昌明、社會進步的標識。因此，在西方文化語境中，教與學涇渭分明。基於這種認識，他對教與學的區分一直延續到對西方著作的翻譯中。在翻譯孟德斯鳩《論法的精神》時，嚴復如是說：「今夫教之為物，與學絕殊。學以理明，而教由信起，方其為信，又不必與理皆合也。」〔註5〕

至此可見，康有為、嚴復對教的理解是從不同角度切入的，彼此之間相去甚遠。大致可以說，康有為視界中的教更接近中國本土文化中的教化，這導致了他的泛宗教傾向；嚴復視界中的教更接近西方文化語境中的宗教概念，比康有為所講的教內涵更為確定，外延相對要窄一些。與此同時，康有為、嚴復對教的理解有二點是相同的：第一，從內容界定上看，兩人都肯定教的本質是信仰，並且與鬼神或靈魂密切相關。第二，從話語結構上看，無論康有為還是嚴復都習慣於使用歧義叢生的「教」而不是使用內涵更為明確的教化或宗教概念，這為兩人教之概念的模糊埋下了伏筆。

第二節　保教與保國

康有為、嚴復對教的不同理解決定了兩人對待教的態度相去甚遠：康有為

〔註4〕《救亡決論》，《嚴復集》（第一冊）中華書局 1986 年版，第 52～53 頁。
〔註5〕《法意》按語，《嚴復集》（第四冊）中華書局 1986 年版，第 1021 頁。

是在積極的意義上理解教的，將保教奉為拯救中國的不二法門；嚴復是在消極的積極上理解教的，堅決反對通過保教來保種、保國。

康有為指出，教或養形，或養魂，總之是人之所需。中國近代人心渙散，主要是由於當時的人不再將孔子奉為教主而是稱孔子為哲學家、政治家或教育家。他進一步指出，將孔子由教主降為先師，稱為哲學家、政治家或教育家的做法是荒謬的，造成的影響更是極為致命的。由於孔子不再被奉為教主，中國成為無宗教之國。於是，在基督教入侵之後，中國人便紛紛投向基督教，人心渙散，國將不國。針對這種局面，康有為確定了以教治教的救亡路線，主張保教就是保國保種。為了以教治教，他呼籲立孔教為國教，憑藉對孔教的敬仰和虔誠重拾國人的自尊心、自信心，凝聚民族精神。康有為寫道：「夫大地教主，未有不託神道以令人尊信者，時地為之，若不假神道而能為教主者，惟有孔子，真文明世之教主，大地所無也。及劉歆起，偽作古文經，託於周公，於是以六經為非孔子所作，但為述者。唐世遂尊周公為先聖，抑孔子為先師，於是僅以孔子為純德懿行之聖人，而不知為教主矣。近人遂妄稱孔子為哲學、政治、教育家，妄言誕稱，皆緣是起，遂令中國誕育大教主而失之，豈不痛哉？臣今所編撰，特發明孔子為改制教主，六經皆孔子所作，俾國人知教主，共尊信之。」〔註6〕按照他的說法，孔子原本就是中國的教主，由於推崇古文經，劉歆否認六經皆出自孔子之手，而是將這一切都假託於周公。這樣一來，孔子便從教主變成了傳述周公六經的先師。受此影響，從唐代開始尊周公為先聖，孔子成為道德完善的聖人，而不再是中國的教主。分析至此，結論不言而喻：中國的當務之急是恢復孔子的教主地位和身份，立孔教為國教。

嚴復承認宗教與道德相倚而立，在與人為善上具有積極作用。在此基礎上，他強調宗教與科學勢不兩立，認為教育的目的在於「去宗教之流毒」，故而與宗教背道而馳。具體地說，由於假託鬼神，宗教震懾人心，妨礙人的心智發達和思想自由，這使「去宗教之流毒」成為當今教育的最大目標。嚴復宣稱：「時至今日，五洲之民，苟非最劣之種，莫不知教育為生民之最急者矣。然亦知教育以何者為最大之目的乎？教育最大之目的，曰去宗教之流毒而已。夫宗教本旨，以明民也。以民智之稚，日用之不可知，往往真偽雜行，不可致詰，開其為此，禁其為彼，假託鬼神，震懾愚智。雖其始也，皆有一節之用，一時

〔註6〕《請尊孔聖為國教立教部教會以孔子紀年而廢淫祀摺》，《康有為全集》（第四集）中國人民大學出版社2007年版，第97~98頁。

之功，洎乎群演益高，則常為進步之沮力。」〔註7〕嚴復認為，宗教的真偽並存和督善警惡功能決定了它在民智低下之時具有存在的理由——由於道德沒有臻於至善境界，必須憑藉宗教督善警惡的警世作用鼓勵人向善。盡管如此，從根本上說，宗教之偽與科學的進步是相悖的。特別致命的是，宗教起於迷信，託於鬼神，從長遠的眼光看禁錮民智，不利於人的心智發達，有悖學術自由。宗教對人心智的禁錮、對科學的妨礙隨著社會發展和文明進步越來越突出，人類的進步呈現出科學進而宗教休的過程。

與此同時，嚴復強調，中國之教與西方之教具有本質區別，中國之教的具體表現是禮和三綱五常，這使中國之教與宗法等級互為表裏，對自由的禁錮最終表現在政治領域和人的日常生活之中，造成的不自由較之西方更甚，成為導致中國衰微的禍根。對此，他不止一次地斷言：

> 西國言論，最難自繇者，莫若宗教，故穆勒持論，多取宗教為喻。中國事與相方者，乃在綱常名教。事關綱常名教，其言論不容自繇，殆過西國之宗教。〔註8〕

> 歐洲之所謂教，中國之所謂禮。……乃至後世其用此禮也，則雜之以男子之私。己則不義，而責事己者以貞。己之妾勝，列屋閒居。而女子其夫既亡，雖恩不足戀，貧不足存，甚或子女親戚皆不存，而其身猶不可以再嫁。夫曰事夫不可以貳，固也。而幽居不答，終風且暴者，又豈理之平者哉？且吾國女子之於其夫，非其自擇者也。夫事君之不可不忠者，以委贄策名，發於己也。事親之不可不孝者，以屬毛離裏，本乎天也。朋友之不可不信者，以然諾久要，交相願也。獨夫婦之際，以他人之制，為終身之償，稍一違之，罪大惡極。嗚呼！……中國夫婦之倫，其一事爾。他若嫡庶姑婦，前子後母之間，則以類相從，為人道之至苦。〔註9〕

可以看到，宗教與科學、自由背道而馳決定了嚴復對宗教的否定態度。他對宗教與教育、科學的關係作對立解，故而堅決反對象康有為那樣通過保教來保種、保國。在戊戌維新前的 1898 年 6 月，嚴復連續作《有如三保》《保教余義》《保種余義》等系列文章辨別和釐定保教與保種、保國之間的關係。

〔註7〕《法意》按語，《嚴復集》（第四冊）中華書局 1986 年版，第 1016～1017 頁。
〔註8〕《群己權界論》商務印書館 1981 年版，《譯凡例》。
〔註9〕《法意》按語，《嚴復集》（第四冊）中華書局 1986 年版，第 1017～1018 頁。

他的總體看法是，保教與保種、保國並無必然關聯。原因在於，人作為「天演之一境」是一種生物，人類社會遵循生存競爭的生物法則，保教與保國、保種無關；不惟孔教，一切宗教都不能保國。對此，嚴復解釋說：「支那古語云：天道好生。吾不解造物者之必以造萬物為嗜好也。其故何耶？此姑不論。但論其既好生物，則必有生而無死，而後可謂之好生。若云有生無死，則地不能容，故不容不死。不知同此一器，容積既滿，則不能再加，必減其數而後可。此我等之智則然，此所以成其為局於形器之人也。若造物則當不如是，使造物而亦如是，則其智慧與吾等耳，吾何為而奉之哉！今若反之曰：上天好殺。正惟好殺，故不能不生。蓋生者正所以備殺之材料，故言好生則不當有死，言好殺則不能不生。同一臆測，顧其說不強於好生之說耶？吾作此說，非一人之私言也。英達爾溫氏曰：『生物之初，官器至簡，然既託物以為養，則不能不爭；既爭，則優者勝而劣者敗，劣者之種遂滅，而優者之種以傳。既傳，則復於優者中再爭，而尤優者獲傳焉。如此遞相勝不已，則滅者日多，而留者乃日進，乃始有人。人者，今日有官品中之至優者也，然他日則不可知矣。』達氏之說，今之學問家與政事家咸奉以為宗。蓋爭存天擇之理，其說不可易矣。」〔註10〕如此說來，人生存在種群之中，種群與種群處於生存競爭之中。這決定了人保種的方式就是與外族進行生存競爭，具體辦法是憑藉自身的才力心思與妨生者為鬥，勝者日昌，敗者日汰。這就是說，保種、保國的方式是「自強」，與保教無關；提高國民德智體各方面的素質，增強國家的實力才是硬道理。

第三節　教與孔教

儘管康有為、嚴復對教的理解和態度截然不同，然而，兩人對孔教的看法卻具有諸多相似之處。這從康有為、嚴復對孔子思想的理解。對孔子是宗教家的認定和對孔教的界定等各個方面表現出來。

首先，康有為、嚴復對孔子思想內容的認識具有相同之處，對孔子與六經關係以及與西方思想相通的強調別無二致。

康有為斷言「百家皆孔子之學」，前提是「六經皆孔子作」，諸子的思想都以六經為文本。嚴復將六經歸功於孔子，並且在六經中突出《春秋》和《易》

〔註10〕《保種余義》，《嚴復集》（第一冊）中華書局1986年版，第85～86頁。

的地位，斷言「仲尼之述作，莫大於《易》、《春秋》」〔註11〕。嚴復的這些觀點使人想起了康有為的那句「六經皆孔子作」和《春秋》《易》是孔子晚年所作，故而是高級之學。可以說，正是這些奠定了嚴復對孔子的評價，也為他晚年提倡尊孔讀經提供了思想前提和心理準備。

　　康有為強調孔子思想與西學相合，西方的政治、經濟、法律、心理學和邏輯學等皆是孔子思想的題中應有之義。嚴復指出，無論是世界各國的宗教還是西方的哲學、道德乃至自然科學都與六經相合，六經中的微言大義與當今宗旨有諸多暗合之處，西方近二百年的學術皆是中國聖人所最早發現的：「開國世殊，質文遞變，天演之事，進化日新，然其中亦自有其不變者。姑無論今日世局與東魯之大義微言，固有暗合，即或未然，吾不聞征誅時代，遂禁揖讓之書，尚質之朝，必廢監文之典也。考之歷史，行此者，獨始皇、李斯已耳。其效已明，夫何必學！總之，治制雖變，綱紀則同，今之中國，已成所謂共和，然而隆古教化，所謂君仁臣忠，父慈子孝，兄友弟敬，夫義婦貞，國人以信諸成訓，豈遂可以違反，而有他道之從？假其反之，則試問今之司徒，更將何以教我？此康南海於《不忍》雜誌中所以反覆具詳，而不假鄙人之更贅者矣。是故今日之事，自我觀之，所謂人倫，固無所異，必言其異，不過所謂君者，以抽象之全國易具體之一家，此則孔孟當日微言，已視為全國之代表，至其嚴亂賊、凜天澤諸法言，蓋深知天下大器，而亂之為禍至烈，不如是將無以置大器於常安也。苟通此義，則《六經》正所以扶立紀綱，協和億兆，尚何不合之與有乎！」〔註12〕在對中國固有文化的追溯和考慮中，嚴復認定孔子之教化便是中國之國性，中國人固當保守並傳承之：「嗟呼諸公！中國之特別國性，所賴以結合二十二行省，五大民族於以成今日莊嚴之民國，以特立於五洲之中，不若羅馬、希臘、波斯各天下之雲散煙消，泯然俱亡者，豈非恃孔子之教化為之耶！孔子生世去今二千四百餘年，而其教化尚有行於今者，豈非其所刪修之群經，所謂垂空文以詔來世者尚存故耶！」〔註13〕在此基礎上，他進一步強調，孔子去今尚遠，孔子之教化主要存在於群經之中。為了固守國性，必須尊孔讀經。群經的價值在於通過歷代的傳承鑄就了中國的國性，使中國「國性長存」；尤其在近代這個「世變大異，革故鼎新之秋」，讀經更是顯然尤為必要——只有合於

〔註11〕《〈英文漢詁〉卮言》，《嚴復集》（第一冊）中華書局1986年版，第153頁。
〔註12〕《讀經當積極提倡》，《嚴復集》（第二冊）中華書局1986年版，第332～333頁。
〔註13〕《讀經當積極提倡》，《嚴復集》（第二冊）中華書局1986年版，第330頁。

經者，才使人在內憂外患的多事之秋找到精神家園而精神有所安頓和寄託，故而心安，繼而號召天下。這表明，群經是中國人的精神支柱和情感依託，只有在讀經的基礎上認識外學才不失其根基。正是在這個意義上，嚴復宣稱：「然則我輩生為中國人民，不可荒經蔑古，固不待深言而可知。蓋不獨教化道德，中國之所以為中國者，以經為之本原。乃至世變大異，革故鼎新之秋，似可以盡反古昔矣；然其宗旨大義，亦必求之於經而有所合，而後反之人心而安，始有以號召天下。即如辛壬以來之事，豈非《易傳》湯武順天應人與《禮運》大同、《孟子》民重君輕諸大義為之據依，而後有民國之發現者耶！顧此猶自大者言之，至於民生風俗日用常行事，其中彝訓格言，尤關至要。舉凡五洲宗教，所稱天而行之教誠哲學，徵諸歷史，深權利害之所折衷，吾人求諸《六經》，則大抵皆聖人所早發者。顯而徵之，則有如君子喻義，小人喻利，欲立立人，欲達達人，見義不為無勇，終身可為惟恕。又如孟子之稱性善，嚴義利，與所以為大丈夫之必要，凡皆服膺一言，即為人最貴。今之科學，自是以誠成物之事，吾國欲求進步，固屬不可拋荒。至於人之所以成人，國之所以為國，天下之所以為天下，則捨求群經之中，莫有合者。彼西人之成俗為國，固不必則吾之古，稱吾之先，然其意事必與吾之經法暗合，而後可以利行，可以久大。蓋經之道大而精有如此者。」〔註14〕不難看出，這時的嚴復對孔教的膜拜與康有為相比有過之而無不及。

其次，嚴復與康有為一樣肯定孔子之學是宗教，證據同樣是孔子言靈魂。

嚴復不同意孟德斯鳩認為孔子不言靈魂的觀點，在《法意》的按語中對這一觀點予以反駁：「窘哉！孟氏（指孟德斯鳩、下同——引者注）之言宗教也。由此觀之，孟氏特法家之雄耳，其於哲學，未聞道耳。能言政俗，而不能言心性，即此章之論，舉其大者，有數失焉。……以孔教不言靈魂，其失二也；以佛為主靈魂不死之說，其失三也；謂景教主靈魂不死，而獨違其弊，其失四也。……且孔教亦何嘗以身後為無物乎？孔子之贊《易》也，曰精氣為物，遊魂為變。《禮》有皋復，《詩》曰陟降，季札之葬子也，曰：體魄則歸於地，魂氣則無不之，未聞仲尼以其言為妄誕也。且使無靈魂矣，則廟享尸祭，所焄蒿悽愴，與一切之禮樂，胡為者乎？故必精而言之，則老子之說吾不知，而真不主靈魂者獨佛耳！其所謂喀爾摩，與其所以入涅槃而滅度者，皆與諸教之所謂

〔註14〕《讀經當積極提倡》，《嚴復集》（第二冊）中華書局 1986 年版，第 330～331 頁。

靈魂者大殊。至孟謂景教主靈魂不死之說，而獨違其弊，則尤不知所言之何所謂也。」〔註15〕在這裡，基於對教起於信，專事靈魂、天神之事的界定，嚴復肯定孔子言靈魂，關注死後世界，孔子的思想屬於宗教，並且將之稱為孔教。他用以證明孔教是宗教的證據除了《禮》《詩》之外，還有《易》——「孔子之贊《易》也，曰精氣為物，遊魂為變。《禮》有皋復，《詩》曰陟降，季札之葬子也，曰：體魂則歸於地，魂氣則無不之，未聞仲尼以其言為妄誕也」。嚴復的這個做法和思路與康有為在強調宗教的本質是言靈魂的前提下，以《易》證明孔子言靈魂，孔子的思想是宗教驚人一致。按照康有為的說法，《易》為孔子晚年所作，專言「性與天道」，有別於「日以教人」的《詩》《書》《禮》《樂》，是「擇人而傳」的高級之教。正因為如此，梁啟超斷言康有為認定《易》是專言靈魂界之書。

再次，儘管康有為、嚴復都認定孔教是宗教，然而，兩人對待孔教的態度並不相同。

康有為推崇孔教的言外之意是，國學的基本形態是宗教，也即孔子創立的孔教，與此對應的西方文化主體是基督教，以孔教稱謂中國本土文化可以達到以教治教的目的。不難看出，康有為的孔教概念具有面對近代耶教的入侵審視、整合中國本土文化的意圖，同時也帶有急功近利的成分。嚴復不同意康有為通過保教（孔教）來保國的做法，他所講的教就包括孔教。這不僅是基於保教與保種、保國關係的認識，認為通過保教達不到保種、保國的目的，更是基於對孔教歷史和現狀的考察。

在嚴復看來，孔教遠非中國的國教，即使保教也輪不上保孔教。嚴復承認孔教是宗教，同時從中國的風俗和宗教信仰等不同方面證明孔教在歷史上形態各殊，各派之間「異若黑白」，卻皆自稱得孔子之真，讓人無所適從。更有甚者，孔教在現實中不為中國人所信，以孔教作為中國的國教導致西人視中國人為「無教之人」。其實，中國所行宗教非佛教即土教，總之與孔教不相干。對此，他解釋說：「往見西人地圖，每地各以色為標識，表明各教所行之地。一種以支那與蒙古、西藏、暹羅同色，謂行佛教。又一種以支那、悉畢爾與非洲、澳洲之腹地同色，謂行土教。問其何以為佛教？曰：驗人之信何教，當觀其婦人孺子，不在賢士大夫也；當觀其窮鄉僻壤，不在通都大邑也；當觀其閭

〔註15〕《法意》按語，《嚴復集》（第四冊）中華書局 1986 年版，第 1016 頁。

閭日用，不在朝聘會同也。今支那之婦女孺子，則天堂、地獄、菩薩、閻王之說，無不知之，而問以顏淵、子路、子游、子張為何如人，則不知矣。支那之窮鄉僻壤，苟有人跡，則必有佛寺尼庵，歲時伏臘，匍匐呼吁，則必在是，無有祈禱孔子者矣。至於閭閻日用，則言語之所稱用，風俗之所習慣，尤多與佛教相連綴者，指不勝屈焉。據此三者，尚得謂之非佛教乎！問其何以為土教？則曰：遍地球不文明之國所行土教，有二大例：一曰多鬼神，二曰不平等。支那名山大川，風雷雨露，一村一社各有神。東南各省則拜蛙以為神，河工之官則拜蛇以為神，載之祀典，不以為誕。時憲書者，國家之正朔也。吉神凶神，羅列其上，亦不以為誕。此非多鬼神而何？官役民若奴隸，男役女若奴隸，蓋律例如此也，此非不平等而何？據此二者，尚得謂之非土教乎！是二說也，歐人所云然，支那人即欲辨之。惡得而辨之？平心思之，則實有尸之者矣！」〔註16〕在這裡，嚴復循著宗教與風俗固結的思路從信教群體、普及程度和生活方式三個方面剖析了中國人的宗教信仰，指出中國人或者皈依佛教，或者信仰土教，無論哪種情況，皆與孔教相去甚遠。

在此基礎上，嚴復進一步從風俗與宗教的固結角度探究了孔教不能像佛教或土教那樣深入人心，行乎窮鄉僻壤，影響民眾日常生活的原因。對此，嚴復反覆分析說：

> 合一群之人，建國於地球之面。人身，有形之物也，凡百器用與其規制，均有形之事也。然莫不共奉一空理，以為之宗主。此空理者，視之而不見，聽之而不聞，思之而不測。而一群之人，政刑之大，起居之細，乃無一事不依此空理而行。其漸且至舉念之間，夢寐之際，亦無心不據此空理而起也。此空理則教宗是矣。自非禽獸，即土番苗民，其形象既完全為人，則莫不奉教，其文化之淺深不同，則其教之精粗亦不同。大率必其教之宗恉適合乎此群人之智識，則此教即可行於此群中；而此群人亦可因奉此教之故，而自成一特性。故風俗與教宗可以互相固結者也。〔註17〕

> 孔教之高處，在於不設鬼神，不談格致，專明人事，平實易行。而大《易》則有費拉索非之學，《春秋》則有大同之學。苟得其緒，

〔註16〕《保教余義》，《嚴復集》（第一冊）中華書局1986年版，第84～85頁。
〔註17〕《保教余義》，《嚴復集》（第一冊）中華書局1986年版，第83頁。

並非附會，此孔教之所以不可破壞也。然孔子雖正，而支那民智未開，與此教不合。雖國家奉此以為國教，而庶民實未歸此教也。既不用孔教，則人之原性，必須用一教，始能慰藉其心魂。於是適值佛法東來，其小乘阿含一部，所說三塗六道，實為多鬼神之說，與不開化人之腦氣最合，遂不覺用之甚多，而成為風俗。蓋民智未開，物理未明，視天地萬物之繁然淆然而又條理秩然，思之而不得其故，遂作為鬼神之說以推之，此無文化人之公例矣。然則支那今日實未嘗行孔教，即歐人之據目前之跡以相訾謷者，與孔教乎何與？今日支那果何從而明孔教哉！〔註18〕

　　按照這個分析，孔教包含哲學和大同之學，「平實易行」，且「不可破壞」。問題的關鍵是，宗教的盛行與民智的高低成正比，中國「民智未開」，孔教便曲高和寡。這就是說，孔教不行於中國不是由於孔教本身的低劣，反而因為其不設鬼神，專明人事，不適合中國人的智力程度。一言以蔽之，孔教是宗教卻不適於中國近代的民智狀況，故而不符合當時的社會需要。

　　基於上述分析，嚴復極力反對康有為以孔教言國學，並反覆從不同角度對康有為的觀點加以駁斥。下僅舉其一斑：「今日更有可怪者，是一種自鳴孔教之人，其持孔教也，大抵於〔與〕耶穌、謨罕爭衡，以逞一時之意氣門戶而已。不知保教之道，言後行先則教存，言是行非則教廢。諸公之所以尊孔教而目餘教為邪者，非以其理道勝而有當於人心多耶？然天下無論何教，既明天人相與之際矣，皆必以不殺、不盜、不淫、不妄語、不貪他財為首事。而吾黨試自省此五者，果無犯否，而後更課其精，如是乃為真保教。不然，則孔教自存，滅之者正公等耳，雖日打鑼伐鼓無益也。且孔子當日，其拳拳宗國之愛為何如？設其時秦、楚、吳、越有分東魯之說，吾意孔子當另有事在，必不率其門弟子，如由、求、予、賜諸人，向三家求差謀保；而洙、泗之間，絃歌自若，一若漠不相關也者；又不至推六經諸緯，委為天心國運可知。且《記》〔《語》〕稱『毋意，毋必，毋固，毋我』，則必不因四國為夷狄，而絕不考其行事，而謀所以應付之方。然則以孔子之道律今人，乃無一事是皈依孔子。以此而云保教，恐孔子有知，不以公等為功臣也。且外人常謂以中土士夫今日之居心行事而言，則三千年教澤，結果不過如是，自然其教有受弊根苗，所以衍成今日之世道。然則累孔教，廢孔教，正是我輩。只須我輩砥節礪行，

〔註18〕《保教余義》，《嚴復集》（第一冊）中華書局1986年版，第85頁。

孔教固不必保而自保矣。」〔註19〕

上述內容顯示，康有為、嚴復對待孔教的不同態度不僅在於康有為呼籲立孔教為國教，而且在於兩人對宗教的理解迥然相異。康有為反覆證明孔子的思想是宗教，不僅出於以教治教的目的，而且出於對宗教的頂禮膜拜，故而在肯定孔教是宗教的基礎上呼籲立孔教為國教。在嚴復那裏，對宗教的否定態度先天地決定了承認孔子思想是宗教便注定了對孔子思想的否定評價：由於認定宗教與自由相悖，認定孔子的思想是宗教便含有孔子及儒家思想倡導禮和三綱五常，對於禁錮中國人的心智、妨礙中國人的自由難辭其咎的意思。更為重要的是，對宗教及對孔教的不同態度注定了嚴復對國學的理解與康有為相差懸殊：康有為所講的國學就是孔教，基本形態是宗教。嚴復多次明確表示自己平生最愛哲學，國學的基本形態是哲學。他的國學研究以老子、莊子為主，即使後來轉向尊孔讀經，也始終與宗教無涉。

〔註19〕《有如三保》，《嚴復集》（第一冊）中華書局 1986 年版，第 82 頁。

第四章　康有為與譚嗣同比較

　　佛教產生於天竺，最晚在東漢之時傳入中土。據現存文獻記載，佛教最晚在公元 67 年即漢明帝十年傳入中國。之後，佛教經過東漢、魏晉時期與中國本土文化的碰撞、磨合，在南北朝隋唐時期得到長足發展，成為中國文化的主流形態。宋代集儒釋道於一體的理學出現之後，佛教便失去了往日學派林立、獨步天下的輝煌而日益式微。到了近代，佛教迎來了復興，在中國近代的宗教熱中以絕對優勢成為「顯學」。近代哲學家大都崇佛、好佛，以至於梁啟超驚呼：「晚清所謂新學家者，殆無一不與佛學有關係。」〔註1〕這個評價難免誇張之嫌，卻也道出了一個不爭的事實：近代哲學家具有深厚的佛學素養，佛學在他們的哲學、思想和文化中佔有重要一席。

　　近代哲學家都對宗教表現出極大熱情，因而掀起了一場空前的宗教熱。正如佛教在他們的宗教思想中佔有舉足輕重的地位一樣，佛教熱無疑是近代宗教熱中的主旋律。這就是說，近代哲學家的宗教情結主要表現為佛教情結。譚嗣同如此，即便是大聲疾呼立孔教為國教的康有為也不例外。康有為被梁啟超稱為中國亙古未有的宗教家，譚嗣同表白自己「酷好談教」。由此不難想像，兩人的宗教熱情異常高漲。正如康有為、譚嗣同的宗教熱情很大一部分源自對佛教的熱情一樣，佛學觀是兩人宗教觀的重要組成部分。就康有為來說，儘管為了立孔教為國教奔走呼號，然而，這並不妨礙他對佛教的推崇。不僅如此，康有為對佛教的好惡和關注由始至終，在時間上甚至遠遠超過了對孔教的關

〔註 1〕《清代學術概論》，《梁啟超全集》（第五冊）北京出版社 1999 年版，第 3105頁。

注和推崇。譚嗣同則將佛教置於人類文化的頂端，也將對佛教的頂禮膜拜推向了極致。鑒於上述情況，比較康有為、譚嗣同的佛學觀，既可以從中體悟兩人佛學思想建構的異同，又可以直觀感受佛教在中國近代的興盛以及近代佛教的豐富性和多樣性。

第一節　對佛教的共同關注

康有為、譚嗣同的佛教思想作為中國近代佛教的組成部分擁有與生俱來的近代烙印和時代特徵，在這個意義上，兩人的佛學觀與其他近代哲學家呈現出一致性，而與古代佛教具有天壤之別。與此同時，應該看到，康有為、譚嗣同的佛教思想存在著明顯的有別於其他近代哲學家之處。在這個意義上，兩人的佛學觀最為相近，而與同時代的其他人漸行漸遠。綜合考察康有為、譚嗣同的思想可以發現，兩人對佛教的看法與對其他問題的看法一樣具有驚人的相似之處。對於這一點，透過以下四個方面可以看得更加清楚、明白。

一、對佛教的審視在三教關係中進行

將佛教置於全球多元的文化語境中，圍繞著中國近代的救亡圖存與思想啟蒙對佛教的不同宗派進行選擇並對其教義予以詮釋是近代佛教有別於古代佛教的基本特徵，因而也是近代佛教的共性——在這一點上，康有為、譚嗣同與其他近代哲學家的立言宗旨和具體做法如出一轍。在這個前提下必須強調的是，與同時代哲學家不同的是，兩人喜歡將佛教置於由佛教、孔教與耶教（基督教）組成的三教關係中進行審視，熱衷於對佛教與孔教、耶教進行比較，致使三教關係成為熱點話題。

近代哲學和文化始終交織著古今中西之辨，康有為、譚嗣同同樣擁有全球多元的開放心態和文化視域，並在這個歷史背景和文化語境中審視佛教，進而彰顯佛教與孔教代表的中學和耶教代表的西學之間的相似相通。一方面，注重佛教的圓融性，承認佛教與其他異質文化相互契合進而予以詮釋是近代哲學家的共同點。在這方面，其他近代哲學家與康有為、譚嗣同的做法呈現出驚人的一致性。例如，嚴復將佛教的自在與西方哲學探究的第一因、佛教的不可思議與赫胥黎、穆勒和斯賓塞等人的不可知論混為一談，梁啟超和章炳麟不約而同地將佛教與康德哲學相提並論等等。康有為、譚嗣同既認為佛教與孔教並行不悖，又聲稱佛學與西學圓融無礙。這表明，兩人對佛教精神的定位和開放解

讀在大方向上與其他近代哲學家完全一致。另一方面，康有為、譚嗣同對於佛教的圓融性選擇了不同於其他近代哲學家的關注點，那就是：聚焦佛教與孔教、耶教的關係，特別是對三教的優劣津津樂道。這就是說，將佛教置於全球多元文化的視域之下是近代哲學家的共同做法，肯定佛教的開放圓通是他們的共識，康有為、譚嗣同也不例外。所不同的是，在突出佛教與其他宗教或文化相互貫通、圓融無礙上，康有為、譚嗣同的具體做法和理論側重呈現出不同於其他近代哲學家的獨特之處，其中最明顯的表現便是對佛教與孔教、耶教關係樂此不疲，並且將近代哲學家共同關注的佛教與其他異質文化的圓融無礙具體化為佛教與孔教、耶教三教之間教義的圓融無礙。

康有為連篇累牘地證明佛教與孔教以及全部中國本土文化的相通、契合，同時凸顯佛教與耶教的相融相通。他甚至斷言：「耶氏翻《摩西》，無條不是出於佛學。」〔註2〕梁啟超在為康有為作傳時專門介紹了康有為的宗教觀，直觀而生動地展示了康有為對佛教與孔教、耶教的兼容並蓄，印證了康有為關於佛教與孔教、耶教相似相通的理念。現摘錄如下：

> 先生於耶教，亦獨有所見。以為耶教言靈魂界之事，其圓滿不如佛；言人間世之事，其精備不如孔子。然其所長者，在直捷，在專純。單標一義，深切著明，曰人類同胞也，曰人類平等也，皆上原於真理，而下切於實用，於救眾生最有效焉，佛氏所謂不二法門也。雖然，先生之布教於中國也，專以孔教，不以佛、耶，非有所吐棄，實民俗歷史之關係，不得不然也。〔註3〕

> 先生謂宜立教務部，以提倡孔教。非以此為他教敵也，統一國民之精神，於是乎在。今日未到智慧平等之世，則宗教萬不可缺。諸教雖各有所長，然按歷史，因民性，必當以孔教治中國。〔註4〕

譚嗣同一面突出佛教與孔教、耶教的融會貫通，一面彰顯三教之間的一致性。以代表平等的朋友之道為切入點，他對三教的共識如是說：

> 其在孔教，臣哉鄰哉，與國人交，君臣朋友也；不獨父其父，不獨子其子，父子朋友也；夫婦者，嗣為兄弟，可合可離，故孔氏

〔註2〕《萬木草堂講義‧七月初三夜講源流》，《康有為全集》（第二集）中國人民大學出版社 2007 年版，第 288 頁。

〔註3〕《南海康先生傳》，《梁啟超全集》（第一冊）北京出版社 1999 年版，第 488 頁。

〔註4〕《南海康先生傳》，《梁啟超全集》（第一冊）北京出版社 1999 年版，第 496 頁。

不諱出妻，夫婦朋友也；至兄弟之為友於，更無論矣。其在耶教，
明標其旨曰：「視敵如友。」故民主者，天國之義也，君臣朋友也；
父子異宮異財，父子朋友也；夫婦擇偶判妻，皆由兩情自願，而成
婚於教堂，夫婦朋友也；至于兄弟，更無論矣。其在佛教，則盡率
其君若臣與夫父母妻子兄弟眷屬天親，一一出家受戒，會於法會，
是又普化彼四倫者，同為朋友矣。〔註5〕

進而言之，康有為、譚嗣同之所以在佛教與孔教、耶教構成的三教關係中
彰顯佛教的圓通性和開放性，不僅體現了透視佛教的獨特視角，而且關涉對佛
教以及對佛教與孔教、耶教關係的透視和界定。最簡單的理由是，彰顯三教圓
融至少反映了兩人對三教皆非堅決抵制，這個底線劃定了康有為、譚嗣同與章
炳麟之間的鴻溝。無論是對孔教的公開排斥還是對基督教的大力鞭撻都注定
了章炳麟不可能大肆宣揚三教圓通無礙。在這一點，嚴復與章炳麟的情形類
似。康有為、譚嗣同雖然都有抵制耶教的言論，康有為甚至聲稱立孔教為國教
就是出於以教治教的初衷，目的是以孔教與耶教分庭抗禮，但是，兩人對耶教
的肯定尤其是借鑒則是不爭的事實。

在佛教與孔教、耶教的圓融無礙上，康有為、譚嗣同將重點放在了佛教
與孔教的相近相通上。這是兩人的共同傾向，並且出於相同的動機，那就是：
在與佛教的聯合中以孔教對抗耶教。這一點既先天地注定了康有為、譚嗣同
在三教關係中將耶教置於最後，也使佛教與孔教的關係成為兩人關注和論證
的焦點。

二、以仁整合三教的共同宗旨

康有為、譚嗣同不僅一致聲稱佛教與孔教、耶教在立教宗旨上別無二致，
而且強調三教在教義教旨上相近相通——對於後者，兩人找到了相同的依據，
那就是仁。事實上，康有為、譚嗣同反覆從不同角度論證仁是佛教、孔教和耶
教的共同教義，並且由此印證了三教立言宗旨的相同。

康有為秉持三世三統的宗教觀，在對宗教進化軌跡的勾勒中，將宗教的
遞嬗軌跡劃分為太古、中古和後古三個階段，並且發出了「太古之聖，則以
勇為教主；中古之聖，則以仁為教主；後古之聖，則以知為教主」〔註6〕的論

〔註5〕《仁學》，《譚嗣同全集》（增訂本）中華書局1998年版，第350～351頁。
〔註6〕《日本書目志》卷三，《康有為全集》（第三集）中國人民大學出版社2007年
版，第297～298頁。

斷。所謂「中古之聖」的教主——仁既包括孔教的教主，又包括佛教和耶教的教主等。對於孔教之仁，康有為斷言：「該孔子學問只一仁字。」〔註7〕對於佛教之仁，康有為肯定「能仁」是佛號。對於耶教之仁，康有為肯定其與「甚仁」之墨教別無二致，因為二者具有淵源關係，準確地說，耶教是墨教西傳的結果。譚嗣同指出，佛教與孔教、耶教的立教宗旨相同，仁就是三教的共同宗旨。這用他本人的話說便是：「能為仁之元而神於無者有三：曰佛，曰孔，曰耶。」〔註8〕

　　經過康有為、譚嗣同的詮釋，仁作為佛教與孔教、耶教的匯合點不僅證明了三教教義的相互契合，而且證明三教秉持相同的立教宗旨。這突出了佛教的開放性、圓通性，也最大程度地凸顯了佛教與孔教、耶教以及中學、西學的圓融無礙。循著這個邏輯，佛教之所以與孔教、耶教圓融無礙並非偶然的，而是擁有了毋庸置疑的必然性。值得一提的是，無論對於康有為還是對於譚嗣同的佛學來說，仁是佛教與孔教、耶教的共同宗旨都至關重要。以譚嗣同為例，正是在強調仁是佛教與孔教、耶教的共同宗旨的前提下，他彰顯佛教的仁之主題。不僅如此，由於確信佛教與孔教、耶教圓融無礙，譚嗣同進而肯定佛學、中學、西學可以融會貫通。沿著這個思路，他以仁為三教合一的交匯點，建構了佛教、耶教和孔教合一的新體系，以仁學完成了佛學、中學和西學的和合。這一點通過《仁學》的入門書目單直觀地體現出來。對於仁學的理論來源，譚嗣同明確宣稱：「凡為仁學者，於佛書當通《華嚴》及心宗、相宗之書；於西書當通《新約》及算學、格致、社會學之書；於中國書當通《易》、《春秋公羊傳》、《論語》、《禮記》、《孟子》、《莊子》、《墨子》、《史記》，及陶淵明、周茂叔、張橫渠、陸子靜、王陽明、王船山、黃梨洲之書。」〔註9〕一目了然，他將仁學的理論來源劃分為三大類，即佛學、西學和中學。仁學的創建意味著兼容並包，前提則是三教可以並行不悖。換言之，《仁學》之所以能夠將科學、哲學與宗教冶為一爐，仁是佛教、孔教與耶教的共同宗旨在其中發揮了至關重要的作用。

　　至此可見，一方面，將佛教置於全球多元文化的視域之下進行審視和詮釋是近代佛教有別於古代的時代特色，因而成為包括康有為、譚嗣同在內的近代

〔註7〕《南海師承記‧講孝悌任恤宣教同體饑溺》，《康有為全集》（第二集）中國人民大學出版社 2007 年版，第 250 頁。

〔註8〕《仁學》，《譚嗣同全集》（增訂本）中華書局 1998 年版，第 289 頁。

〔註9〕《仁學》，《譚嗣同全集》（增訂本）中華書局 1998 年版，第 293 頁。

哲學家的共同做法。另一方面,將仁說成是佛教與孔教、中國文化與西方文化的相同點則是存在於康有為與譚嗣同兩個人之間的默契,這一默契又進一步拉開並加大了兩人在佛學觀、哲學觀上與其他近代哲學家的距離:就佛學觀而言,無論以不忍人之心還是以慈悲釋仁,康有為、譚嗣同都淋漓盡致地抒發了佛教的救世情懷,使兩人將近代佛教的入世性、救世性發揮到了極致。同樣,無論側重博愛還是平等,康有為、譚嗣同都在佛教、孔教與耶教的圓融無礙中為佛教、孔教注入了西方近代的價值理念——這一點促使佛教與作為啟蒙價值的自由、平等和博愛相對接。就哲學觀而言,仁使康有為、譚嗣同的哲學與宗教一脈相承、相得益彰,在彰顯仁對於宗教不可或缺的同時,推出了奉仁為宇宙本原的仁學。

三、肯定佛教的平等訴求

康有為、譚嗣同在認定佛教講仁的基礎上,將西方傳入的自由、平等、民主和進化思想說成是仁的內涵,進而為佛教注入近代的價值理念和訴求。

康有為認為中古之聖以仁為「教主」,其中就包括佛教在內。在這個前提下,他特意強調「能仁」是佛號,借助對仁之內涵的界定,肯定佛教的平等訴求。具體地說,康有為肯定博愛、自由、平等、民主和進化等都是仁的題中應有之義,進而為佛教注入了博愛、平等內涵。例如,對於佛教的平等,康有為不止一次地如是說:

> 佛氏平等,故凡胎生、濕生、卵生,皆謂之眾生,平等也。〔註10〕
>
> 佛氏宣親平等。〔註11〕

依據康有為的說法,平等是仁的題中應有之義,佛教與孔教、耶教皆以仁為「教主」。這表明,三教都追求平等。更為重要的是,佛教在平等上走的更遠,不僅主張平等,而且將平等貫徹到人與人、人與眾生的關係之中。正因為如此,冤親平等與眾生平等一起證明,佛教將平等推向了極致。

譚嗣同強調,佛教與仁密切相關,對佛教平等訴求的揭示更為突出。正是由於這個原因,他對仁的基本特徵是平等——通的論證比康有為更加直接,也

〔註10〕《萬木草堂口說・孔子改制》,《康有為全集》(第二集)中國人民大學出版社2007年版,第151頁。

〔註11〕《萬木草堂講義・中庸》,《康有為全集》(第二集)中國人民大學出版社2007年版,第292頁。

更為徹底。譚嗣同斷言：「仁以通為第一義，……通之象為平等。」〔註12〕在他看來，仁之所以平等，是因為通是仁的本質特徵，平等則是通的具體表現。與此同時，他還從慈悲的角度論證了佛教之平等。譚嗣同指出，仁就是慈悲即「慈悲，吾儒所謂『仁』也」，而慈悲就是破除對待，故而不分彼此，人我平等。對此，他解釋說：「蓋心力之實體，莫大於慈悲。慈悲則我視人平等，而我以無畏；人視我平等，而人亦以無畏。」〔註13〕

　　進而言之，康有為、譚嗣同都肯定佛教宣揚平等，這在近代哲學家中與眾不同，也可以認定是兩個人之間的默契。這一相同點與康有為、譚嗣同認定仁是佛教與孔教、耶教的共同追求密切相關，也與兩人對宗教救世功能的彰顯息息相通。在這個前提下尚須看到，康有為、譚嗣同對佛教所講平等的評價大相徑庭。總的說來，康有為持否定態度，譚嗣同則持肯定態度。

　　康有為所講的仁濫觴於孟子的不忍人之心，深受「親親而仁民，仁民而愛物」（《孟子·盡心上》）的浸染。與此相一致，為了凸顯仁中的差等內涵，康有為強調仁之軌道有大小，仁愛必須與智並提才能恰到好處；否則，過猶不及——結果不是像老子那樣智而不仁導致壞心術就是像墨子那樣「甚仁」而不智導致苦人生。沿著這個思路，康有為將矛頭對準佛教所講的平等，一面承認佛教「能仁」，一面批判佛教仁而不智，最終導致仁而不義，故而不可行。正是在這個意義上，他不厭其煩地聲稱：

　　　　佛法平等，無義也，不可行。〔註14〕

　　　　佛舍其類而愛其混者。〔註15〕

　　　　佛與孔子極相反，然後能立。聖愛其同類，不同類者殺之可也，
　　　　若同類者不得殺也。此聖人大義。〔註16〕

　　不僅如此，康有為在抨擊佛教平等的同時，凸顯佛教與孔教在人倫上的衝突和對立，以此證明孔教仁智並提，仁義並重，故而順人之情，養人之生。

〔註12〕《仁學》，《譚嗣同全集》（增訂本）中華書局1998年版，第291頁。

〔註13〕《仁學》，《譚嗣同全集》（增訂本）中華書局1998年版，第357頁。

〔註14〕《萬木草堂口說·春秋繁露》，《康有為全集》（第二集）中國人民大學出版社2007年版，第206頁。

〔註15〕《萬木草堂口說·孔子改制》，《康有為全集》（第二集）中國人民大學出版社2007年版，第152頁。

〔註16〕《萬木草堂口說·春秋繁露》，《康有為全集》（第二集）中國人民大學出版社2007年版，第188頁。

與康有為對佛教平等的態度差若雲泥，譚嗣同對佛教所講的平等持肯定態度，並且對佛教所講的平等進一步加以引申和運用，淋漓盡致地彰顯了佛教和仁的平等意蘊，從而使佛教成為論證平等的最主要的武器。當然，譚嗣同並沒有像康有為那樣刻意對佛教、孔教所講的平等予以區別，而是始終在平等的維度上突出佛教與孔教以及耶教的相同性。更有甚者，佛教是譚嗣同平等思想的母版，無論對平等的論證、界定還是實現平等的途徑都依託佛教展開。

康有為、譚嗣同對佛教平等的態度和評價之所以產生差異，與對仁的側重以及對佛教與孔教、耶教關係的認識一脈相承，並不影響兩人彰顯佛教之平等訴求這一事實。康有為所講的仁脫胎於孔子、孟子和董仲舒等人的儒學，並且將孔教置於三教之首，故而推崇由孔教之仁引申的平等。譚嗣同所講的仁脫胎於佛教，並且基於破除對待的邏輯展開，故而贊同佛教的平等。有鑑於此，無論康有為、譚嗣同對待佛教的平等態度如何，都無法改變一個事實，那就是：康有為、譚嗣同對佛教平等的凸顯是一致的，這一點通過與同為戊戌啟蒙四大家的嚴復、梁啟超思想的比較則看得更加清楚、明白。

四、發揮佛教的救世功能

康有為、譚嗣同一面將仁說成是佛教與孔教、耶教的交匯點，一面借助對仁的詮釋渲染、突出佛教的救世旨歸和功能。正因為如此，兩人熱衷於對佛教普度眾生的發揮，並且將眾生平等與兩人心馳神往的大同社會直接聯繫起來。

正如心學是中國近代哲學的主流和歸宿一樣，具有心學意趣的近代哲學家都側重從心學的角度對佛教展開詮釋和發微。例如，梁啟超推崇佛教是因為對自心的膜拜，並由此斷言佛教嚮往的天堂就是自己的內心。再如，章炳麟明確聲稱：「我所崇拜的佛法，乃是崇拜自心」。康有為、譚嗣同側重從心學的思路挖掘佛學的心學內涵，因而彰顯佛學的心學意趣和主旨。康有為突出佛學的心學意蘊，反覆從不同維度將佛學詮釋為心學。例如，他從養心的角度審視、詮釋佛學，聲稱佛學養魂便印證了佛學在本質上屬於心學。再如，康有為將佛學的宗旨歸結為仁，而仁在他的視界中就是發端於孟子的不忍人之心，以不忍人之心為宗旨也印證了佛學的心學屬性。與康有為的佛學思想相比，譚嗣同佛學的心學屬性更為明顯和突出。這是因為，他在宣布仁是世界本原的同時，明確將仁界定為心，並將心與佛學推崇的識相提並論。這便是那句著名的「仁為

天地萬物之源，故唯心，故唯識」〔註17〕。譚嗣同將仁與心、識互釋，通過仁、心、識的三位一體，以仁學、佛學的形式建構了近代心學的形態和樣式。

如果說康有為、譚嗣同從心學的角度詮釋佛學與近代哲學家的哲學理念一脈相承的話，那麼，兩人與其他近代哲學家所不同的是將心界定為仁心。在這個前提下，康有為、譚嗣同將仁分別詮釋為不忍人之心、慈悲之心，並借助不忍人之心和慈悲之心的力量將佛學的救世主旨發揮到了極致。

康有為、譚嗣同都具有拯救天下、普度眾生的理想，不約而同地表白自己胸懷拯救天下之志，佛學便是兩人共同的精神支柱和理論武器。康有為對於自己的宏圖大願曾經如是說：「其來現也，專為救眾生而已。……故日日以救世為心，刻刻以救世為事，捨身命而為之。」〔註18〕對於康有為的自我標榜，梁啟超深表認同並且引為同調，因而在寫給康有為的信中說：「我輩宗旨，……乃救地球及無量世界眾生也，非救一國也。」〔註19〕一目了然，信中之「吾輩」並非單獨指梁啟超本人，也包括康有為在內。經過「北遊訪學」的譚嗣同發下宏願：「不惟發願救本國，並彼極強盛之西國，與夫含生之類，一切皆度之。」〔註20〕面對中國的內憂外患、生民塗炭，譚嗣同提出了「以心挽劫」的救亡綱領，發願「以心度一切苦惱眾生」。他寄予厚望的挽救劫難之心不是機心，而是佛學的慈悲之心。在譚嗣同看來，仁就是慈悲，慈悲是心力的實體。於是，他多次斷言：

> 夫心力最大者，無不可為。……使心力驟增萬萬倍，天下之機心不難泯也。〔註21〕

> 蓋心力之實體，莫大於慈悲。〔註22〕

對於譚嗣同的《仁學》，梁啟超在為其所作的序中開宗明義地指出：「《仁學》何為而作也？……以救全世界之眾生也。」〔註23〕梁啟超對仁學的概括和評價深中肯綮，可謂一語破的，明確揭示出譚嗣同與康有為如出一轍的救世宗旨。

〔註17〕《仁學》，《譚嗣同全集》（增訂本）中華書局1998年版，第292頁。
〔註18〕《我史》，《康有為全集》（第五集）中國人民大學出版社2007年版，第64頁。
〔註19〕《與康有為書》，《戊戌變法》（第二冊）上海人民出版社2000年版，第544～545頁。
〔註20〕《仁學》，《譚嗣同全集》（增訂本）中華書局1998年版，第358頁。
〔註21〕《仁學》，《譚嗣同全集》（增訂本）中華書局1998年版，第357頁。
〔註22〕《仁學》，《譚嗣同全集》（增訂本）中華書局1998年版，第357頁。
〔註23〕《〈仁學〉序》，《譚嗣同全集》（增訂本）中華書局1998年版，第373頁。

　　進而言之，如果說康有為、譚嗣同懷有同樣的拯救世界的宏圖大願的話，那麼，佛學則不啻為兩人拯救世界的精神支柱和理論武器，更是譚嗣同依賴的不二法門。對於康有為來說，儘管主張立孔教為國教，然而，孔教是救中國的下手處，未來的大同社會是佛學的天下。拯救世界尤其是臻於始於男女平等、終於眾生平等的「大平等」必須依憑佛學。與康有為選擇華嚴宗是為了救世一樣，以佛教的慈悲之心挽救中國的劫難表明，譚嗣同的佛學思想以救亡圖存為宗旨，具有真切的現實目的和實踐情懷。對此，梁啟超的評價是，《仁學》「欲將科學、哲學、宗教冶為一爐」，這樣做的目的和結果便是，使之更「適於人生之用，真可謂極大膽極遼遠之一種計劃」。〔註24〕

　　近代哲學家所講的佛學都具有入世而非厭世或出世的特徵，在這一點上，正如梁啟超將「入世而非厭世」〔註25〕視為佛學有別於其他宗教的特點一樣，章炳麟坦言，他推崇佛法並非讓人皆歸蘭若而是為了淨化人心，增進革命道德。相比較而言，如果說近代哲學家的佛學是入世的話，那麼，康有為、譚嗣同則在彰顯佛學入世性的同時，使佛學變成了救世的法寶。就康有為與譚嗣同的比較來說，康有為側重入世，譚嗣同則更傾向於救世。對於譚嗣同來說，「以心挽劫」的仁學與普度眾生的救世情結一體兩面。正因為如此，他對佛學救世情懷的發揮尤其是踐履在近代哲學家中最為突出，即便是康有為也只好甘拜下風。

　　全球多元的文化語境和視域既影響了中國近代的哲學和文化，也影響了中國近代的佛教。身處全球多元的文化語境，秉持救亡圖存與思想啟蒙的理論初衷，近代哲學家對佛學進行內容轉換和現代化是相同的，也為近代哲學家的佛學思想打上了相同的全球視野、文化多元等時代烙印。在這方面，康有為、譚嗣同的佛學思想既帶有鮮明的近代烙印，也與其他近代哲學家的佛學思想呈現出一致性。在這個前提下尚須看到，兩人的佛教思想帶有彼此相同而有別於其他同時代哲學家的獨特之處。這具體包括如下四個方面：第一，康有為、譚嗣同一面將諸子百家整合為孔教來對抗耶教，一面在由佛教與孔教、耶教組成的三教關係的維度上審視佛教，致使三教關係成為兩人佛學觀的核心話題。

〔註24〕《清代學術概論》，《梁啟超全集》（第五冊）北京出版社 1999 年版，第 3102頁。

〔註25〕《論佛教與群治之關係》，《梁啟超全集》（第二冊）北京出版社 1999 年版，第 907 頁。

第二，康有為、譚嗣同在對佛教與孔教、耶教一致性的彰顯中，提升仁的地位和價值，一起創建了宗教、哲學與文化三位一體的仁學。第三，在對佛教的宣揚中，兩人圍繞著平等的意趣訴求展開。第四，康有為、譚嗣同將近代佛學的入世性發揮成救世性，也將佛學與中國近代救亡圖存與思想啟蒙的密切相關詮釋得淋漓盡致。

第二節　對佛學的宗派取捨

中國近代是全球文化多元的時代，這一歷史背景和文化語境注定了康有為、譚嗣同代表的近代哲學家所講的佛學不可能再像古代那樣恪守一宗一派，而是呈現出兼容並包的態勢。這意味著各種佛學派別可以在兩人的佛教思想中圓融無礙，並行不悖——這一點從康有為、譚嗣同提到的佛學典籍中即可見其一斑：康有為提到的佛教經典眾多，從《金剛經》《法華經》《楞嚴經》《楞伽經》到《阿一增含經》等等，不一而足。譚嗣同提到的佛學典籍同樣並不止於一種，在《仁學》的界說中明確聲稱其中的「佛書」主要指「《華嚴》及心宗、相宗之書」。除此之外，《仁學》中還出現了《般涅槃經》《維摩詰經》和《大乘起信論》等諸多佛學經典。康有為、譚嗣同對眾多佛典的提及都是兼容並蓄的。這既包括兩人對佛學宗派的自由選擇和取捨，也包括所推崇、提到的佛教經典都不拘泥於一宗一派。正因為如此，康有為、譚嗣同的佛學思想建構絕非囿於某一宗派的單一成分，而是雜糅、和合諸多宗派而成。探究康有為、譚嗣同對佛學宗派的偏袒和取捨成為辨析兩人佛學建構的切入點，不僅顯得十分必要，而且變得饒有趣味起來。

一、華嚴宗

佛教在中國近代的復興是全面的，主要表現之一便是包括華嚴宗、唯識宗、天台宗、禪宗和淨土宗在內的大多數宗派都得以復興。儘管如此，近代哲學家對佛教的不同宗派是有偏袒的。其中，華嚴宗受到普遍推崇，成為近代佛教中的翹楚。康有為、譚嗣同對佛教宗派的選擇印證了這一點，華嚴宗也成為兩人對佛教宗派的共同選擇。

康有為在推崇孔教的同時推崇佛教，甚至通過孔佛互釋闡發自己的主張。因此，他一而再、再而三地宣稱：

　　佛學除人倫外，其餘道理與孔子合。〔註26〕

　　《華嚴經》與《四書》、「六經」比較，無不相同。〔註27〕

　　《華嚴》之推理以十，聞一知十之義也，孔子皆已包之。〔註28〕

　　對於康有為的佛教思想，梁啟超曾經有過一段經典的介紹和評價，對於理解康有為對佛教宗派的好惡和取捨提供了註腳。現摘錄如下：

　　　　先生之於佛學也，純得力大乘，而以華嚴宗為歸。華嚴奧義，在於法界究竟圓滿極樂。先生乃求其何者為圓滿，何者為極樂。以為棄世界而尋法界，必不得為圓滿；在世苦而出世樂，必不得為極樂，故務於世間造法界焉。又以為軀殼雖屬小事，如幻如泡，然為靈魂所寄，故不度軀殼，則靈魂常為所困。若使軀殼無缺憾，則解脫進步，事半功倍。以是原本佛說捨世界外無法界一語，以專肆力於造世界。先生常言：孔教者佛法之華嚴宗也。何以故？以其專言世界，不言法界，莊嚴世界，即所以莊嚴法界也。佛言當令一切眾生皆成佛。夫眾生根器，既已不齊，而所處之境遇，所受之教育，又千差萬別，欲使之悉成佛，難矣。先生以為眾生固不易言，若有已受人身者，能使之處同等之境遇，受同等之教育，則其根器亦漸次平等，可以同時悉成佛道。此所以苦思力索，而冥造此大同之制也。若其實行，則世間與法界，豈其遠哉！〔註29〕

　　依據梁啟超的介紹和概括，康有為的佛學思想建構「純得力大乘，而以華嚴宗為歸」。如果說康有為的「純得力大乘」與梁啟超本人在崇尚大乘的同時兼顧小乘佛教大相徑庭的話，那麼，康有為在大乘佛教之中青睞華嚴宗，以至於他的佛教乃至哲學思想以華嚴宗為歸宿則與梁啟超同時推崇四教——華嚴宗、唯識宗、天台宗和禪宗呈現出明顯區別。在對康有為佛教思想的歸納上，梁啟超可謂深諳師道。這是因為，華嚴宗的確在康有為的佛教中佔有舉足輕重

〔註26〕　《萬木草堂口說·荀子》，《康有為全集》（第二集）中國人民大學出版社2007年版，第182頁。

〔註27〕　《南海師承記·講明儒學案及國朝學案》，《康有為全集》（第二集）中國人民大學出版社2007年版，第257頁。

〔註28〕　《論語注》，《康有為全集》（第六集）中國人民大學出版社2007年版，第410頁。

〔註29〕　《南海康先生傳》，《梁啟超全集》（第一冊）北京出版社1999年版，第494～495頁。

的地位，並對康有為的佛學觀乃至宗教觀產生了決定性影響。

誠然，康有為曾經有過小乘大乘並行不悖的論證，正如他聲稱孔教嚮往大同而不廢小康一樣。儘管如此，從康有為佛教思想的主旨來看，大乘佛教特別是華嚴宗顯然在其中佔據絕對優勢。康有為秉持「有一眾生不成佛，我誓不成佛」的信念，拯救全世界的初衷決定了他對佛教派別的選擇不可能側重以個人解脫為究竟的小乘佛教——梁啟超將此稱為「純得力大乘」；在大乘之中，華嚴宗給康有為以根本性的影響——梁啟超稱之為「以華嚴宗為歸」。這是因為，就行為方式和拯救次第而言，華嚴宗的理事無礙、事事無礙伸張了康有為圓融無礙的致思方向和價值旨趣。藉此兼顧現實與理想，康有為沿著據亂世、升平世和太平世並行不悖的思路大小無擇。華嚴宗以法界圓滿為極樂，猶如孔教以太平大同為旨歸。具體地說，對於如何求得圓滿和臻於極樂，華嚴宗將圓滿、極樂與入世、救世聯繫起來，堅信世間法界棄世界必不得圓滿，出世也必不得極樂；並在這個前提下普度眾生，無論根器如何皆一併度之；孔教以大同境界為最高理想，卻大小無擇，故而據亂世、升平世和太平世並行不悖。康有為依託華嚴宗的圓融無礙釐定公羊三世的關係，秉持據亂世、升平世和太平世並行不悖的理念，進而對現實與理想、出世與入世進行協調。基於康有為對華嚴宗的發揮以及對佛教與孔教的互釋，梁啟超評價康有為所講的孔教就是華嚴宗：「孔教者佛法之華嚴宗也。」〔註30〕事實上，康有為不僅直接將孔教比喻為華嚴宗，而且在對現世的救贖中踐行入世、救世的宗旨。正因為如此，梁啟超評價康有為說：「先生任事，不擇小大。常言事無小大，惟在比較。與大千世界諸星諸天比，何者非小？與血輪、微蟲、兔塵、芥子比，何者非大？謂有小大者，妄生分別耳。」〔註31〕

在譚嗣同的佛教思想中，華嚴宗無疑占居最顯赫的位置。最直接的證據是，他將「佛書」置於《仁學》書目單的首位，而赫然排在「佛書」首位的則是《華嚴經》。可以看到，譚嗣同將「佛書」置於「西書」和「中國書」之前尚且不夠，還特意說明「佛書」專指「《華嚴》及心宗、相宗之書」。眾所周知，先有《華嚴經》，後有華嚴宗，華嚴宗的得名就是因為奉《華嚴經》為至尊寶典而來。因此，僅憑譚嗣同將《華嚴經》置於「佛書」之首這一點就可以看出，

〔註30〕《南海康先生傳》，《梁啟超全集》（第一冊）北京出版社 1999 年版，第 495頁。

〔註31〕《南海康先生傳》，《梁啟超全集》（第一冊）北京出版社 1999 年版，第 497頁。

華嚴宗在譚嗣同佛教思想中擁有其他宗派無法比擬的地位。不僅如此，從他所講的佛學、仁學內容來看，無論將不生不滅界定為「仁之體」還是篤信世界萬物的「三世一時」「一多相容」都淋漓盡致地展示了華嚴宗對於仁學以及《仁學》首屈一指的地位和作用。

梁啟超對譚嗣同遊學經歷和《仁學》內容的介紹從一個側面披露了佛教尤其是華嚴宗對譚嗣同思想的至關重要。對此，他在《清代學術概論》中如是說：

> 文會深通「法相」、「華嚴」兩宗，而以「淨土」教學者，學者漸敬信之。譚嗣同從之遊一年，本其所得以著《仁學》，尤常鞭策其友梁啟超。〔註32〕

依據梁啟超的這個說法，譚嗣同的佛緣與楊文會密切相關，楊文會的佛教思想給譚嗣同以巨大影響。儘管譚嗣同並沒有出家，然而，他在從遊一年的時間裏深得楊文會佛教思想的親炙和薰陶。作為近代著名的佛教理論家，楊文會精通華嚴宗和法相宗（唯識宗），同時以淨土宗教學。從遊一年的經歷使譚嗣同從楊文會那裏精通華嚴宗、唯識宗，還涉獵了淨土宗。可以看到，譚嗣同對華嚴宗頂禮膜拜，對唯識宗、淨土宗倍加推崇。與淨土宗相關的密宗也被譚嗣同加以發揮，用以論證心力的「無不可為」。

在說明譚嗣同的佛教思想建構與楊文會的淵源之後，梁啟超提到了兩條附加信息：第一，譚嗣同以佛教之「所得」撰寫《仁學》。這既反映了佛教對於《仁學》的提綱挈領，又印證了譚嗣同的佛教思想與仁學以及《仁學》思想的密不可分。第二，譚嗣同的佛教思想不僅對於他本人至關重要，而且影響了梁啟超。這是因為，譚嗣同時常以佛教「鞭策」梁啟超，他的「鞭策」對梁啟超起了重要作用，徹底改變了梁啟超對佛教的態度。據梁啟超本人在《清代學術概論》披露，康有為早在萬木草堂講學時就以佛教教授學者，梁啟超卻對康有為講授的佛教卻不以為然。後來，梁啟超在譚嗣同的「鞭策」下心向佛教，從此對佛教如醉如癡，並且「十分受用」。

梁啟超並沒有具體解釋譚嗣同是以佛教的何種宗派說服自己的，從目前能夠看到的譚嗣同寫給梁啟超的書信判斷，主要是脫胎於華嚴宗的自度與度人、佛與魔的圓融無礙。譚嗣同給梁啟超的信中寫道：

> 昨言化身菩薩為魔，魔皆化身菩薩。細想世間究竟無魔，魔必

〔註32〕《清代學術概論》，《梁啟超全集》（第五冊）北京出版社 1999 年版，第 3105 頁。

化身菩薩，何以故？菩薩與魔，皆眾生自心所現，上等根器見之為菩薩，下等根器必見之為魔。佛說法度眾生，亦可以誤眾生，（如仁說信不信二蔽。）在得度者見佛為佛，在被誤者即不得謂佛非魔也。波旬勸佛入涅槃，亦不足異。當佛滅度時，尚有許多外道婆羅門不肯皈依，故六師終未聞得度，即已被剃為僧者，且嫌戒律太嚴，深以佛滅度為幸，雖大迦葉亦無可如何，（以上見《般涅槃經》。）此即請佛入涅槃之魔也。可見世間斷斷無魔，即眾生也；亦可見世間斷斷無佛，即眾生也。

　　魔佛眾生，亦如∴字是一非三，魔安得不為化身菩薩乎？且必須如此，乃足以為不思議。今更以小事喻此深理。我輩以根本智生大愛力，由愛力又生許多牽掛，不能自斷，僅憑此即足以致疾。夫愛力豈非佛性乎哉？然而已稍魔矣。即謂數日來所談之佛法皆魔可也。故力勸公斷絕愛根，方能入道。骨肉不易言，請先從朋友斷起，深望公信此言。然恐以信此言，而愛根即從此言生長，則此信皆魔說、非佛說，嗣同亦一大魔矣。由此益知法真無可說，有說即非法。不立文字，道斷語言，禪宗誠非諸家所及矣。昔雁舟先生說心法於上海，公惟恐蹈空，驚懼不敢受，嗣同深以為怪，蓋公之病已萌芽於此矣。公誓不成佛，固是精進，然竊欲更進一辭，誓不成佛，尚有佛在。何不竟說無佛，豈不直截了當？且竟不說佛，豈不更直截了當？無佛無魔，公尚有何事不了，而勞心思口說乎？〔註33〕

至此可見，康有為、譚嗣同都在眾多的佛教宗派中偏袒華嚴宗。如果說入世救世的現實需要和道義擔當使兩人共同青睞華嚴宗的話，那麼，相去甚遠的師承關係、思想淵源、學術經歷和價值旨趣則促使康有為、譚嗣同在同好華嚴宗的同時，對佛教的其他派別進行了不同的偏袒和選擇。反過來，康有為、譚嗣同對佛教不同宗派的選擇不可避免地影響了兩人對華嚴宗的解讀和詮釋，最終導致兩人包括華嚴建構在內的佛教思想建構的不同。

二、禪宗與唯識宗

　　就對佛學宗派的選擇而言，如果說推崇華嚴宗表現了康有為、譚嗣同佛學觀的一致性的話，那麼，對佛學其他宗派的側重或選擇則顯示了兩人佛學觀的

〔註33〕《致梁啟超二》，《譚嗣同全集》（增訂本）中華書局1998年版，第518頁。

差異。換言之，如果說華嚴宗是康有為、譚嗣同相同的皈依和喜好的話，那麼，除了這個相同點之外，兩人對佛學其他宗派的取捨則漸行漸遠。一言以蔽之，康有為對禪宗推崇備至，譚嗣同則對唯識宗青睞有加。至此，禪宗與唯識宗成為兩人在對佛學宗派選擇上的最大區別。

康有為、譚嗣同所講的佛學乃至哲學均帶有鮮明而濃鬱的心學色彩。對於康有為的佛學，梁啟超的評價是「最得力於禪宗」。康有為所看中的正是禪宗的即心即佛，以至於梁啟超認定康有為發明的孔教的要義之一是重魂而不重魄。在自稱「述康南海之言」的《論支那宗教改革》中，梁啟超描述康有為所講的孔教是：「重魂主義非愛身主義。」〔註34〕在《南海康先生傳》中介紹「宗教家之康南海」時，梁啟超依然堅持「孔教者，重魂主義，非愛身主義」〔註35〕。與康有為對魂的重視相類似，譚嗣同公開聲明：「吾貴知，不貴行也。知者，靈魂之事也；行者，體魄之事也。」〔註36〕至於作為世界萬物本原的仁，譚嗣同更是開宗明義地強調其「故唯心，故唯識」。康有為、譚嗣同對心的重視產生了相應的後果，並在一定程度上決定了對佛教派別的選擇：第一，為了凸顯心的作用，兩人均用電、力、腦和以太等源自西方近代自然科學的概念來比附仁，以此論證人心的精微神妙、無所不能。第二，同樣重視心，康有為、譚嗣同對心的界定沿著不同的方向展開，也使兩人的心學對應不同的佛學宗派。

康有為的心學以禪宗為主，禪宗在他的佛學思想中的地位是唯識宗無法比擬的。這也是康有為一面從心學的角度界定禪宗，一面將禪宗與孟子、陸王心學互釋並且突出陸王心學的禪宗淵源的原因。可以肯定的是，譚嗣同重視甚至推崇禪宗。以《仁學》的書目單為例，「佛書」中包括「《華嚴》及心宗、相宗之書」。顯而易見，這裡的「心宗」包括禪宗，因為禪宗也屬於心宗。從這個意義上說，譚嗣同與康有為對佛學宗派的選擇或者說對待禪宗的態度與華嚴宗一樣表現出明顯的一致性。同樣不可否認的是，譚嗣同寫進《仁學》書目單的「心宗」並不止於禪宗而是包括唯識宗等其他宗派。事實證明，唯識宗可以歸結為譚嗣同寫進「佛書」書目單的「心宗」，並且在其中至關重要。禪宗

〔註34〕《論支那宗教改革》，《梁啟超全集》（第一冊）北京出版社 1999 年版，第 263 頁。

〔註35〕《南海康先生傳》，《梁啟超全集》（第一冊）北京出版社 1999 年版，第 486 頁。

〔註36〕《仁學》，《譚嗣同全集》（增訂本）中華書局 1998 年版，第 369 頁。

是譚嗣同心學的主要內容，卻比不過唯識宗在其中的地位和影響。

至此可見，如果說康有為的心學以禪宗為要的話，那麼，譚嗣同的心學則是唯識宗、禪宗和密宗等諸多宗派的拼接。誠然，對於譚嗣同讚不絕口的唯識宗又稱法相宗，康有為也有過溢美之詞。例如，他評價說：「佛言法相端好。」〔註37〕儘管如此，康有為並沒有像譚嗣同那樣著重對唯識宗的教義進行發掘或詮釋，甚至沒有對唯識宗的核心概念——如八識、阿賴耶識或基本教義——如「萬法唯識」「三界唯心」等予以發揮或者關注。

孟子、陸九淵和王守仁是譚嗣同推崇的古代哲學家，《孟子》和陸九淵、王守仁之書一起被寫進《仁學》的書目單——「於中國書當通……《孟子》……陸子靜、王陽明……之書」〔註38〕。儘管如此，譚嗣同並沒有將孟子、陸九淵和王守仁的思想反覆與佛學思想——特別是沒有像康有為那樣與禪宗直接聯繫起來甚至進行互釋。恰好相反，譚嗣同以唯識宗、華嚴宗解讀、詮釋《大學》，並在此過程中特別提到王守仁，與王守仁同時出現的還有顏淵、曾子、朱熹和王夫之等人，卻始終不見孟子和陸九淵等人的影子。

結合譚嗣同對佛學宗派的側重、選擇和詮釋來看，他更為看中並且對他本人影響更大的是唯識宗而不是禪宗。從這個意義上說，在對佛學宗派的偏袒和選擇上，譚嗣同與康有為之間是有出入的，甚至是反差相當大的。上述內容顯示，在彰顯佛學兼容性的過程中，康有為、譚嗣同對佛學的不同宗派具有不同的側重和取捨。大致說來，康有為最注重的是禪宗和華嚴宗。對於這一點，梁啟超在《南海康先生傳》中對於「宗教家之康南海」的介紹提供了注腳。就對於譚嗣同佛學、哲學的影響來說，排在前兩位的要數華嚴宗和唯識宗。梁啟超對於譚嗣同的宗教和哲學曾經有過經典概括和評價，這便是語出《清代學術概論》的下面這段話：

> 《仁學》之作，欲將科學、哲學、宗教冶為一爐，而更使適於
> 人生之用，真可謂極大膽極遼遠之一種計劃。……嗣同幼治算學，
> 頗深造，亦嘗盡讀所謂「格致」類之譯書，將當時所能有之科學知
> 識，儘量應用。又治佛教之「唯識宗」、「華嚴宗」，用以為思想之基
> 礎，而通之以科學。又用今文學家「太平」、「大同」之義，以為「世

〔註37〕 《萬木草堂口說·洪範》，《康有為全集》（第二集）中國人民大學出版社 2007
　　　　年版，第 154 頁。
〔註38〕 《仁學》，《譚嗣同全集》（增訂本）中華書局 1998 年版，第 293 頁。

法」之極軌，而通之於佛教。〔註39〕

在這裡，梁啟超肯定《仁學》的龐雜在於「欲將科學、哲學、宗教冶為一爐」，並且明確了其中的「宗教」主要是指佛教。更為重要的是，在強調佛學對於仁學影響甚巨的前提下，梁啟超將譚嗣同的佛學思想定位在唯識宗和華嚴宗上。

至此可見，如果說康有為對禪宗興趣盎然的話，那麼，譚嗣同則推崇「心宗」。儘管禪宗亦在譚嗣同青睞的「心宗」的範圍之內，然而，他與康有為對「心宗」的側重卻呈現出禪宗與唯識宗的區別，並沿著不同的方向發揮、展開。

三、宗派與經典

佛學的不同宗派尊奉不同的經典，甚至大多數宗派皆因所奉經典而得名。例如，毗曇宗以研習《阿毗曇》得名，涅槃宗因以《大般涅槃經》為經典得名，地論宗以世親的《十地經論》得名，攝論宗因尊奉無著的《攝大乘論》得名，成實宗因尊奉訶梨跋摩的《成實論》為經典而得名，三論宗因尊奉龍樹的《中論》《十二門論》和提婆的《百論》三部經典而得名。再如，天台宗又稱法華宗，是因為以《妙法蓮華經》（簡稱《法華經》）為經典。律宗又稱四分律宗，主要經典是《四分律》。法相宗又稱唯識宗，與玄奘依據世親的《唯識三十論》編纂《成唯識論》密切相關。正是由於這個原因，康有為、譚嗣同對佛學不同宗派的選擇和側重必然反映在對佛學經典的選擇上。事實上，兩人對佛教宗派的不同選擇與對佛教經典的不同選擇相映成趣。可以看到，康有為、譚嗣同對佛學的選擇不僅包括宗派，而且包括經典。在這方面，如果說對禪宗與唯識宗的不同側重已經反映了兩人不同的價值取向和宗教理念的話，那麼，康有為、譚嗣同對佛教其他宗派的取捨和選擇則更加漸行漸遠。

康有為對以《法華經》為基本經典和教義依據的法華宗（天台宗）多有關注，並且不止一次地提到《楞嚴經》。除此之外，被他納入視野的還有《金剛經》等其他佛學經典。總的說來，康有為關注或青睞的這些佛學經典是譚嗣同較少提及乃至從未留意的。反過來也一樣，有些譚嗣同熱衷的佛學宗派並沒有得到康有為的響應——例如，譚嗣同對淨土宗、密宗興趣盎然，而在康有為提及的諸多佛學宗派中並沒有淨土宗或密宗的位置。當然，譚嗣同也關注到一些

〔註39〕《清代學術概論》，《梁啟超全集》（第五冊）北京出版社 1999 年版，第 3102 頁。

康有為很少留意的佛學經典，其中典型的便是《維摩詰經》《般涅槃經》《大乘起信論》等。例如，譚嗣同援引《維摩詰經》與《華嚴經》一起論證男女平等。他聲稱：「佛書雖有『女轉男身』之說，惟小乘法爾。若夫《華嚴》、《維摩詰》諸大經，女身自女身，無取乎轉，自絕無重男輕女之意也。」〔註40〕再如，在介紹佛學在外國的盛行時，譚嗣同還提到了《大乘起信論》。他寫道：「英士李提摩太嘗翻譯《大乘起信論》，傳於其國，其為各教所折服如此。」〔註41〕

　　對佛學宗派、經典的選擇為康有為、譚嗣同的佛學思想奠定了文化基因，問題的關鍵是，兩人無論對佛學宗派還是對佛學經典的選擇都大不相同。正如佛學的不同宗派原本在教旨上就存在區別一樣，不同的佛學經典教旨差異巨大。佛學的不同宗派和經典之間的區別經過康有為、譚嗣同不同方式的雜糅、和合進一步凸顯和加大，也使兩人的佛教思想呈現出巨大差異。以天台宗為例，天台宗有空、假、中「三諦圓融」之說，亦有「一心三觀」「一心三智」「一念三千」之說，並且重視禪法的功能。由此可見，天台宗既重視禪法，又講究圓融。從純邏輯的角度看，天台宗的圓融理念與華嚴宗相契合，對心的智觀與禪宗相契合，理應被推崇禪宗和華嚴宗的康有為、譚嗣同共同推崇。事實卻並非如此，康有為所講的圓融無礙脫胎於華嚴宗與孔教的和合，譚嗣同所講的華嚴宗、「心宗」均與天台宗沒有直接聯繫。這個例子生動而直觀地表明，康有為、譚嗣同是基於自己的佛學觀選擇佛學宗派，並對它們進行詮釋的。正因為彼此的佛學觀不同，兩人對佛學宗派進行不同的取捨和選擇。結果是，正如即使對同一宗派教義的透視也迥然相異一樣，康有為、譚嗣同對教義契合或類似的不同佛學宗派可能採取大相徑庭的態度。這是因為，兩人都不是孤立地對佛學宗派進行審視或選擇的，而是將它們一起融入到自己的佛學觀、宗教觀和哲學觀之中，成為其中的組成部分。有鑑於此，康有為、譚嗣同在對佛學宗派、經典進行選擇時，除了教義本身之外，與其他教義的契合也是一個重要因素。

四、宗派、經典與教義

　　康有為、譚嗣同對佛學宗派的選擇與對佛學教義的闡發相互作用，可以說是一個過程的兩個方面。由此不難想像，正如兩人對佛學宗派、經典的不同選

〔註40〕　《仁學》，《譚嗣同全集》（增訂本）中華書局 1998 年版，第 304 頁。
〔註41〕　《仁學》，《譚嗣同全集》（增訂本）中華書局 1998 年版，第 352 頁。

擇影響了對佛學教義的闡發一樣，康有為、譚嗣同對佛學教義的透視和發掘反過來影響了兩人對佛學宗派、經典的不同審視和解讀。對於這一點，康有為、譚嗣同共同推崇的華嚴宗、禪宗提供了最好的注腳。

首先，儘管康有為、譚嗣同都對華嚴宗格外青睞，然而，兩人對華嚴教義的具體闡釋卻相去甚遠。例如，華嚴宗的要旨和意趣是圓融無礙，康有為、譚嗣同則在不同維度、沿著不同的思路對之進行詮釋和闡發。結果是，憑藉對圓融無礙不同意蘊的彰顯和挖掘，兩人最終演繹出不同內涵的華嚴宗。

對於華嚴宗的圓融無礙，康有為與其說注重教義闡發，毋寧說更在意實際運用。具體的說，他熱衷於運用圓融無礙的致思方向和價值意趣辨梳、釐定公羊三世之間的關係。正是由於這個原因，康有為講得最多的是據亂世、升平世與太平世的並行不悖，小康與大同以及佛教與孔教之間的圓融無礙。這就是說，華嚴宗給予康有為的是一種圓通、開放的心態、立場和價值，而不是具體的概念或教旨。可以看到，他將圓融無礙運用到社會、歷史領域，關注現實與理想、入世與出世的關係，並以圓融無礙、並行不悖來透視和處理這些關係。圓融無礙使康有為受益匪淺，即使在出世時也不忘入世。例如，他早期崇尚長生久視的道教，尤其是心繫千百萬年之後人人極樂的大同世界。儘管如此，康有為卻能夠在心「有」旁騖之時為立孔教為國教奔走呼號，積極投身於入世、救世之中。反過來也一樣，華嚴宗促使康有為在入世、救世之時不忘出世，並且越向晚年越傾向於出世。對於這一點，他在《大同書》之後的《諸天講》中大聲疾呼不做家人、不做國人而做天人的諸天之遊便是極致表達。入世與出世是康有為所糾結的，現實與理想則是他必須面對的。面對這些矛盾和困惑，康有為找到了華嚴宗的圓融無礙作為解決之道。在他的視界中，華嚴宗的四法界說直指現世與未來、現實與理想的關係。如果說理法界側重未來的極樂世界的話，那麼，事法界則標誌現世的苦難世界。四法界之間的圓融無礙證明了現實之苦難與未來之極樂完全可以圓融無礙，更為他釐定孔教大同與小康之間的關係提供了辯護。由此可見，對於康有為來說，華嚴宗並不僅僅限於佛教的一個宗派，而是被提升到了方法論和價值觀的高度，並且作為致思方向和價值旨趣滲透到他對孔教、佛教等各種宗教和文化的理解之中。

在譚嗣同那裏，無論對華嚴宗的推崇還是華嚴宗對他的影響都通過他對華嚴教義的解讀、詮釋直觀反映出來。可以看到，從四法界、「六相圓融」「十玄門」到「三界唯心」，幾乎華嚴宗的主要教義都被譚嗣同提及並加以運用。

其中，事法界、理法界、理事無礙法界和事事無礙法界組成的四法界說被他用來解讀《大學》從格物、致知、誠意正心修身到齊家治國平天下的八條目；辨析總與別、同與異、成與壞組成的六相關係的「六相圓融」被譚嗣同用來與八不中道一起論證萬物的成毀循環、不生不滅；「三界唯心」被他用來證明「惟一心是實」和心之力量的偉大，以此探討世界的本相和存在；「十玄門」則被他用以透視人與萬物的存在及其相互關係，並由此破除彼此、人我之對待。由此看來，華嚴宗給予譚嗣同的影響無處不在，是根本性的。深入分析不難發現，華嚴宗對譚嗣同的影響是圍繞著他對圓融無礙的詮釋和發揮完成的。「一入一切，一切入一」是譚嗣同所關注的，體現了他普度眾生的宏大志願。與康有為依據華嚴宗構築的理想願景截然不同，在譚嗣同的視界中，作為華嚴宗基本教義的「十玄門」（又稱「十玄緣起」）特別是「一多相容不同門」和「諸法相即自在門」的痕跡依晰可見。譚嗣同將前者表述為「一多相容」，將後者表述為「一入一切，一切入一」。由此，「一多相容」「一入一切，一切入一」與「萬法唯識」「三世一心」一起成為他的佛學乃至仁學的基本命題和主體內容。正是在這個意義上，譚嗣同反覆斷言：

> 其實佛外無眾生，眾生外無佛。雖真性不動，依然隨處現身；雖流轉世間，依然遍滿法界。往而未嘗生，生而未嘗往。一身無量身，一心無量心。一切入一，一入一切。〔註42〕

> 凡此諸誼，雖「一一佛有阿僧隻身，一一身有阿僧隻口」，說亦不能盡。〔註43〕

如果說華嚴宗的「三界唯心」「六相圓融」使譚嗣同找到了解釋世界的制勝法寶的話，那麼，「六相圓融」則給了他解開世界和人我關係的一把鑰匙。借助佛教思想的建構，由「六相圓融」「十玄緣起」而來的「一入一切，一切入一」則引導譚嗣同超越個人的存在，由人之無我走向人己合一。

至此可見，華嚴宗對康有為、譚嗣同的影響都是深入骨髓的，在一定程度上可以說，正是對華嚴宗的解釋奠定了兩人佛教思想的基調和方向。一方面，康有為、譚嗣同所講的華嚴宗均以圓融無礙為邏輯主線和中心主題，甚至以此為靈魂。另一方面，兩人對包括圓融無礙在內的華嚴教義的詮釋沿著不同的方向展開，因而呈現出不同的面相和況味。大致說來，康有為憑藉華嚴宗的圓融

〔註42〕《仁學》，《譚嗣同全集》（增訂本）中華書局 1998 年版，第 372 頁。
〔註43〕《仁學》，《譚嗣同全集》（增訂本）中華書局 1998 年版，第 308 頁。

無礙主要處理現世與未來、現實與理想的關係，譚嗣同關注的則是人與己、佛與眾生的關係。正是由於這個原因，儘管康有為、譚嗣同都將華嚴宗奉為拯救之方，進而與中國近代迫在眉睫的救亡圖存聯繫起來，然而，兩人審視、詮釋華嚴宗的著眼點和側重點卻迥異其趣：康有為將華嚴宗與公羊三世說相和合，熱衷於對歷史遞嬗軌跡的勾勒，由據亂世、升平世和太平世的三世進化推導出大同之世的必然性和正當性；譚嗣同則側重彌合人我、彼此之分，從而消解個體的存在，以期臻於「致一」而平等的境界。

上述內容顯示，如果說華嚴宗在康有為思想中的存在是隱性的、軟性的，發揮著潤物細無聲的作用的話，那麼，譚嗣同對於華嚴宗則採取了顯性的、直接的詮釋方式。與康有為自署「天遊化人」天懸地隔，譚嗣同自稱「華相眾生」。如果說「天遊化人」表明康有為在入世與出世間最終選擇了出世的話，那麼，譚嗣同在《仁學》「自敘」寫下「華相眾生自敘於蠹蠹蠹天之微大弘弧精舍」〔註44〕則表明他在人己合一中對自我的消解。正是這一區別隱藏著康有為與譚嗣同相去霄壤的人生選擇和命運軌跡：一邊是康有為晚年遠離人世而獨享天遊之樂，一邊是譚嗣同放棄自己的生命而毅然就義。

其次，就對佛學的認定而論，康有為、譚嗣同都推崇禪宗，卻對禪宗進行不同解讀和詮釋，演繹出兩種形態和樣式的禪宗。

康有為、譚嗣同的思路循著不同的邏輯展開：康有為推崇孟子的性善說，並沿著這個思路使佛教成為性善說的佐證，從人人性善彰顯「求樂免苦」的正當性。譚嗣同推崇莊子，並將佛教宣揚的流轉無常與莊子所講的「方生方死，方死方生」（《莊子‧齊物論》）混為一談，在世界的虛幻不實中推出了無我。循著性善說的邏輯，康有為進一步伸張天賦人權論——這用他本人的話說便是：「人人有是四端，故人人可平等自立。」〔註45〕循著無我的邏輯，譚嗣同將人之存在特別是肉體存在虛無化，也就虛掉了物質追求以及康有為嚮往的形體之樂的正當性和價值性。

在康有為那裏，對佛學的界定充滿張力：一方面，在佛教與孔教比較特別是與孔教區別的維度上，他將佛教教義空化——一面將佛教歸為陰教，一面將孔教歸為陽教便流露出這一思想傾向。另一方面，在論證佛教與孔教教義相近

〔註44〕《仁學》，《譚嗣同全集》（增訂本）中華書局 1998 年版，第 291 頁。
〔註45〕《孟子微》，《康有為全集》（第五集）中國人民大學出版社 2007 年版，第 414 頁。

相通的過程中，康有為聲稱佛教的核心理念不是空，而是心。康有為「最得力於禪宗」，他心儀的是禪宗的直指本心，即心即佛，總之不脫養心、養魂之義。不僅如此，基於孔教立場和需要，康有為對佛學進行了改造，將佛學教義「實化」。例如，他特別重視心，進而突出孟子的心學思想，指出良心與良知、良能一樣是孟子思想的核心。對此，康有為不止一次地聲稱：

　　　孟子提倡良心、良知、良能。〔註46〕

　　　全部《告子》直指本心。〔註47〕

　　與此相關，康有為推崇莊子是因為他確信莊子最精通心學。在這個前提下，康有為將孟子、莊子的心學與佛學思想相提並論，並且斷言佛學養心。可以作為佐證的是，康有為彰顯孟子、莊子與禪宗的密切關係。試想，如果將佛學完全空化，也就不存在康有為關於佛學注重養生的論斷了。

　　禪宗受到了譚嗣同的推崇，《仁學》書目單上的「心宗」就包括禪宗。他對佛學的理解是基於微生滅的不生不滅，故而生滅、常斷、一多的可以「融化為一」，由此而來的便是破除彼此、人我和善惡的破對待。而這一切都源於譚嗣同關於不生不滅是「仁之體」，世界在本質上虛幻不實、瞬息萬變的認定。在他看來，把握這一切不是靠感官，因為眼、耳、鼻、舌、身等感覺器官「均不足恃」，所以必須「轉業識而成智慧」。在這個過程中，「不立文字，道斷語言」的禪宗擁有極大的用武之地。由此不難發現，譚嗣同看中的是禪宗的不立文字、頓悟入道。他相信：「由此益知法真無可說，有說即非法。不立文字，道斷語言，禪宗誠非諸家所及矣。」〔註48〕譚嗣同在這裡所說的「不立文字，道斷語言」與康有為豔羨禪宗的即心即佛、簡潔明快並不是一個意思，而是指禪宗可以將人引向神秘之境。從這個意義上說，譚嗣同對禪宗的推崇與對密宗的推崇之間暗含某種內在關聯。對於密宗，他如是說：「蓋心力之用，以專以一。佛教密宗，宏於咒力，咒非他，用心專耳。故梵咒不通翻譯，恐一求其義，即紛而不專。然而必尚傳授者，恐自我創造，又疑而不專。思之思之，鬼神通之。」〔註49〕在譚嗣同的視界中，禪宗與密宗一樣印證了教中包括荒誕成分，

〔註46〕《萬木草堂講義‧七月初三夜講源流》，《康有為全集》（第二集）中國人民大學出版社2007年版，第282頁。
〔註47〕《萬木草堂講義‧七月初三夜講源流》，《康有為全集》（第二集）中國人民大學出版社2007年版，第282頁。
〔註48〕《致梁啟超二》，《譚嗣同全集》（增訂本）中華書局1998年版，第518頁。
〔註49〕《仁學》，《譚嗣同全集》（增訂本）中華書局1998年版，第361頁。

並由於「不立文字，道斷語言」，「誠非諸家所及」，故而警惡作用不容低估。

綜觀康有為、譚嗣同對禪宗的審視和詮釋可以看到，兩人對禪宗的建構涇渭分明。借助佛學術語作一個不算精確的比喻，大致可以說，康有為所講的禪宗接近有宗，譚嗣同所講的禪宗接近空宗。

再次，佛學的不同宗派以及經典之間存在不容忽視的差異，有些教義主旨甚至呈現出巨大區別。以康有為、譚嗣同青睞的佛學經典為例，如果說康有為心懷好感的《金剛經》在推崇般若智慧的維度上看屬於心學，因而可以籠統地歸為譚嗣同推崇的「心宗、相宗之書」的話，那麼，康有為反覆提及的《楞嚴經》則是譚嗣同所不曾提及的。事實上，兩人對佛學宗派的取捨都秉承一定的主旨，每人推崇的宗派之間具有內在的邏輯關聯。正是由於這個原因，康有為、譚嗣同對佛學宗派和經典的取捨並不止於宗派之分和經典之別，而是植根於對佛教的整體把握和透視。這一點通過兩人對佛教教義的詮釋進一步凸顯出來。

值得一提的是，在譚嗣同本人看來，自己對佛學的參悟和追求的佛學境界無論與梁啟超（下面引文中的梁卓如即梁啟超，因為梁啟超號卓如）還是與梁啟超的老師——康有為（即下面引文中的康長素，康有為號長素）都迥異其趣。例如，譚嗣同在寫給自己的老師——歐陽中鵠的信中曾經如是說：「梁卓如言：『佛門止有世間、出世間二法。出世間者，當伏處深山，運水搬柴，終日止食一粒米，以苦其身，修成善果，再來投胎入世，以普度眾生。若不能忍此苦，便當修世間法，五倫五常，無一不要做到極處；不問如何極繁瑣極困苦之事，皆當為之，不使有頃刻安逸。二者之間更無立足之地，有之，即地獄也。』此蓋得於其師康長素者也。嗣同謂獨候補官，於世間、出世間兩無所處。……獨嗣同無所皈依，殆過去生中，發此宏願，一到人間，空無依倚之境，然後乃得堅強自植，勇猛精進耳。」〔註50〕譚嗣同的這段話透露出兩個重要信息，無論對於理解他基於大無畏的流血犧牲還是譚嗣同與康有為包括佛學在內的思想異同都提供了重要參考：第一，在戊戌啟蒙思想家中，譚嗣同豪氣衝天，大無畏氣概和敢於犧牲的道義擔當無人比肩。這固然與他的性格密不可分，同時也得益於他的佛學情結——準確地說，出於從慈悲的角度界定佛學，進而在知行合一中踐行「我不入地獄，誰入地獄」的救世精神。第二，譚嗣同對佛學的闡

〔註50〕《上歐陽中鵠十》，《譚嗣同全集》（增訂本）中華書局1998年版，第467～468頁。

發自始至終都極力張揚大無畏精神，並在自度度人、自覺覺他的合一中開闢出慈悲救世之路和普度眾生法門。這與康有為闡發佛學由心而智、由智而樂的邏輯主線差若雲泥，即便是與康有為所講的現在與未來以及入世與出世的並行不悖也迥然相異。尤當注意的是，譚嗣同在此議論的主角是梁啟超的佛學思想，在援引梁啟超的佛教主張之後，直接點明梁啟超的這一觀點源自其師康有為，即「此蓋得於其師康長素者也」。更為重要的是，在對梁啟超的佛學思想做出如此判斷之後，譚嗣同緊接著申明了自己的佛學觀點，並且明言自己的觀點和立場與梁啟超尤其是梁啟超的老師——康有為的世間、出世間二分大不相同。這就是說，在譚嗣同的視界中，梁啟超和康有為的佛教思想一脈相承，屬於同一陣營；自己卻獨立一派，與康有為、梁啟超不屬於同一陣營。質言之，兩派分歧的焦點在於對世間與出世間關係的不同認定。

譚嗣同嗜佛是人所共知的事實，以佛學大無畏精神救世的行為更是為近代哲學家所敬佩。梁啟超對譚嗣同的慷慨就義給予高度評價，並將譚嗣同的這一壯舉與他本人的佛學思想直接聯繫起來。基於這一理解，梁啟超對譚嗣同的佛教極為讚賞，稱之為「應用佛學」。在著名的《論佛教與群治之關係》一文中，梁啟超特意對譚嗣同以佛學救世的做法予以表揚，並且表白這一點是自己步趨、崇拜譚嗣同的原因〔註 51〕。值得一提的是，梁啟超在此文中提出康有為、譚嗣同等人能夠成就大業轟轟一世者，全拜宗教思想所賜，在這個前提下卻單獨將譚嗣同的佛學歸為「應用佛學」並表達了自己的敬意。這個例子從一個側面證明，對於譚嗣同佛學的卓爾不群，梁啟超心知肚明。在梁啟超的眼中，譚嗣同的佛學與康有為是不同的。無論在譚嗣同還是梁啟超的心中，康有為與譚嗣同佛學的不同都表現在諸多方面，既包括對佛學宗派、經典的取捨，又包括對佛學教義的詮釋。

綜合上述情況，不可像梁啟超在《〈仁學〉序》和《譚嗣同傳》中那樣將譚嗣同包括佛教和仁學在內的思想視為對康有為佛教思想的直接繼承或運用發揮，並由此只講兩人思想的繼承乃至「師承關係」而忽視乃至漠視其間的差異。這樣做既抹殺了譚嗣同佛學的獨特性、原創性，對於譚嗣同不公平；也不利於還原譚嗣同佛學的本真狀態，進而把握譚嗣同的佛學與其行為之間的一致性和因果關係。

〔註51〕《論佛教與群治之關係》，《梁啟超全集》（第二冊）北京出版社 1999 年版，第 908 頁。

第三節　對佛教的教義詮釋

　　不同宗派的佛教尊奉不同的經典，恪守不同的教義，秉持不同的宗旨，並追求不同的境界。由此可以推斷，康有為、譚嗣同對佛教宗派的不同選擇和偏袒既受制於對佛教的界定和理解，又反過來進一步確證並加大了對佛教教義的不同解讀和詮釋。

一、養生養魂與不生不滅

　　審視、比較康有為、譚嗣同所講的佛教，給人最直接的印象是：康有為高揚佛教的養生主題，並在這一主題下肯定佛教養魂；譚嗣同則熱衷於佛教的生滅主題，並在這一主題下通過微生滅即不生不滅直指世界萬物的「融化為一」。

　　在康有為看來，養生衛生與神道設教是宗教的雙重使命，故而就蘊含在宗教的定義中。例如，康有為在《日本書目志》中給宗教下的定義是：

> 合無量數圓首方足之民，必有聰明首出者作師以教之。崇山洪波，梯航未通，則九大洲各有開天之聖以為教主。……同是圓顱方趾則不畏敬，不畏敬而無以聳其身，則不尊信，故教必明之鬼神。故有群鬼之教，有多神之教，有合鬼神之教，有一神之教。有託之木石禽畜以為鬼神，有託之屍像以為鬼神，有託之空虛以為鬼神，此亦鬼神之三統、三世也。有專講體魄之教，有專講魂之教，有兼言形魂之教，此又教旨之三統也。〔註52〕

　　不難看出，康有為對宗教的界定和理解與對宗教起源的揭示息息相通。總的說來，他不是像嚴復那樣側重宗教的心理學、社會性根源，認定宗教起源於人的無知或恐懼；而是強調宗教源自人養生衛生的需要，因而使衛生養生與神道設教一樣成為宗教的根源、目的和動力所在。對宗教產生根源的揭示直接決定了對宗教基本內容和主題的認定。在這方面，正如神道設教使康有為強調鬼神對於宗教不可或缺一樣，對宗教源於養生衛生的說法決定了他將對人之形神的養生衛生說成是宗教的主題。

　　按照康有為的說法，既然宗教的產生源自人之養生衛生的需要，那麼，人的存在狀態必然決定宗教的主題和形態。具體地說，人之存在既有形體，又有

〔註52〕《日本書目志》卷三，《康有為全集》（第三集）中國人民大學出版社 2007 年版，第 297～298 頁。

神魂，於是出現了專門養形、專門養魂與兼養魂魄等各種不同的宗教形態。在這個前提下，康有為彰顯佛教的養生主旨，並在對各教的區別中，肯定佛教養魂。值得注意的是，儘管康有為將養生視為所有宗教的主題，然而，他卻對不同宗教的養生有所區分。依據康有為的剖析，養生是對生的眷戀，與耶教、墨教「以死為義」的教義相牴觸。與此相一致，他對耶教、墨教的養生思想所講不多。大致說來，康有為講得最多的是佛教、道教和孔教的養生。在三教之中，他始終側重從養魂的角度揭示佛教的養生主旨和特色，並且由此奠定了對佛教養生的態度和對佛教的評價。邏輯很簡單，養生使佛教與道教、孔教一樣關注、眷戀生。這符合康有為對生死的態度。重生不重死是康有為的生死觀、人生觀和價值觀，並被他寫進了《大同書》。他認定佛教與道教、孔教一樣養生既注定了對三教的好惡和正面評價，也使三者與耶教、墨教的「以死為義」拉開了距離。尚須澄清的是，康有為肯定佛教養生是確鑿無疑的，對佛教執著於養魂的養生之道的評價卻是矛盾的：一方面，他認為佛教養魂與老教、道教養魄各執一邊〔註53〕，只有孔教魂魄兼養。另一方面，康有為對養魂與養魄具有不同側重，在某種情況下更注重養魂。佛教在大同社會對於孔教、道教的優勢即在於此，所以能夠大行其道。

　　譚嗣同在《仁學》中開宗明義地聲稱「仁為天地萬物之源」，緊接著便宣布「故唯心，故唯識」。他一面認定作為宇宙本原的仁是心，一面斷言不生不滅是「仁之體」。沿著這個思路，譚嗣同側重從微生滅即不生不滅的角度暢宣佛教的生滅主題。對於作為「仁之體」的不生不滅，譚嗣同寫道：

　　　　不生不滅烏乎出？曰：出於微生滅。……不生不滅，至於佛入
　　涅槃，蔑以加矣，然佛固曰不離師子座，現身一切處，一切入一，
　　一入一切，則又時時從兜率天宮下，時時投胎，時時住胎，時時出
　　世，時時出家，時時成道，時時降魔，時時轉法輪，時時般涅槃。
　　一剎那頃，已有無量佛生滅，已有無量眾生生滅，已有無量世界法
　　界生滅。求之過去，生滅無始；求之未來，生滅無終；求之現在，
　　生滅息息，過乎前而未嘗或住。是故輪迴者，不於生死而始有也，
　　彼特大輪迴耳。無時不生死，即無時非輪迴。自有一出一處，一行
　　一止，一語一默，一思一寂，一聽一視，一飲一食，一夢一醒，一

─────────────────

〔註53〕康有為對道教、老教究竟養魂還是養魄的說法前後之間出入很大，佛教養魂、
　　　　道教養魄是他的主流觀點。

氣縷，一血輪，彼去而此來，此連而彼斷。去者死，來者又生；連者生，斷者又死。何所為而生，何所為而死，乃終無能出於生死輪迴之外，可哀矣哉！由念念相續而造之使成也。例乎此，則大輪迴亦必念念所造成。佛故說「三界惟心」，又說「一切惟心所造」。人之能出大輪迴與否，則於其細輪迴而知之矣。細輪迴不已，則生死終不得息，以太之微生滅亦不得息。莊曰：「藏舟於壑，自謂已固，有大力者夜半負之而走。」吾謂將並壑而負之走也。又曰：「鴻鵠已翔於萬仞，而羅者猶視乎藪澤。」吾謂並藪澤亦一已翔者也。又曰：「日夜相代乎前。」吾謂代則無日夜者。又曰：「方生方死，方死方生。」吾謂方則無生死也。王船山曰：「已生之天地，今日是也；未生之天地，今日是也。」吾謂今日者即無今日也。皆自其生滅不息言之也。不息故久，久而不息。則暫者綿之永，短者引之長，渙者統之萃，絕者續之互，有數者渾之而無數，有跡者溝之而無跡，有間者強之而無間，有等級者通之而無等級。人是故皆為所瞞，而自以為有生矣。孔在川上曰：「逝者如斯夫，不捨晝夜。」晝夜即川之理，川即晝夜之形。前者逝而後者不捨，乍以為前，又以居乎後，卒不能割而斷之曰孰前孰後也。逝者往而不捨者復繼，乍以為繼，適以成乎往，卒不能執而私之曰孰往孰繼也。可攝川於涓滴，涓滴所以匯而為川；可縮晝夜於瞬息，瞬息所以衍而為晝夜。亦逝而已矣，亦不捨而已矣。非一非異，非斷非常。……夫是以融化為一，而成乎不生不滅。成乎不生不滅，而所以成之之微生滅，固不容掩焉矣。〔註54〕

　　譚嗣同循著不生不滅即微生滅的邏輯詮釋生滅，進而以生滅論證成毀。在他的視界中，與生滅密切相關的是成毀，二者都是佛教尤其是華嚴宗津津樂道的話題。因此，譚嗣同在對佛教的詮釋中從生滅講到了成毀——確切地說，從生滅引申出成毀。於是，他寫道：「不生不滅有徵乎？曰：彌望皆是也。……譬於陶埴，失手而碎之，其為器也毀矣。然陶埴，土所為也。方其為陶埴也，在陶埴曰成，在土則毀；及其碎也，還歸乎土，在陶埴曰毀，在土又以成。但有迴環，都無成毀。譬如餅餌，入胃而化之，其為食也亡矣；然餅餌，穀所為也，方其為餅餌也，在餅餌曰存，在穀曰亡，及其化也，還糞乎穀，在餅餌曰

〔註54〕《仁學》，《譚嗣同全集》（增訂本）中華書局 1998 年版，第 312～314 頁。

亡，在穀又以存，但有變易，復何存亡？」〔註55〕譚嗣同認為，生滅即不生不滅，對生滅的看法框定了他對成毀的看法——既無所謂成，也無所謂毀。由此，生滅、成毀的循環往復成為譚嗣同所講的佛教的主題。在這一前提下，他淋漓盡致地宣洩了萬物的「旋生旋滅，即滅即生」，進而將宇宙萬物理解為不可分辨的「融化為一」。這用譚嗣同本人的話說便是：「旋生旋滅，即滅即生。生與滅相授之際，微之又微，至於無可微；密之又密，至於無可密。夫是以融化為一。」〔註56〕

　　至此可見，與對宗教養生主題的凸顯一脈相承，康有為注重佛教的養魂主題；譚嗣同沒有像康有為那樣強調佛教養心，而是從不生不滅中推出了世界萬物的瞬息萬變、「融化為一」。「融化為一」吞噬了人的存在，不僅是對養生主旨的疏離，而且解構了人之存在的主體性。至此，康有為、譚嗣同對佛教主題的提煉恰成對比之勢：一個養生，一個不生。如果說養生流露出康有為對生的眷戀的話，那麼，不滅則流露出譚嗣同對死的側重。康有為眷戀生是因為生在他的眼裏不是一次苦旅而是一場樂途，這使他由佛教的養生講到佛教的養魂，再由養魂講到佛教的求樂固樂。譚嗣同對不生即死的側重不僅斷滅了人戀生之念想，而且指向了對死後的留意。對於他來說，佛教透徹了生滅，不僅了悟了生，而且了悟了死；在生死之際，業報輪迴成為佛教的又一個主題。

二、去苦至樂與因果業報

　　康有為、譚嗣同都肯定佛教注重靈魂和死後世界，康有為將佛教歸為陰教、譚嗣同斷言靈魂是包括佛教在內的所有教的「相同之公理」。所不同的是，與對佛教一生一死的透視密不可分，兩人對佛教所講的靈魂及未來予以不同闡發：熱衷於生和養生的康有為彰顯佛教求樂的一面，圍繞著魂靈之樂闡發佛教去苦至樂的主旨，並將未來的大同社會打造成佛教嚮往的極樂世界；無念於生的譚嗣同則在肯定人不生不滅的前提下，著重闡發佛教的業報輪迴。

　　在康有為的視界中，戀生、養生和樂生是三位一體的。正如戀生致使他從養生的角度提示佛教養生—養魂的主題一樣，樂生促使他凸顯佛教去苦至樂的主旨。無論戀生、養生還是樂生都意味著承認人的真實存在，並且肯定了人之生以及人之肉體存在的意義。康有為對戀生、養生和樂生樂此不疲的前提

〔註55〕《仁學》，《譚嗣同全集》（增訂本）中華書局 1998 年版，第 306～307 頁。
〔註56〕《仁學》，《譚嗣同全集》（增訂本）中華書局 1998 年版，第 314 頁。

是，將人之存在實化即肯定人之生而不是像譚嗣同那樣斷言人不生。事實上，康有為不僅肯定人之形體（魄）與靈魂（神）的真實存在，而且肯定人之形神具有真實的知覺和欲望。為此，他將心、性與人的知覺聯繫在一起，以知覺為切入點，從心性講到人的知覺，再由知覺講到人之苦樂。對於人之心性為何以及人之存在，康有為不止一次地描述說：

> 性者，人之靈明，稟受於天，有所自來，有所自去。《禮》曰：體魄則降，知氣在上，又曰：魂氣則無不之，故不隨身之生死而變滅。或稱「明德」，又曰「德性」，精言之謂「神明」，粗言之曰「魂靈」，其實一事也。常人不足言神明，若君子所性，從無始來，積仁積智而習成，經歷萬變而不壞。其生於世，偶然之過，猶日光中之留影也，影之軒冕泥塗，於神明何預？太虛過雲，明鏡照花，色相瞥然，何所增損哉？故被裋飯糗，超勝無與，絕糧曲肱，寬然自樂，不為外物所累，故其外觀湛然。〔註57〕

> 心者，人體之精靈，凡知覺運動，存記構造，抽繹辨決，情感理義，皆是也，包大腦小腦而言。性者，天賦之知氣神明，合於人身而不繫於死生者。以天之精氣，附人之心體以魂合魄，合成人靈。故能盡其心感覺運動，存記構造，抽繹辨決之才，則能知人性神明精爽、魂靈之妙，而可推知乾道變化之神矣。人為天生，性為天命，收攝保任其心，無使為物誘所化，則退藏於密，清明在躬。培養擴充其性，無使為習俗所薰，則光明剛大，參贊化育矣。〔註58〕

康有為將心與性連為一體，由心強調人之知，由知推出了人的欲望、感覺的正當性和合理性。這就是說，他不僅將欲望說成是人之存在的一部分，而且從人之欲望與生俱來的天然性中推導出欲望的正當性、合理性。針對宋明理學家的天理人慾之辨，康有為提出了天欲人理說，也將欲望的正當性提到了無以復加的地步。依據康有為的說法，人的欲望是與生俱來的，既然是天生的，也就是天欲；人的欲望既然是天然合理的，就應該受到尊重、得到滿足，理就是用來滿足人之欲望的。因此，理是人理，人之所以立理，就是為了滿足人與生

〔註57〕《孟子微》，《康有為全集》（第五集）中國人民大學出版社 2007 年版，第 423 頁。

〔註58〕《孟子微》，《康有為全集》（第五集）中國人民大學出版社 2007 年版，第 433 頁。

俱來的各種欲望。這就是說，世界上壓根就沒有天理，存在的只有人理。所謂理，都是人所立，並且是為了人而立。沿著這個思路，他強調，「求樂免苦」是人與一切生物的共同本性，欲望是否得到滿足構成了人生的悲喜樂章和苦樂年華——得則為之樂，不得則為之苦。鑒於人人都在「求樂免苦」，求樂也由此成為一切宗教的目標。

在肯定求樂是人之本性並且極力提升其正當性、合理性的基礎上，康有為斷言，求樂是宗教的母題，並以究竟帶給人苦還是樂以及帶給人的苦樂之多少來衡量宗教之優劣文野。在這方面，他肯定佛教與孔教皆以求樂為目標，佛教對樂的追求甚至與孔教相比有過之而無不及。這是因為，如果說孔教只是「主樂」的話，那麼，佛教則是「極樂」的。這樣一來，佛教不僅與其他宗教一樣求樂，而且在求樂上比包括孔教在內的其他宗教略勝一籌。奧妙在於，佛教以養心、養魂為主，所求之樂屬於終極之樂，康有為稱之為魂靈之樂。與肉體、形體之樂相比，靈魂之樂是更高一級的樂。循著這個邏輯，追求魂靈之樂不惟不是佛教的缺點，反而是佛教的優點，也使佛教擁有了其他宗教無法比擬的優越性。康有為指出，在大同社會，佛教之所以最盛行，根本原因之一就是養魂之佛教滿足了大同之人的魂靈之樂。具體地說，由於高度自動化、電氣化和機械化，大同之人擺脫了繁重的體力勞動，在「願求皆獲」的閑暇之餘，以靈魂快樂為最高境界和追求。在這個維度上甚至可以說，佛教與孔教相比在求樂上更勝一籌。從「求樂免苦」的功效來看，孔教的三世不悖指示了去苦求樂之方，佛教則專注於無苦極樂的大同社會。這成為大同社會孔教滅絕而佛教不惟逃脫了與孔教一起歇絕的命運，反而最為盛行的根本原因。

在康有為竭力彰顯佛教的養生養魂主旨，將佛教打造成求樂秘笈之時，譚嗣同則反覆論證、凸顯佛教的因果報應，最終使業報輪迴成為佛教的主題和要旨。在對教的界定中，他總結出無論何教都講靈魂，並將靈魂奉為所有教的兩個「公理」之一。在譚嗣同的視界中，教講靈魂具體落實到佛教中便表現為業報輪迴，業報輪迴作為佛教之「公理」自然成為佛教之主題和要義。

佛學和儒學都追求樂，佛學以引導人脫離苦海為目標，儒學則在對未來的追求中通過道德的自覺和踐履，達到天人合德。「求樂免苦」是康有為畢生的追求，對苦樂的探究和對至樂的追求流露出康有為的佛教情結。與儒家相比，道教追求的真人更傾向於樂。康有為對儒教（孔教）的推崇堅持到了《大同書》，並沒有走到最後。《大同書》的主旋律已經是去苦至樂的佛教，

《諸天講》儘管佛道雙顯，其中的樂卻依然是主旋律，道教也由此成為書中的「顯學」。

進而言之，譚嗣同對佛教主旨的揭示之所以彰顯、關注因果，凸顯業報輪迴，除了認定這是作為所有教「相同之公理」的靈魂在佛教中的體現之外，還有更多的動機和原因。擇其要者，大端有二：第一，在對教的界定上，譚嗣同肯定教有化冥頑的作用。為了化冥頑，教必須具有荒誕之內容，佛教所講的因果報應即屬此類。第二，譚嗣同突出佛教的業報輪迴，是為了警世。依據他的說法，只有瞭解了地獄的陰森恐怖，人才能由於知道了地獄有多可怕，從而不敢為惡。這就是說，佛教之所以宣揚因果報應，是因為業報輪迴之說使佛教可以最大程度地發揮警惡勸善的作用。這正如譚嗣同所言：「今使靈魂之說明，雖至闇者猶知死後有莫大之事，及無窮之苦樂，必不於生前之暫苦暫樂而生貪著厭離之想。知天堂地獄，森列於心目，必不敢欺飾放縱，將日遷善以自兢惕。」〔註59〕在他看來，與生前之苦樂相比，死後之苦樂更為長久也更為根本，而死後之苦樂恰恰是今生業報的結果。有鑑於此，為了無窮的死後之樂，人應該遷善而不放縱為惡。

至此可見，如果說苦樂是佛教的母題並被康有為津津樂道的話，那麼，譚嗣同對之提及不多。譚嗣同即使提到苦樂，也大多與因果報應聯繫在一起，用以論證因果報應的死後世界。他之所以這樣做，如其說是在講述苦樂，不如說是以死後「無窮之苦樂」勸人向善、警戒作惡。正是由於這個原因，儘管譚嗣同提到苦樂，然而，去苦至樂並不是他所講的佛教的主題，代之而起的是業報輪迴。

業報輪迴對於譚嗣同的佛教究竟有多重要，從他對佛教宗派的選取和與康有為佛教的區別中足以見其一斑。就譚嗣同對佛教宗派的遴選而言，關注業報輪迴決定了他對淨土宗的青睞。誠然，在中國近代的宗教熱尤其是佛教熱中，淨土宗受到一定程度的關注。儘管如此，淨土宗在近代哲學家中並沒有得到特別重視，即使是恪守信仰自由、對佛教的大乘小乘兼容並蓄的梁啟超也沒有將淨土宗作為主要派別。康有為雖然沒有像章炳麟那樣將批判的觸角伸向淨土宗，但是，他始終對淨土宗敬而遠之。與其他近代哲學家對佛教宗派的取捨特別是對淨土宗的態度有別，譚嗣同對淨土宗頂禮膜拜。他的這一做法受到楊文會的影響，因為譚嗣同是從楊文會那裏接觸、研習淨土宗的，

〔註59〕《仁學》，《譚嗣同全集》（增訂本）中華書局 1998 年版，第 309 頁。

卻不是根本原因。楊文會充其量只不過是讓譚嗣同接觸到了——最多是瞭解了淨土宗，卻不能決定譚嗣同是否接受或膜拜之。譚嗣同之所以投向淨土宗，是因為淨土宗與他所講的佛教要旨相契合。在譚嗣同的視界中，淨土不僅是令人嚮往的極樂世界，而且為人在不生不滅的死後世界承受因果報應提供了輪迴的舞臺。沒有了死後的淨土，果報輪迴如何進行？由此可以推斷，他篤信淨土宗與贊同基督教的「末日審判」一樣看中其警世作用。對此，譚嗣同寫道：

> 或曰：「來生不復記憶今生，猶今生之不知前生。雖有來生，竟是別為一人，善報惡報，與今生之我何與？」則告之曰：達此又可與忘人我矣。今生來生本為一我，而以為別一人，以其不相如也。則我於世之人，皆不相知，皆以為別一人，即安知皆非我耶？況佛說無始劫之事，耶曰「末日審判」，又未必終無記憶而知之日也。若夫道力不足任世之險阻，為一時憤怒所激，妄欲早自引決，孱弱詭避，轉若惡生好死者，豈不以死則可以幸免矣。不知業力所纏，愈死且愈生，強脫此生之苦，而彼生忽然有加甚焉，雖百死復何濟？……此修身俟命之學所以不可不講，而輪迴因果報應諸說所以窮古今無可詘焉。〔註60〕

淨土宗是譚嗣同關注的佛教宗派之一，他利用淨土宗以及佛教有關天堂地獄的說教為人描述了一個由天堂、地獄組成的死後世界。如果說天堂引導人向善的話，那麼，地獄則警戒人作惡。從督善戒惡的角度看，佛教的天堂地獄與基督教的「末日審判」意義相同，故而被譚嗣同等而視之，而他對這一切的論證都是從佛教的業報輪迴切入的。

譚嗣同對佛教業報輪迴主題的張揚通過與康有為的對比看得更加清楚、明白。一言以蔽之，如果說譚嗣同既講輪迴又講報應的話，那麼，康有為則罕言業報，即使講輪迴也很少與報應聯繫在一起。例如，在講莊子和列子時，康有為一而再、再而三地斷言：

> 莊子之學，入乎《人間世》，直出佛氏之外，其言「火盡而薪存」，即佛氏輪迴之說。〔註61〕

〔註60〕《仁學》，《譚嗣同全集》（增訂本）中華書局 1998 年版，第 309～310 頁。
〔註61〕《萬木草堂口說·諸子》，《康有為全集》（第二集）中國人民大學出版社 2007 年版，第 180 頁。

莊子發揮佛氏輪迴之說，如火滅薪傳、蟲臂鼠肝之類。〔註62〕

林類曰：死之與生，一往一返，故死於是，安知不生於彼？佛氏輪迴之說，《列子》此條，及《莊子》「火盡薪傳」之說，發之最明。〔註63〕

顯而易見，康有為提到了輪迴，並且明言自己所講的就是「佛氏輪迴」。儘管如此，他的目的是以輪迴證明佛教與莊子、列子的思想相通，故而輪迴始終與業報無涉。事實上，康有為對輪迴具有自己的理解。總的說來，他承認佛教講輪迴，卻沒有將輪迴視為專門的佛教術語。在康有為的視界中，輪迴並非只有佛教才講，當然也不是佛教的術語或為佛教所專有。事實上，他將輪迴泛化，致使輪迴離開了佛教的因果報應而成為一個普遍概念。例如，康有為斷言：「血脈輪迴，我無人，人亦無我，無質之輪迴也。」〔註64〕與對輪迴的界定相一致，儘管他講輪迴，卻不是沿著佛教的致思方向和價值旨趣展開的。這是對輪迴與佛教關係的疏離，也從根本上堵塞了業報輪迴是佛教主題、要旨的可能性。大致說來，康有為所講的輪迴指循環變易，具體到人類社會或歷史領域，則指據亂世、升平世和太平世的遞嬗循環。循著同樣的邏輯和思路，他聲稱，孔子與佛教一樣講輪迴，甚至發出了如下斷語：「輪迴之說，是孔子之至尋常理。」〔註65〕依據康有為的說法，輪迴作為孔子所講的「尋常至理」內容廣泛，其中就包括人之精神的輪迴，而人之精神的輪迴是因為靈魂不死。至此可見，康有為斷言孔子講精神輪迴，以孔子堅信靈魂不死為前提。這樣一來，講輪迴成為孔子講靈魂不死、注重鬼神的證據，也因而成為康有為斷言孔教是宗教的證據之一，因為他將講鬼神、靈魂不死視為判定宗教的要件。更為重要的是，即使講人的輪迴，康有為也不講因果報應。他曾經說：「故鬼神皆輪迴為人，明哲之人亦皆來自鬼神。神附氣，氣附形，或未形未類而未附，或同形同類而相附。鬼神者，物受之而不能知其去來，有慮而秉聰明，能存天地之神而成形之情。此孔子言人生最精微之論，與『知氣在上』之旨可同參之。明此，而孔

〔註62〕《萬木草堂口說・學術源流》，《康有為全集》（第二集）中國人民大學出版社
2007 年版，第 144 頁。

〔註63〕《萬木草堂口說・列子》，《康有為全集》（第二集）中國人民大學出版社 2007
年版，第 206 頁。

〔註64〕《萬木草堂口說・學術源流》，《康有為全集》（第二集）中國人民大學出版社
2007 年版，第 134 頁。

〔註65〕《萬木草堂講義・中庸》，《康有為全集》（第二集）中國人民大學出版社 2007
年版，第 293 頁。

子治教之意乃知其本。或疑孔子為無神教，豈知此為朱子誤亂之義，非孔子之教旨也。」〔註66〕康有為承認「鬼神皆輪迴為人」，並沒有將人之死後世界與天堂、地獄聯繫起來，更遑論人由於承受果報進入天堂、地獄了。

進而言之，康有為對業報輪迴的疏離從一個側面表明，如果說康有為主張人生求樂的話，那麼，他對於求樂是不計後果的。換言之，康有為所講的求樂有享樂主義傾向和意趣，並且具有及時行樂的心理。康有為對楊朱的好感即流露出這一思想傾向，佛教教義特別是華嚴宗的圓融無礙更是給了他一面嚮往未來、一面在現世境遇中及時行樂的理論支撐。康有為曾經這樣為自己辯白：「中國之人，創言民權者僕也，創言公理者僕也，創言大同者僕也，創言平等者僕也；然皆僕講學著書之時，預立至仁之理，以待後世之行耳，非謂今日即可全行也。……僕生平言天下為公，不可有家界，而今日人各自私，僕必自親其親、自私其子，此雖孔子，亦養開官夫人伯魚，而不能養路人也。僕言眾生皆本於天，皆為兄弟，皆為平等，而今當才智競爭之時，未能止殺人，何能戒殺獸？……僕生平言男女平等、婚姻自由、政事同權，而今日女學未至、女教未成，僕亦不遽言以女子為官吏也。僕生平言民權、言公議，言國為民公共之產，而君為民所請代理之人，而不願革命民主之事，以時地相反，妄易之則生大害，故孔子所以有三世三統之異也。」〔註67〕就他所舉的例子來說，等級（「九界」）是苦，平等是樂。「男女平等各自獨立」和始於男女平等、終於眾生平等的「大平等」固然好，可惜那是遙遠的大同社會的事。在大同社會沒有到來之前，不必固執或拘泥於這些，而是應該因時因地制宜地享受眼前的一切。

與康有為形成強烈對比的是，譚嗣同一面執著於業報輪迴，一面對佛教之苦樂主題闇而不發。譚嗣同對因果報應的張揚表明了他對後果的重視，在對後果的重視中尤其側重惡果源自惡因。這一旨趣與譚嗣同對求樂的漠視相暗含，也反映了他看中佛教的警戒作用的初衷。

宗教關注對人的救贖、解脫，指向人的終極關懷，故而都關心人之苦樂。在這方面，佛教為最。作為佛教基本教義的四諦說、十二因緣說和業報輪迴說等等無一例外地重複著去苦至樂的母題。如果說四諦說全程呈現了去苦至樂

〔註66〕　《禮運注》，《康有為全集》（第五集）中國人民大學出版社 2007 年版，第 561 頁。

〔註67〕　《答南北美洲諸華商論中國只可行立憲不能行革命書》，《康有為全集》（第六集）中國人民大學出版社 2007 年版，第 321 頁。

的解脫之道的話，那麼，業報輪迴說則進一步揭示了現世苦樂的根源。對於佛教之生死、苦樂主題，康有為執著於生，故而樂生而忘死；譚嗣同則執著於死，故而向死而生。對佛教生死、苦樂主題的不同側重和闡發直接決定了兩人對佛教教義的進一步提揭。在這方面，如果說樂生忘死使康有為反覆吟頌佛教的固樂極樂的話，那麼，向死而生則使譚嗣同對佛教的無我無畏一唱三歎。

三、生而固樂與人生無我

對於康有為、譚嗣同來說，對佛教主題的彰顯與對佛教教義的詮釋互為表裏。正因為如此，兩人對佛教主題的不同提揭必然貫通到對佛教教義的詮釋之中。大致說來，康有為沿著養生求樂的思路不厭其煩地高唱人生而固樂，譚嗣同則沿著不生不滅的思路不遺餘力地訴說人生無我。

康有為所講的佛教是主樂的，以追求快樂為鵠的。為此，他宣稱佛「固樂也」，並沿著這個思路對佛教教義予以闡發和詮釋，從而使佛教成為他的「主樂派哲學」的一部分。「主樂派哲學」語出著名的《南海康先生傳》，原本是梁啟超對康有為哲學的概括和評價。在《南海康先生傳》中，梁啟超如是評價康有為的「主樂派哲學」：

> 先生之哲學，主樂派哲學也。凡仁必相愛，相愛必使人人得其所欲，而去其所惡。人之所欲者何？曰樂是也。先生以為快樂者眾生究竟之目的，凡為樂者固以求樂，凡為苦者亦以為求樂也。耶教之殺身流血，可為極苦，然其目的在天國之樂也。佛教之苦行絕俗，可謂極苦，然其目的在涅槃之樂也。即不歆天國，不愛涅槃，而亦必其以不歆不愛為樂也。是固樂也，若夫孔教之言大同，言太平，為人間世有形之樂，又不待言矣。是故使其魂樂者，良宗教、良學問也；反是則其不良者也。使全國人民皆樂者，良政治也；反是則其不良者也。而其人民得樂之數之多寡，及其樂之大小，則為良否之差率。故各國政體之等級，千差萬別，而其最良之鵠，可得而懸指也。墨子之非樂，此墨子所以不成為教主也。若非使人去苦而得樂，則宗教可無設也。……先生之論，凡常人樂凡俗之樂，而大人不可不樂高尚之樂。使人人皆安於俗樂，則世界之大樂真樂者，終不可得。夫所謂高尚之樂者何也？即常自苦以樂人是也。以故其自治及教學者，恒以樂天知命為宗旨。嘗言曰：凡聖賢豪傑之救世任事，亦不過自縱其救世任事

之欲而已。故必視救世任事如縱慾，然後可謂之至誠，可謂之真人物。

是先生哲學之要領，無論律人律己，入世間出世間，皆以此為最終之
目的，首尾相應，盛水不漏者也。〔註68〕

　　梁啟超對康有為「主樂派哲學」的介紹表明，佛教在其中佔有重要一席。
依據梁啟超對康有為「主樂派哲學」的概括和剖析，康有為將所有宗教的立教
宗旨都定位為「使人去苦而得樂」。梁啟超的這個評價與康有為宣稱「中古之
聖，以仁為教主」特別是「諸教皆本於仁」〔註69〕的論斷相互印證，並且與康
有為「求樂免苦」的人生觀、價值觀高度契合。按照康有為的說法，仁之基本
內涵從自由、平等、博愛到民主、進化都聚焦樂，仁者愛人也就是最大程度地
滿足人的各種欲望，使人皆得其所欲，從而皆得其所樂。這意味著仁從根本上
說就是去人之所苦而樂人之所樂。這是順應人性的必然要求，也因而成為教主
創教的共同宗旨。作為一種生物，人都有「求樂免苦」的本性。這用他本人的
話說便是：「普天之下，有生之徒，皆以求樂免苦而已，無他道矣。」〔註70〕
沿著這個思路，康有為強調，各種宗教皆以求樂為目標，因為宗教創立的宗旨
就是去苦求樂。不僅如此，引領人「求樂免苦」是教主之所以成為教主的原因，
是否能夠讓人「求樂免苦」也因而成為判斷宗教良否的標準。例如，孔教、佛
教之所以成為宗教，是因為二者都奉行「求樂免苦」的信條。再如，墨子不能
成為教主，是因為他主張「非樂」。至此，正反兩方面的例子相互印證，共同
指向了同一個結論，那就是：宗教都求樂。在這個前提下，康有為指出，佛教
「固樂也」，與孔教、耶教（基督教）一樣以「求樂免苦」為宗旨。基於這種
認識，佛教與耶教、孔教順理成章地成為他的「主樂派哲學」的理論來源。

　　更為重要的是，康有為不僅肯定佛教與孔教、耶教都求樂，而且強調佛教
追求至樂極樂，淋漓盡致地抒發了求樂的主題。因此，對於康有為的「主樂派
哲學」，佛教比耶教——甚至比孔教更加重要——這一點在《大同書》代表的
中後期思想中表現得尤為明顯和突出。原因在於，佛教之樂在本質上契合康有
為所追求的高級之樂（梁啟超稱之為高尚之樂，康有為稱之為魂靈之樂）。議
論至此，再聯想到康有為對華嚴奧義的讚歎，使人不由感覺到他所講的樂就是

〔註68〕《南海康先生傳》，《梁啟超全集》（第一冊）北京出版社1999年版，第488～
　　　　489頁。

〔註69〕《萬木草堂口說·學術源流》，《康有為全集》（第二集）中國人民大學出版社
　　　　2007年版，第144頁。

〔註70〕《大同書》中州古籍出版社1998年版，第37頁。

佛教嚮往的涅槃之樂，所描繪的極樂的大同社會儼然一個佛教的天國世界。儘管康有為一再指出甚至批評佛教養魂有排斥形體之樂的嫌疑，然而，他肯定佛教養生、求樂甚至追求至樂則是毋庸置疑的。對於這一點，佛教盛行的大同社會是一個極樂世界便是明證。事實上，被康有為奉為人生圭臬的「求樂免苦」就是從佛教而來的，他的代表作——《大同書》的邏輯主線便是去苦至樂——由苦開始，由樂結束。對於這一點，從《大同書》的首即甲部、尾即癸部的標題——「入世界觀眾苦」〔註71〕「去苦界至極樂」〔註72〕上即可一目了然。總之，如果說去苦至樂是佛教的主題的話，那麼，康有為對樂的關注和張揚則遠遠多於苦，也將佛教之樂的主題發揮到了極致。這既是「主樂派哲學」的需要，也印證了他對佛教之樂的凸顯。

一言以蔽之，如果說康有為眼中的佛教是主樂的，那麼，譚嗣同眼中的佛教則是主悲的。康有為利用佛教論證極樂，譚嗣同則借助佛教論證慈悲。對於譚嗣同來說，佛教的這個悲可以說是慈悲的、悲憫的，也可以說是悲觀的。因此，譚嗣同不是像康有為那樣利用佛教渲染人生之樂，而是利用佛教論證人生的無我。譚嗣同極力渲染佛教的無我說，從不同角度反覆論證人生無我。他指出，從諸法無常的角度看，人既然隨生隨滅，也就沒有自性，故而不可謂我。人之所謂我，充其量只不過是念念相續的假相而已，人之生並無不變恒常的自在本體。循著這個邏輯，人的存在沒有恆常本性，人之生猶如世間萬物一樣瞬息萬變，隨時隨地都在變化之中，無時無刻不處於微生滅之中。對此，譚嗣同總結說，人日日生、日日死，無時不在生死之中。因此，人無一日相同，若尋一確定、恒常之我，根本就不可能。我處於「運以不停」的輪迴變化之中，故而無我。這就是說，人的存在沒有固定的本質，因而便沒有確定性、永恆性，無我是人生的本相。道理很簡單，與天地萬物一樣，人隨生隨滅，沒有恆常不毀的自性；既然人沒有確定、恒常的自性，人的存在便虛幻不實；既然人的存在虛幻不實，也就不應該固執地認定人生有我。論證至此，對於何為無我以及為何無我，譚嗣同如是說：

> 今夫我又何以知有我也？比於非我而知之。然而非我既已非我矣，又何以知有我？迨乎我知有我，則固已逝之我也。一身而有四體五官之分，四體五官而有筋骨血肉之分，筋骨血肉又各有無數之

〔註71〕《大同書》中州古籍出版社 1998 年版，第 33 頁。
〔註72〕《大同書》中州古籍出版社 1998 年版，第 357 頁。

分，每分之質點，又各有無數之分，窮其數可由一而萬萬也。今試言某者是我，謂有一是我，餘皆非我，則我當分裂。謂皆是我，則有萬萬我，而我又當分裂。由胚胎以至老死，由氣質流質以成定質，由膚寸之形以抵七尺之幹，又由體魄以終於潰爛朽化，轉輾變為他物，其數亦由一而萬萬也。試言某者是我，謂有一是我，餘皆非我，則我當分裂；謂皆是我，則有萬萬我，而我又當分裂。我之往來奔走也，昨日南而今日北，謂我在北，則昨南之我何往？謂我去南，則今北之我又非終於不去。確指南者是我，北者是我，不能也。我之飲食呼吸也，將取乎精英以補我之氣與血。然養氣也旋化而為炭氣，紅血也旋變而為紫血；或由九竅而出之，為氣，為唾涕，為泗洟，為矢溺，為凝結之物；或由毛孔而出之，為熱氣，為濕氣，為汗，為油，為垢膩；或為鬚髮之脫，或為爪甲之斷落。方氣血之為用也，曾不容秒忽而旋即謝去，確指某氣縷之出入為我，某血輪之流動為我，不能也。〔註 73〕

依據佛教的五蘊說，宇宙諸法都由色、受、想、行、識湊合而成。受佛教影響，譚嗣同認為，人與宇宙諸法一樣皆因（內部原因）緣（外部條件）而生，故而沒有自性。具體地說，人與他人以及他物相互因緣，因而無法確指究竟哪部分是我或者何者為我。更何況人屬於有情眾生，這更增加了人之存在的不確定性。

總的說來，譚嗣同對人之無我的論證循著不生不滅即微生滅的邏輯展開，強調人處於轉瞬即逝之中，通過凸顯人之存在的生命無常，證明人之無我狀態。這具體包括三個方面：第一，在我的確證上，譚嗣同指出，人之存在沒有自性。原因在於，儘管有知，人卻無法知道何以有我，甚至不能認識自己。原因在於，人所認識的只是「已逝之我」，至於「當下」之我如何，人永遠都不可能知道。第二，在我的構成上，譚嗣同認為，人並不是一個「有機整體」，而是由四肢五官血肉組合而成的。這意味著人並非「鐵板一塊」，也意味著不能確指何者為我——如果稱整體是我的話，那麼，構成人之整體的各個部分則不是我。這樣一來，作為整體與作為部分的我便被分裂了；反過來也是一樣，如果稱構成整體的各個部分是我的話，那麼，我便變成了無數個我。這樣一來，我還是被分裂了。第三，在我的存在上，譚嗣同指出，從出生到死

〔註 73〕《仁學》，《譚嗣同全集》（增訂本）中華書局 1998 年版，第 314～315 頁。

亡，人的身體與外界無時不刻不在進行新陳代謝，因而時時刻刻都在變化之
中。與此同時，人不可能固定在某一地方靜止不動，而是時時流動，由北至
南，而沒有固定場所。這意味著人既不能確定從生到死的哪一狀態為我，也
不能確定南來北往中哪一地區為我——當然，人甚至無法確定處於新陳代謝
中的哪一部分為我。

至此可見，譚嗣同對無我的論證和詮釋圍繞著佛學的五蘊說和華嚴宗關
於共相與別相關係的界定展開。在他的視界中，無我意味著人的存在沒有自性
或曰永恆性，人的生命沒有確定性和恒常性。顯而易見，譚嗣同的觀點是對佛
教五蘊說有關人無我的發揮，歸根結底與佛教所講的空一脈相承。應該看到，
譚嗣同在利用佛教的五蘊說來解釋人的身體以及生命構成的過程中，雜糅了
以元素說為代表的自然科學，以此凸顯了人的軀體和肉體生命的暫時性和虛
幻性。正因為如此，人之肉體的虛無成為他論證無我的又一個證據，也因而成
為譚嗣同的無我說的又一層基本含義。

問題到此並沒有結束，譚嗣同沿著「一入一切，一切入一」的思路，通過
對華嚴宗「一多相容」「三世一時」等教義的進一步雜糅和發揮，在我與眾生
的圓融無礙、相即相入中直指無我。在此過程中，他借助對佛學與中學、西學
的和合，對無我的論證和詮釋由宇宙萬法生滅無常的宇宙狀態轉向了人之生
存和人生狀態，在人與人的關係中揭示無我的道理。

康有為、譚嗣同對佛教去苦求樂與人生無我的揭示表明，兩人對佛教教義
的詮釋恰成互補之勢：康有為呼籲人生求樂的前提是肯定人之有，譚嗣同宣揚
人之無我則關注人之無。無論有還是無，兩人所講的佛教都是入世的而非出世
的，更非厭世的。不僅如此，康有為、譚嗣同不僅迎合了近代佛教的入世性、
救世性，而且沿著這一方向酣暢淋漓地抒發了佛教的救世主旨和功能。上述區
別預示了兩人儘管都以佛教救世，具體的思路和方法卻大不相同：康有為旨在
除苦臻樂，譚嗣同則將重點放在以無畏救世上。

四、仁智並提與無畏救世

康有為、譚嗣同在對佛教一生一死、一樂一悲的界定中展開了對佛教主
題、要旨的揭示，從中推演出對佛教教義的不同詮釋，也使佛教在現實應用方
面開顯出不同的作用和功能。具體地說，在對佛教的詮釋中，康有為以仁智並
用加固佛教去苦至樂的主題，譚嗣同則以無我無畏提振佛教的慈悲救世。

　　康有為對佛教的審視和詮釋既彰顯仁，又側重智。總的說來，他在仁智互動中發掘佛教的養生意趣，最終將佛教打造成求樂之方。被康有為奉為人生目標和宗教宗旨的樂內容十分廣泛，包括精神的、物質的，長久的、暫時的，靈魂的、肉體的——名目繁多，不一而足。樂之內容宏豐、林林總總流露出康有為對樂的樂此不疲、興趣盎然，也使求樂之方顯得至關重要。這不僅因為只有處理好各種樂的關係，才能避免它們之間相互衝突而使它們並行不悖；而且因為樂之實現即欲望滿足憑藉外在條件和客觀環境，如何處理內心與外境、現實與理想的關係尤為重要。有鑑於此，康有為提倡仁智並用。其中，仁規定了樂的內容，伸張了樂的正當性、合理性；智提供了樂的方法，決定了樂能否實現以及以何種方式實現。如果說仁確定了人生以樂為目標的話，那麼，智則是人去苦至樂的制勝法寶。對於樂而言，仁與智一個都不能少。在這方面，康有為舉的經典例子是，老教以不仁為宗旨，故而桎梏百姓，嚴刑酷法而使人痛苦不堪。這表明，老子壞心術，也證明了不仁堵塞了通往樂的大門。與老子的不仁情形相反，墨子「甚仁」，在以仁立教上與孔教、佛教如出一轍。問題在於，墨子有仁而無智，將仁推向了另一個極端，最終導致觳觫人生。一方面，老子與墨子恰好代表了仁、智的兩個極端——一個過，一個不及：老子不仁，墨子甚仁；老子智之太過，墨子智之不及。另一方面，兩人的結果是一樣的，都由於仁智的分離而導致苦人生的後果。

　　基於上述認識，康有為在重視仁的同時，呼籲智，以此確保人臻於至樂。在這方面，他既肯定佛教「固樂也」，又對佛教的求樂之方讚歎不已。原因在於，康有為所講的樂用梁啟超的話說並不限於常人、凡夫之俗樂，而是包括真樂、大樂。康有為一再強調，如果人皆安於俗樂的話，那麼，必失「大樂真樂」。因此，人若想實現「大樂真樂」，便不能只圖俗凡之樂，而是要追求高尚之樂。人若想不安於俗樂而樂高尚之樂的話，那麼，就必須徹悟各種樂之間的關係。只有這樣，人才能夠真正樂高尚之樂。對於康有為來說，將高級之樂推向登峰造極的非佛教莫屬，因為佛教「不歆天國，不愛涅槃」，具有「我不下地獄，誰下地獄」的大無畏精神。這就是說，佛教所追求的就是通過極苦絕俗而在世人看來極苦的靈魂之樂。當然，常人安於凡俗之樂與大人追求高尚之樂完全可以並行不悖，而他得出這種認識得益於華嚴宗的理事圓融無礙。可以看到，康有為借助對佛教苦樂主題的理解和發揮，將世間的苦與出世的樂協調起來，甚至通過俗人凡人之樂與大人之樂的區分彌合苦與樂之間的界限，因為大人之

樂即高尚之樂在凡人看來就是苦。正是憑藉對樂的如醉如癡以及以苦為樂的精神，康有為本人無論身處何時何地都不忘對樂的追求，也真的享受到了不同況味的樂。

如果說康有為所講的智與至樂相伴的話，那麼，譚嗣同所講的悲則與無畏相隨。與從無我的角度詮釋佛教密不可分，譚嗣同借助佛教闡揚勇猛無畏、悲憫救世精神。對於譚嗣同來說，人生而無我帶來的不是人生的無奈無助而是無畏無懼。在他那裏，無我具有兩個基本含義：第一，就觀念而言，無我指破除彼此、人我之對待，是「洞澈彼此，一塵不隔」的「通天地萬物人我為一身」的境界。第二，就實踐而言，無我指將自度與度人合二為一，是捨身救世的體現。不難看出，無我的這兩層含義都衝破了個人之小我的局限，而將我與他人、群體聯繫在一起，也就是由個人之我走向了大我。正因為如此，人如果徹底領悟了無我的道理，也就真正做到了無畏。與對無我的極力彰顯相映成趣，譚嗣同極力挖掘佛教的大無畏精神。為了彰顯、光大佛教的無畏精神，他將無畏說成是無我的題中應有之義。甚至可以說，鼓吹大無畏精神是譚嗣同宣揚、推崇無我的根本目的。

尚須進一步澄清的是，譚嗣同借助無我之所以能夠達到發揚大無畏精神的目的，是因為他所講的無我包括生不足戀與死不足畏兩個方面。早在讓人領悟無我是人之存在的本真狀態之時，譚嗣同就曾這樣斷言：「以生為我，而我倏滅；以滅為我，而我固生。可云我在生中，亦可云我在滅中。故曰：不生不滅。」〔註74〕這就是說，無我包括不生與不滅兩個方面——如果說不生指向肉體之虛幻而由此推導出生不足戀的話，那麼，不滅則指向死而不死而由此推導出死不足畏。這用譚嗣同本人的話說便是：「知身為不死之物，雖殺之亦不死，則成仁取義，必無怛怖於其衷。且此生未及竟者，來生固可以補之，復何所憚而不矍矍。……是故學者當知身為不死之物，然後好生惡死之惑可袪也。」〔註75〕

與此同時，在對無我的論證中，譚嗣同將人劃分為軀體（肉體之我，他稱之為行）與精神（知或靈魂之我，他稱之為知）兩個方面。在這個前提下，譚嗣同利用元素說證明人的肉體由各種元素聚合而成，由此強調人的軀體既然是由各種元素湊合而成的，也就沒有自性，是假有。既然人之肉體是假有，那

〔註74〕《仁學》，《譚嗣同全集》（增訂本）中華書局 1998 年版，第 315 頁。
〔註75〕《仁學》，《譚嗣同全集》（增訂本）中華書局 1998 年版，第 309 頁。

麼，人之生便不足戀，亦無可戀。這就是說，人之生之所以不足戀亦無可戀，是因為人的生命（人的軀體）是虛幻的，也是短暫的。正是在這個意義上，譚嗣同宣稱：

> 好生而惡死也，可謂大惑不解者矣！蓋於「不生不滅」瞀焉。瞀而惑，故明知是義，特不勝其死亡之懼，縮朒而不敢為，方更於人禍所不及，益以縱肆於惡，而顧景汲汲，而四方蹙蹙，惟取自快慰焉已爾，天下豈復有可治也！今夫目力所得而諦觀審視者，不出尋丈，顧謂此尋丈遂足以極天下之所至，無復能有餘，而一切因以自畫，則鮮不謂之大愚。何獨於其生也，乃謂止此卒卒數十年而已，於是心光之所注射，雖萬變百遷，終不出乎飲食男女貨利名位之外？則彼蒼之生人，徒以供玩弄，而旋即毀之矣乎？嗚呼，悲矣！孔曰：「未知生，焉知死。」欲明乎死，試與論生。生何自？而生能記憶前生者，往往有之。借曰生無自也，則無往而不生矣。知不生，亦當知不滅。匪直其精靈然也，即體魄之至粗，為筋骨血肉之屬，兼化學之醫學家則知凡得鐵若干，餘金類若干，木類若干，燐若干，炭若干，小粉若干，糖若干，鹽若干，油若干，水若干，餘雜質若干，氣質若干，皆用天地固有之質點黏合而成人。及其既敝而散，仍各還其質點之故，復他有所黏合而成新人新物。生固非生，滅亦非滅。又況體魄中之精靈，固無從睹其生滅者乎。〔註76〕

進而言之，譚嗣同之所以用無我描述人之生存狀態，還原人生的本相，是為了表達對人之生死的根本看法。正是由於這個原因，無我觀是譚嗣同的佛學觀、生死觀，也構成了他的人生觀和價值觀。與無我的多重內涵和意蘊互為表裏，譚嗣同極力凸顯佛教的無我主旨出於多重目的和動機──除了讓人明白生不足戀之外，更重要的則是讓人明白死不足畏。兩相比較，他對死不足畏更為重視，在詮釋無我時對之更為關注和突出。具體地說，通過將死不足畏作為重點，譚嗣同通過對無我的論證最終得出了「人是永不死之物」的結論。他指出，人生不可確指何者為我，原因在於，人之生因緣和合。這表明，人是由各種元素湊合而成的，其中已經隱藏著人之死而不死的秘密。對此，譚嗣同論證並解釋說：「所以第一當知人是永不死之物。所謂死者，軀殼變化耳；性靈無可死也。且軀殼之質料，亦分毫不失。西人以蠟燭譬之，既焚完後，若以化學

〔註76〕　《仁學》，《譚嗣同全集》（增訂本）中華書局 1998 年版，第 308～309 頁。

法收其被焚之炭氣、養氣與蠟淚、蠟煤等，仍與原蠟燭等重，毫無損失，何況人為至靈乎？」〔註77〕

在此基礎上，譚嗣同進一步對人之精神（知）與人之軀體（行）區別對待，借助對人之無我的論證凸顯人之知即人之靈魂的不滅。在他那裏，正是人生的不滅給了人無畏的勇氣。譚嗣同強調，無畏是佛教的基本教義，而他所講的無畏與無我密切相關。人之所以無畏，秘訣在於確信「人是永不死之物」，無我為人的勇猛無畏、超越生死之念提供了精神支撐。由作為宇宙本原的仁之微生滅而來的人之不生不滅揭示了人之生的無我狀態，既表明生不足戀，又表明死不足畏。有鑑於此，對於譚嗣同來說，無我不是個體生滅無奈的悲觀厭世，而是生不足戀的豁達胸襟，尤其是死不足懼的勇猛無畏。譚嗣同對無我之無畏內涵的引申和凸顯與他提倡無我的初衷相印證，也奠定了譚嗣同對無我的熱衷與以大無畏精神普度眾生、拯救世界密不可分。

正因為如此，譚嗣同一面挖掘佛教的無我說，一面將無畏說成是佛教的要旨。對此，他聲稱：「佛說以無畏為主，已成德者名大無畏，教人也名施無畏，而無畏之源出於慈悲，故為度一切眾生故，無不活畏，無惡名畏，無死畏，無地獄惡道畏，乃至無大眾威德畏，蓋仁之至矣。」〔註78〕與對無畏的彰顯一脈相承，譚嗣同弘揚佛教的慈悲情懷。他宣布「惟一心是實」，並將心的實體界定為慈悲。正是以心與慈悲並提、互釋為主線，譚嗣同將己與人以及自度與度人合二為一，以度人為己任。這既是他將慈悲說成是所有教「相同之公理」的原因，也印證了他所講的佛教以慈悲為宗旨，並且將仁界定為慈悲。具體地說，慈悲的發揮是為了普度眾生，其中蘊含著不怕下地獄的無畏。有鑑於此，與對佛教慈悲的讚揚和闡發息息相通，譚嗣同的佛教思想側重勇猛無畏的大無畏精神。正是在這個意義上，可以說譚嗣同的佛教是悲觀的，也是悲憫的：悲觀源自破對待的決絕和無我的執著，悲憫則與破對待之後無我的人己合一以及由此而來的自度度人合一密切相關。對此，譚嗣同斷言：「救人之外無事功，即度眾生之外無佛法。然度人不先度己，則己之智慧不堪敷用，而度人之術終窮；及求度己，又易遺棄眾生，顯與本旨相違，若佛所謂證於實際，墮落二乘矣。然則先度人乎？先度己乎？曰：此皆人己太分之過，諦聽諦聽，當如是：

〔註77〕《上歐陽中鵠十》，《譚嗣同全集》（增訂本）中華書局 1998 年版，第 462 頁。
〔註78〕《上歐陽中鵠十一》，《譚嗣同全集》（增訂本）中華書局 1998 年版，第 469 頁。

知人外無己，己外無人，度人即是度己，度己即是度人。譬諸一身，先度頭乎？先度手乎？頭亦身之頭，手亦身之手，度即並度，無所先後也。若因世俗，強分彼此，則可反言之曰：度己，非度己也，乃度人也；度人，非度人也，乃度己也。」〔註79〕

作為救世佛教，譚嗣同利用佛教來鼓動、彰顯學會的作用。依據他的分析，學會無議院之名卻有議院之實，可以在開民智和興民權中發揮重要作用。沿著這個思路，譚嗣同將學會的建立和救亡圖存直接聯繫起來，並且建議仿照佛教聚集的方式建立學會。於是，他這樣寫道：

> 佛法以救度眾生為本根，以檀波羅密為首義。（克己時，當以螻蟻、草芥、糞土自待；救人時，當以佛天、聖賢、帝王自待。）即吾孔、孟救世之深心也。學者墮落小乘，不離我相，於是為孔、孟者獨善其身，為佛者遁於斷滅。揆之立教之初心，不啻背馳於燕、越，甚無謂也。〔註80〕

> 今將利濟為懷，又非一手一足所能任，則善矣夫佛之說法也，必與數萬數千菩薩俱，天龍八部，人非人等，恭敬圍繞，無所往而非學，即無所往而不有會。然後悚然歎曰：「古今來學佛者，咸不知為學會，未為能學佛者也。能學佛則必自倡明學會之義始。」倡明學會，吾知其功德必逾恒河沙數而不可思議。一生補他方，佛處生菩提樹下，為法王子永斷三途，住持極樂，遍治十方一切世界。何況此一世界，乃不能以學會治之耶？〔註81〕

由此可見，譚嗣同之所以提出以佛教的形式組成學會，一個重要原因是，他對佛教的慈悲頂禮膜拜，希望以慈悲之心救世。

綜觀康有為、譚嗣同對佛教教義的詮釋可以發現，康有為對佛教的詮釋側重生，譚嗣同對佛教的詮釋則側重死；康有為從養生——求樂出發將佛教送上了追求快樂之路，譚嗣同則從不生不滅——無我出發將佛教推向了無畏的悲壯之途。這既是兩人對佛教的不同透視、解讀和詮釋，也使佛教在現實生活和政治實踐中發揮了不同的作用和功能。

〔註79〕《仁學》，《譚嗣同全集》（增訂本）中華書局1998年版，第371頁。
〔註80〕《壯飛樓治事·群學》，《譚嗣同全集》（增訂本）中華書局1998年版，第443頁。
〔註81〕《壯飛樓治事·群學》，《譚嗣同全集》（增訂本）中華書局1998年版，第443頁。

第四節　孔佛耶與佛孔耶

在對佛教的態度上，康有為、譚嗣同的觀點既有同，又有異。兩人都推崇佛教，並著力對佛教予以詮釋和運用。儘管如此，康有為、譚嗣同無論給予佛教的界定、地位還是對佛教的具體詮釋、發揮都存在明顯差異。這使兩人的佛學觀呈現出巨大分歧，對佛教的建構更是漸行漸遠。

一、孔教與佛教的關係

康有為、譚嗣同對佛教樂此不疲，並且習慣於將佛教置於與孔教、耶教的關係中予以審視和詮釋。這樣一來，由佛教、孔教和耶教組成的三教關係成為兩人審視佛教的重要維度，也使三教關係成為康有為、譚嗣同佛學觀以及宗教觀的核心話題。一方面，綜觀近代哲學家的思想可以看到，無論將佛教與孔教、耶教相提並論還是對三教關係樂此不疲，都顯示了康有為、譚嗣同之間的默契，也拉開了兩人與同時代其他近代哲學家之間的距離。另一方面，康有為、譚嗣同對佛教與孔教、耶教的位次排列並不相同，既反映了對佛教的不同定位，又表明兩人的佛學觀存在著不容忽視的分歧乃至不可調和的對立。

首先，康有為、譚嗣同與同樣嗜佛好佛的近代哲學家相比有一個特別之處，即喜歡將佛教置於三教關係中予以審視、比較和評價。

康有為、譚嗣同並不是孤立地對佛教進行審視，而是熱衷於對佛教與孔教、耶教進行比較。在比較過程中，康有為、譚嗣同既承認同——以仁作為三教的共同宗旨便是明證；又突出異，無論將耶教置於最後還是肯定佛教投向未來說的都是這個意思。在佛教與孔教的位次排列上，康有為傾向孔教，譚嗣同則推尊佛教。對於佛教與孔教、耶教的關係，康有為、譚嗣同將耶教排在最後是一致的，分歧集中在孔教與佛教的關係上。不僅如此，對於佛教與孔教、耶教的比較，兩人均將重點放在了佛教與孔教的關係上。對此，康有為基於現實鬥爭的需要而首選了孔教，譚嗣同則極力推崇佛教。這意味著兩人都沒有對佛教與孔教等量齊觀，而是肯定乃至凸顯佛教與孔教的高低優劣。至此，佛教與孔教、耶教的關係在康有為、譚嗣同那裏演繹為孔佛耶與佛孔耶的不同排列。

誠然，康有為對孔教的推崇和提倡不是義無反顧的，甚至不是由始至終的。在定稿於 1901～1902 年之間的《大同書》中，他就宣布孔教之筏「當捨」。

　　儘管如此，在現實性上，尤其是在佛教與孔教、耶教比較的維度上，康有為對孔教的推崇超過了佛教和耶教，致使孔教在三教中排在首位。也正是由於這個原因，提起康有為的宗教觀以至於提起他的政治主張或主導思想，人們最先想到的便是立孔教為國教而不是他包括佛教在內的其他宗教思想和主張。與對孔教的提倡並不斬釘截鐵或情有獨鍾相映成趣，康有為對佛教的態度搖擺不定，因而對佛教與孔教關係的界定和認識充滿矛盾：在肯定佛教與孔教相近相通的同時，有時貶損佛教，如認定佛教逆天而「逆人之情」，孔教則「順人之情」等；有時攀附佛教，如強調釋迦牟尼與孔子一樣託古救世，都是善於變通、因病發藥的大醫，孔子、孟子和莊子等人的觀點與佛教教義相近相通等。同樣流露出康有為對佛教不捨心態和矛盾糾結的是，他專門對佛教與孔教的關係進行辨梳，提出了孔教適用於當下、佛教適用於未來等說法。於是，康有為一面在現實中提倡孔教，一面為佛教在未來保留地盤。換言之，當孔教與佛教在現實世界相遇時，他倒向孔教；當二者在未來社會相遇時，康有為則傾向佛教。更為重要的是，康有為沿著以孔釋佛的思路將立孔教為國教奉為救亡圖存的綱領。這使他秉持孔教立場，在以孔教與耶教分庭抗禮的過程中極力彰顯孔教的至尊地位。在康有為那裏，三教的位次排列是，佛教讓位於孔教，耶教排在最後。

　　儘管康有為對佛教與孔教關係的認識充滿張力，對佛教的態度處於彷徨和糾結之中，然而，在現實性上，他推崇孔教，故而為立孔教為國教奔走呼號。從這個意義上說，康有為將孔教置於佛教之上。對於康有為的宗教觀，梁啟超的評價是，在主張信仰自由、孔佛耶三教平等的同時，將孔教奉為拯救中國的下手處，故而「以孔教復原為第一著手」。梁啟超不僅對於康有為的這一主張非常重視，反覆予以提及，而且揭示了康有為的用心良苦。正是在這個意義上，梁啟超不止一次地宣稱：

　　　　先生固以行大同救天下為最終之目的，但以為吾所最親者，中國也；今日眾生受苦最深者，中國也；人民居地球三之一者，中國也。於是乎內觀實踐，以救中國為下手之第一段。〔註82〕

　　　　然以為生於中國，當先救中國；欲救中國，不可不因中國人之歷史習慣而利導之。又以為中國人公德缺乏，團體渙散，將不可以

<hr>

〔註82〕《南海康先生傳》，《梁啟超全集》（第一冊）北京出版社 1999 年版，第 495 頁。

立於大地；欲從而統一之，非擇一舉國人所同戴而誠服者，則不足
以結合其感情，而光大其本性。於是以孔教復原為第一著手。〔註83〕

依據梁啟超的分析和披露，康有為宗教思想特盛，關注和心儀的宗教名目
繁多——除了佛教、孔教和耶教之外，還有回教、道教等等。就佛教與孔教、
耶教的關係來說，康有為一面強調三教平等，一面將孔教奉為拯救中國的「第
一著手」。這是他基於中國的民俗、歷史以及民族情感等諸多方面的因素綜合
考量、抉擇的結果。事實上，康有為正是出於救亡圖存與思想啟蒙的雙重動機，
將孔教作為中國文化的象徵。在此基礎上，他一面凸顯孔教的至高無上和絕對
權威，一面將作為西方近代價值觀念的自由、平等、博愛和進化等注入孔教之
中，以此推動中國傳統文化的內容轉換和現代化。

譚嗣同與康有為一樣熱衷於佛教與孔教、耶教的關係，並且反覆從不同角
度界定三教的關係、評判三教的優劣。將佛教置於三教之首是譚嗣同對佛教、
孔教和耶教關係的基本認定和一貫思路，也在佛教與孔教的關係上申明了對
佛教有別於康有為的定位和態度。在譚嗣同那裏，對於佛教沒有了康有為那樣
的矛盾、糾結，只剩下了義無反顧的情有獨鍾。因此，對於佛教與孔教的關係，
譚嗣同給出的排序是佛教為首。不僅如此，他對佛教的推崇無以復加，堅持「佛
能統孔、耶」〔註84〕。沿著這個思路，譚嗣同對佛教的推崇堅定不移，聲稱佛
教在時間上最先，孔教其次，耶教最後。循著這個邏輯，他斷言佛教最大，孔
教次之，耶教為小。對於佛教與孔教以及與耶教的關係，他從時間先後與高低
優劣兩個維度反覆伸張佛教的至上權威，並且推出了佛教、孔教和耶教的位次
排列。至此可見，譚嗣同對佛教頂禮膜拜，對佛教的界定和態度與康有為相去
甚遠。

譚嗣同承認釋迦牟尼與孔子、耶穌一樣是教主，佛教與孔教、耶教的教
義相通。這些都體現出他與康有為的共識。所不同的是，譚嗣同強調，佛教、
孔教和耶教產生的歷史背景、行教的社會環境相差懸殊，這些客觀條件決定
了三教的地位和順序不容顛倒。循著這個邏輯，他提出了佛教至大、最先，
孔教次大、其後而耶教為小、最後的觀點。對於這個排序的正當性與合理性，
譚嗣同給出的理由是：第一，從時間上看，佛教最先，孔次之，最後才是耶教

〔註83〕《南海康先生傳》，《梁啟超全集》（第一冊）北京出版社 1999 年版，第 486
　　　　頁。
〔註84〕《仁學》，《譚嗣同全集》（增訂本）中華書局 1998 年版，第 289 頁。

——「佛生最先，孔次之，耶又次之」〔註85〕。第二，從內容上看，佛教優於孔教——「六經未有不與佛經合者也，即未有能外佛經者也」〔註86〕；佛教更優於耶教——「故嘗謂西學皆源於佛學」〔註87〕。依據譚嗣同的說法，孔教與佛教的教義相近相合，相近相合的原因在於孔教被佛教所含納。這意味著佛教包括孔教的內容，也可以說孔教從屬於佛教。對于源自佛學的西學來說，毫無懸念地低於佛學。於是，佛教高於孔教之後的耶教也就不言而喻了。基於這種理解，譚嗣同對於佛教與孔教、耶教做出了迥異於康有為的界定：「佛教大矣，孔次大，耶為小。」〔註88〕顯而易見，對於三教之間的關係，譚嗣同篤信佛教至上。與此互為表裏，儘管他習慣於將佛教與孔教、耶教相提並論，然而，譚嗣同並沒有對三教等量齊觀。可以看到，他從不同角度對三教進行位次排列，並且在排序中自始至終讓佛教占居至尊地位——這既包括與康有為一致的佛教對於耶教的至上，也包括與康有為有別甚至相反的佛教對於孔教的至上。

　　其次，康有為、譚嗣同給予佛教與孔教的位次排列本身就是一個價值判斷，其中不僅包括對佛教與孔教高低優劣的判斷，而且包括對二教的臧否取捨。由此不難想像，通過對孔教與佛教的位次排列，兩人展示了對佛教的不同態度。一言以蔽之，康有為對佛教的態度是矛盾的，譚嗣同對佛教的推崇則無以復加。

　　在康有為那裏，對佛教與孔教關係的矛盾認識流露出對佛教的矛盾評價，並且同樣通過對佛教與孔教的比較凸顯出來。對於他來說，孔教的權威不僅包括孔子對於諸子、儒家對於百家的獨尊地位，而且包括孔教對於佛教的優越性和權威性。有鑑於此，在康有為的議論中，下面的論斷顯然並非個案：

　　　　佛與孔子極相反，然後能立。聖愛其同類，不同類者殺之可也，

　　若同類者不得殺也。此聖人大義。〔註89〕

　　　　佛舍其類而愛其混者。〔註90〕

〔註85〕　《仁學》，《譚嗣同全集》（增訂本）中華書局 1998 年版，第 333 頁。
〔註86〕　《仁學》，《譚嗣同全集》（增訂本）中華書局 1998 年版，第 333 頁。
〔註87〕　《仁學》，《譚嗣同全集》（增訂本）中華書局 1998 年版，第 317 頁。
〔註88〕　《仁學》，《譚嗣同全集》（增訂本）中華書局 1998 年版，第 333 頁。
〔註89〕　《萬木草堂口說·春秋繁露》，《康有為全集》（第二集）中國人民大學出版社
　　　　2007 年版，第 188 頁。
〔註90〕　《萬木草堂口說·孔子改制》，《康有為全集》（第二集）中國人民大學出版社
　　　　2007 年版，第 152 頁。

佛氏專治心，有內而無外也。〔註91〕

在這裡，康有為先是明確肯定佛教與孔教的教義存在差異甚至截然相反（「極相反」），接著具體指明了二者的相反體現在何處並且亮出了自己的態度評價，其中流露出他對佛教的強烈不滿：第一，康有為承認佛教以仁為宗旨，乃至「能仁」是佛號。在這個維度上，他認定佛教與孔教救世的宗旨相同。與此同時，康有為指出，佛教與孔教之仁存在本質區別，這個區別聚焦「愛類」，最終通過人倫集中反映出來。他宣稱：「能愛類者謂之仁，不愛類者謂之不仁。」〔註92〕愛類是仁的必然要求，愛人類是仁的題中應有之義。循著這個思路，康有為將「愛類」奉為判斷仁的標準，並以這個標準抨擊佛教愛眾生違背了仁之「愛類」原則，犯了「捨其類而愛」的錯誤。由於佛教之仁沒有遵循「愛類」的原則，結果是混淆了對人類的愛與對眾生的愛，由此造成了嚴重後果，最終走向仁的反面——不仁。第二，康有為肯定佛教養生，卻不完全贊同佛教的養生方法，並且批評佛教「有內而無外」。他對各種養生學說如醉如癡，並在這個前提下承認佛教「治心」。這與康有為對佛教養魂的界定相互印證，既肯定佛教的養生側重養心，也契合他本人養生、求樂的人生追求和價值旨趣。問題的關鍵是，康有為既注重養魂，又注重養魄，因而強調魂魄兼養。在這方面，他將孔子塑造成魂魄兼養的榜樣，所推崇的孔教也是如此。由此反觀康有為視界中的佛教，「治心」本沒有錯，錯就錯在一個「專」字上。由於專門「治心」而放棄了外在之形才是佛教的錯誤所在，也是康有為批判佛教的原因。在這個前提下，他揭露佛教「有內而無外」，指責佛教專注養心而只講內在修煉，由於輕賤形體而忽視養形。隨之而來的是，佛教不熱心世事，以至於擯棄人的名利欲求。分析至此，康有為得出結論，佛教「遠人」，甚至由此斷言佛教不能順人之情而必不可行。對於這一點，他一而再、再而三地宣稱：

孔子立法以制人者也，老、佛恐為人所制者者也。〔註93〕

宋儒言理深，然深之至，則入於佛，絕欲則「遠人」也。〔註94〕

〔註91〕《萬木草堂口說·中庸》，《康有為全集》（第二集）中國人民大學出版社2007年版，第173頁。

〔註92〕《大同書》中州古籍出版社1998年版，第349頁。

〔註93〕《萬木草堂口說·春秋繁露》，《康有為全集》（第二集）中國人民大學出版社2007年版，第206頁。

〔註94〕《萬木草堂口說·中庸》，《康有為全集》（第二集）中國人民大學出版社2007年版，第167頁。

　　　　孔子非不能為佛教，謂其遠人，故不為也。〔註95〕

　　經過上述論證，康有為重申了他的孔教立場，並且進一步坐實了孔教高於佛教的結論。與此相一致，當佛教與孔教在現實社會中相遇時，康有為義無反顧地力挺孔教而貶損佛教。對於這一點，他對當時學術情形的抨擊提供了佐證：「今日風俗之敗壞，清談之故也。顧亭林所謂古之清談在老、莊，今之清談在孔、孟，然至今孔、孟清談並無之耳。今日清談，流為佛學。」〔註96〕佛教在康有為對政治興趣盎然的早期和中期思想中始終沒有成為主旋律，更遑論像譚嗣同那樣明確肯定佛教高於孔教了。正是由於這個原因，康有為縱然是對佛教有萬般不捨，也只能將佛教置於未來。於是，他在《大同書》中對未來宗教狀況的描述是，孔教在大同社會中已經與耶教、回教為首的諸多宗教一樣滅絕殆盡，只有佛教和道教大行其道；並且，佛教在大同社會最為盛行，是比養魄之道教更高一級的養魂之教。這些情況共同展示了康有為對於佛教的矛盾心理，其中既有迫於現實的無奈，又有對佛教的膜拜。

　　譚嗣同將佛教置於孔教、耶教之上，便意味著堵塞了像康有為那樣在現實性上對孔教的推崇。事實上，譚嗣同不僅給佛教以現在，而且像康有為那樣給佛教以未來。具體地說，譚嗣同主張以佛教統攝諸教，孔教、耶教亦應在佛教的統攝範圍之內。對此，他論證並解釋說：「今將籠眾教而合之，則為孔教者鄙外教之不純，為外教者即笑孔教之不廣，二者必無相從之勢也。二者不相從，斯教之大權，必終授諸佛教。佛教純者極純，廣者極廣，不可為典要。惟教所適，極地球上所有群教群經諸子百家，虛如名理，實如格致，以及希夷不可聞見，為人思力所僅能到，乃至思力所必不能到，無不異量而兼容，殊條而共貫。」〔註97〕由此可見，譚嗣同對佛教頂禮膜拜，多次建議用佛教統一地球諸教。這個說法實際上已經用佛教吞噬了孔教，因為孔教也在他所講的地球群教之中。更有甚者，譚嗣同提出以佛教統轄孔教、耶教代表的群教，表明他認同佛教教義，肯定佛教教義勝於孔教。依據譚嗣同的說法，佛教「純者極純，廣者極廣」，精微處極精微，荒謬處極荒謬；既純粹至極，又範圍廣泛，因而擁有極大的普適性和普世性——陽春白雪、下里巴人，佛學都無往而不適。由此，他對佛教

〔註95〕　《萬木草堂口說・中庸》，《康有為全集》（第二集）中國人民大學出版社 2007年版，第 171 頁。

〔註96〕　《康南海先生講學記・古今學術源流》，《康有為全集》（第二集）中國人民大學出版社 2007 年版，第 110 頁。

〔註97〕　《仁學》，《譚嗣同全集》（增訂本）中華書局 1998 年版，第 351～352 頁。

佩服得五體投地，不僅建議用佛教統攝群教，而且提出用佛教統轄群經群學。

再次，康有為、譚嗣同均對大同社會心馳神往，對大同社會的構想具有一個相同的特點，那就是：同一宗教，同一文化乃至同一語言文字。在此過程中，兩人均突出佛教在未來社會的強盛，對於佛教在大同社會的存在狀況和強盛表現的具體看法卻大不相同。

在康有為設想的大同社會，孔教、耶教都已經被淘汰。佛教不僅沒有式微，反而最為盛行。應該說，儘管康有為呼籲立孔教為國教，然而，他聲稱大同社會孔教已經被淘汰而佛教盛行並非偶然。即使在推崇孔教之際，康有為也不忘宣稱佛教適用於未來。他強調，佛教是來世的，適用於未來，擁有未來使佛教與未來的大同社會不期而遇。況且，正如康有為本人和梁啟超反覆申明的那樣，立孔教為國教只是為了以孔教作為拯救中國的「第一著手」，歸根結底是出於救亡圖存的考慮。這就是說，康有為提倡孔教具有極強的現實性乃至功利性，對佛教卻心懷難以割捨的好感。正是由於這個原因，他在反覆比較了孔教與佛教的優勢甚至得出孔教可行、佛教「遠人」的基礎上，並沒有在大聲疾呼立孔教為國教的同時主張廢棄佛教，而是強調佛教與孔教並行不悖乃至「相乘相生」。對此，康有為論證並解釋說：

> 天地之理，惟有陰陽之義無不盡也，治教亦然。今天下之教多矣：於中國有孔教，二帝、三皇所傳之教也；於印度有佛教，自創之教也；於歐洲有耶穌；於回部有馬哈麻，自余旁通異教，不可悉數。然余謂教有二而已。其立國家，治人民，皆有君臣、父子、夫婦、兄弟之倫，士、農、工、商之業，鬼、神、巫、祝之俗，詩、書、禮、樂之教，蔬、果、魚、肉之食，皆孔氏之教也，伏羲、神農、黃帝、堯、舜所傳也。凡地球內之國，靡能外之。其戒肉不食，戒妻不娶，朝夕膜拜其教祖，絕四民之業，拒四術之學，去鬼神之治，出乎人情者，皆佛氏之教也。耶穌、馬哈麻、一切雜教皆從此出也。聖人之教，順人之情，陽教也；佛氏之教，逆人之情，陰教也。故曰：理惟有陰陽而已。〔註98〕

由此可見，康有為在教分陰陽的視域下對佛教與孔教進行審視、比較和分析，得出的結論是佛教「逆人之情」，孔教則「順人之情」；並由此將「順人之

〔註98〕《康子內外篇》，《康有為全集》（第一集）中國人民大學出版社 2007 年版，第 103 頁。

情」的孔教稱為陽教，將「逆人之情」的佛教稱為陰教。在這個維度上，他指責佛教「逆天」，對佛教持否定態度。與此同時，康有為又宣稱「理有陰陽」而陰陽相乘相生，並由此將孔教與佛教定位為既相差分又相依存的關係。在這個維度上，他聲稱，正如陰陽各方對於理不可或缺一樣，佛教與孔教作為教之陰陽相互對待、相互依存。於是，康有為接著說道：

> 然則此二教者，誰是誰非，誰勝誰負也？曰：言不可以若是也。方不能有東而無西也，位不能有左而無右也，色不能有白而無黑也。四時無上下，以當令為宜；八音無是非，以諧節為美。孔子之倫學民俗，天理自然者也，其始作也；佛教之去倫絕欲，人學之極致者也，其卒也。孔教多於天，佛教多於人；孔教率其始，佛教率其終；孔教出於順，佛教出於逆；孔教極積累，佛教極頓至；孔教極自然，佛教極光大。無孔教之開物成務於始，則佛教無所成名也。狗子無佛性，禽獸無知識、無煩惱，佛可不出。人治盛則煩惱多，佛乃名焉，故捨孔無佛教也。佛以仁柔教民，民將復愚，愚則聖人出焉，孔教復起矣，故始終皆不能外孔教也。然天有毀也，地有裂也，世有絕也，界有劫也，國有亡也，家有裂也，人有折也，皆不能外佛教也，故佛至大也。是二教者終始相乘，有無相生，東西上下，迭相為經也。當其時則盛，窮其變則革，智人觀其通，而擇所從，或尊或辟，非愚則蒙者也。此二教非獨地球相乘也，凡眾星有知之類，莫不同之；非徒眾星為然也，凡諸天莫不同之也。相乘相生，而無有止絕者也。〔註99〕

依據這個分析，孔教與佛教相互依存，缺一不可：佛教依賴孔教，「捨孔無佛教」；孔教也依賴佛教，「不能外佛教」。這表明，佛教與孔教「相乘相生」，均不能離開對方而獨立存在。循著這個邏輯，康有為對於二教採取的辦法不是擯棄佛教，而是在佛教的映襯下凸顯孔教的「順人之情」。正是在與佛教的對比中，他將孔教打造成了人道教。康有為關於佛教與孔教關係的定位是，「孔教率其始，佛教率其終」。「率其終」預示著佛教在大同社會的生存，佛教的眾生平等正是康有為憧憬的大同社會「戒殺生」後「始於男女平等，終於眾生平等」的「大平等」。按照他一貫恪守的華嚴宗的信條，佛教與孔教圓融無礙，

〔註99〕《康子內外篇》，《康有為全集》（第一集）中國人民大學出版社 2007 年版，第 103 頁。

並行不悖，具體表現便是孔教指示現在，佛教指向未來。

話又說回來了，儘管佛教與孔教是「相乘相生」的關係，然而，畢竟孔教是陽教，是現世法門。正因為如此，康有為將孔教奉為救世法寶而不是依賴佛教進行變法維新、救亡圖存，立孔教為國教，通過保教（孔教）來保國保種的救亡路線便是循著這個邏輯發出的。在康有為那裏，孔教與佛教「相乘相生」，各有自己的特點。既然立孔教為國教是迫於外在壓力——救亡圖存的刻不容緩，那麼，未來的大同社會盛行佛教也就順理成章了。依據他在《大同書》中的描述，一方面，作為大同之人養魂之樂的靈魂皈依，佛教在大同社會的盛行和強勢壓過了包括道教在內的所有宗教。另一方面，佛教並非大同社會信仰的唯一的宗教形態，與佛教並存的尚有道教。從道教與佛教並行的角度看，康有為設想的大同社會並沒有同一宗教——準確地說，他並沒有用佛教同一、同化未來即大同社會的宗教。這一點顯示了與譚嗣同的分歧。

譚嗣同不僅明確提出大同社會同一宗教，而且明確提出以佛教同化、統攝（「折衷」）宗教。於是，他不止一次地寫道：

> 至於教則最難言，中外各有所囿，莫能折衷，殆非佛無能統一之矣。〔註100〕

> 佛教能治無量無邊不可說不可說之日球星球，盡虛空界無量無邊不可說不可說之微塵世界。盡虛空界，何況此區區之一地球。故言佛教，則地球之教，可合而為一。〔註101〕

一目了然，與康有為的態度截然相反，對於如何全球宗教同一、文化同一，譚嗣同推出了佛教。對於一直將佛教排在世界文化首位的譚嗣同來說，佛教是首當其衝的不二選擇，這個答案是毫無懸念的。

如果說現實維度參雜了政治元素和功利考量的話，那麼，未來維度則傾向於內心呼喚和情感好惡。康有為、譚嗣同對佛教在大同社會境遇的設想與對佛教的現實考量一樣存在分歧。這個分歧既表明了佛教在未來的不同命運，又真切流露出兩人對佛教的不同態度。

上述比較顯示，康有為、譚嗣同不惟對佛教流派的取捨、對佛教思想的詮釋不同，對佛教地位的界定和理解更為不同。可以說兩人對佛教宗派的偏袒、取捨和對佛教教義的解讀、詮釋影響了康有為、譚嗣同對佛教的界定和理解，

〔註100〕《仁學》，《譚嗣同全集》（增訂本）中華書局 1998 年版，第 354 頁。
〔註101〕《仁學》，《譚嗣同全集》（增訂本）中華書局 1998 年版，第 352 頁。

也可以說對佛教地位的界定影響了兩人對佛教地位的界定。無論作何理解，有一點是可以肯定的，那就是：這些共同構成了康有為、譚嗣同佛學觀的基本內容，也使兩人的佛學觀涇渭分明。

二、儒學形態與華嚴形態

對佛教與孔教關係的界定表明，康有為、譚嗣同對佛教的態度呈現出不容忽視的區別。在佛教地位的問題上，康有為對孔教的推崇壓倒了佛教，將佛教置於首位是《大同書》代表的中期思想；在此之前——特別是在以萬木草堂為代表的早期思想中，康有為對孔教的闡發和推崇不遺餘力。譚嗣同明確將佛教置於首位，無論對佛教的推崇還是發揮都遠遠超過了孔教。康有為、譚嗣同對孔教與佛教關係的不同認定表明，兩人對佛教的定位和態度存在分歧。更有甚者，康有為與譚嗣同之間的這個分歧是原則性的，在現實選擇和思想建構上最終演繹為究竟是用孔教吸納佛教還是用佛教吞噬孔教的根本對立。

首先，與對佛教與孔教關係的認定一脈相承，康有為、譚嗣同對佛教、孔教的態度和對待大相徑庭。在這方面，儘管兩人都對佛教與孔教進行互釋，然而，康有為與譚嗣同採取的學術立場和研究範式卻截然不同。一言以蔽之，如果說康有為秉持孔教立場而以孔釋佛的話，那麼，堅持佛教立場而以佛釋孔則是譚嗣同的不二歸宿。

對於康有為、譚嗣同來說，對孔教與佛教關係的認定與對佛教的理解互為表裏，相互印證。因此，究竟將佛教還是將孔教置於首位不僅決定兩人的佛教觀，而且決定兩人對佛教宗派的側重、對佛教教義的詮釋和對佛教思想的建構。康有為、譚嗣同均認定孔教與佛教的教義是相合的，並且在這個相同的認定下通過孔教與佛教的互釋建構自己的佛教思想。不難想像，對孔教與佛教關係的不同界定先天地注定了兩人孔教與佛教互釋的方式和後果大相徑庭，由此建構的佛教、孔教也注定天差地別。邏輯很簡單，佛教與孔教的互釋有一個立場、初衷和「前理解」問題，這些因素先天地決定了互釋的選材、方法和原則，由此共同決定了互釋的結論。康有為、譚嗣同對佛教與孔教關係的不同回答已經注定了兩人在對二者進行互釋的過程中對包括佛教與孔教誰主誰從、孰本孰末的不同回答，也預示了兩人對佛教的不同建構。例如，在對佛教的界定和理解上，康有為、譚嗣同不約而同地提到了「我不入地獄，誰入地獄」。這與兩人共同標榜的救世情懷相互印證，也表明兩人都贊同佛教的普度眾生。

事實上，康有為、譚嗣同對佛教教義的側重和發揮圍繞著大乘佛教展開而很少提及小乘佛教，這一點與梁啟超既熱衷於大乘佛教又兼顧小乘佛教相比較則看得更加清楚、明白。在這個前提下尚須進一步看到，受制於佛教與孔教互釋的不同立場、原則和方法，宣揚普度眾生的大乘教義在康有為、譚嗣同的視界中呈現出不同的面貌和樣式。如果說佛教講究悲智雙修的話，那麼，兩人在異口同聲地標榜悲智雙修的同時，分別沿著智與悲兩個不同的向度和思路對佛教進行詮釋。結果是，康有為對佛教的解讀偏重於智，譚嗣同對佛教的解讀則偏重於悲。大致說來，康有為對佛教的詮釋以智為核心展開——對於這一點，他在以仁為世界本原和立言宗旨的同時仁智並舉便是明證；譚嗣同對佛教的發揮則以悲為圭臬——對於這一點，他一面宣稱「仁為天地萬物之源」，一面以慈悲釋仁便流露出這一思想端倪。由此，一智一悲成為康有為、譚嗣同解讀、建構佛教思想的致思方向和價值旨趣，既拉開了兩人佛學思想的距離，也促使康有為、譚嗣同建構了兩種不同的佛教形態和樣式。

分析至此可以發現，康有為、譚嗣同對孔教與佛教位次的排列表現出不同的思想動向，直觀地展示了兩人一個以孔釋佛、一個以佛釋孔的學術立場和致思方向。不同的學術立場和致思方向既決定了康有為、譚嗣同對佛教宗派的不同取捨和選擇，又預示著兩人對佛教教義的不同詮釋和思想建構。在這方面，以孔釋佛的康有為出於對孔教的推崇而對佛教進行了孔教化的改造，並在對佛教思想的建構中加入了大量的孔教成分；譚嗣同則以佛教改造孔教，他本人的哲學建構以佛教思想為主要來源、基本內容和意趣旨歸，因而更顯佛教本色。

進而言之，康有為振臂高呼立孔教為國教是為了以孔教代表中國本土文化，使孔子與耶穌分庭抗禮，儒教即儒學才是他揮之不去的情結。因此，康有為以孔教改造佛教從根本上說就是以儒教（儒學）改造佛教，建構的佛教本質上成為一種儒學形態的佛教。與康有為相比，譚嗣同的佛教建構情形卻大不相同。原因在於，由於始終以佛教為主要來源和內容構成而展開，譚嗣同的佛教思想建構主要以佛教思想為主要來源，不可能像康有為那樣以儒學為基本形態。事實上，譚嗣同建構的是佛教形態——至於佛教的何種形態，則取決於他選擇的各種佛教宗派在其中的影響和作用。

其次，在佛教與孔教的關係問題上，如果說儘管糾結著孔教與佛教的矛盾心理，康有為最終還是選擇了孔教的話，那麼，譚嗣同則在不排斥孔教的前提

下始終對佛教情有獨鍾。從這個意義上說，在康有為推出孔教時代之日，譚嗣同推出了一個佛教時代。孔教時代與佛教時代體現了兩人佛教觀以及孔教觀、宗教觀的差異，同時預示著並且引申出康有為、譚嗣同佛教建構的不同形態和樣式。

　　一方面，康有為、譚嗣同都對孔教與佛教進行互釋。具體地說，正如兩人所講的孔教中借鑒了佛教元素一樣，康有為、譚嗣同所講的佛教都包含孔教成分。熱衷於孔教的康有為對佛教十分喜愛，並且「尤為受用」，因而在孔教的建構中吸收了佛教的成分。例如，他通過對孔子、孟子思想與佛教的相互比附直接證明了孔教與佛教教義的相近相通。甚至可以說，康有為這樣做的本身就是對孔教與佛教進行互釋。譚嗣同同樣孔佛互釋——對於這一點，他聲稱佛教、孔教都講仁便是明證。這就是說，譚嗣同推崇的仁脫胎於佛教的慈悲，卻兼容了孔子所講的仁。佛教與孔教互釋使代表了近代佛教的多元視域，也表明了兩人的開放心態。具體落實到兩人的佛教觀上，與孔教的互釋決定了無論康有為還是譚嗣同的佛教建構都容納了孔教代表的非佛元素，故而不再是純正或單一成分的佛教元素。這是兩人對佛教的創造性解讀和創新，也是近代佛教的時代風尚。

　　另一方面，康有為、譚嗣同對孔教與佛教的互釋秉承不同的學術立場和理論初衷，在本質上反映了以孔釋佛與以佛釋孔的對立。有鑑於此，佛教與孔教在兩人的孔佛互釋中呈現出相反的主從關係，在所佔比例上也絕不可能勢均力敵。事實上，康有為、譚嗣同對孔教與佛教表現出明顯的不同，而是呈現出不同的偏袒。康有為偏向孔教一方，因而堅持以孔釋佛，在孔佛互釋的過程中以儒學為主體；譚嗣同則傾向佛教一方，因而恪守以佛釋孔，在孔佛互釋的過程中以佛教為主體內容。

　　康有為的孔佛互釋以提升孔教為目的，並且以儒學為母版。由於以孔釋佛，他的佛學思想建構與其他思想一樣以孔子、孟子和董仲舒等儒家人物的思想來解讀乃至改造佛教思想。具體地說，與對孔教的推崇息息相通，康有為圍繞著立孔教為國教的目標選擇佛教派別、詮釋佛教思想。這一動機與儒家情結相互作用，共同演繹出康有為佛教思想的儒學形態。

　　譚嗣同始終如一地推崇佛教，因而以佛教的各個宗派為主體展開，對佛教的闡發迥異於康有為的孔教立場。如果說譚嗣同在建構佛教思想的過程中吸納非佛因素的話，充其量只不過是以佛教為主導而選擇與佛教契合的思想要

素而已。於是，在思想上與佛教契合的孔子、莊子和王夫之成為譚嗣同的最佳人選。更為重要的是，譚嗣同對儒家持否定態度，不惟沒有像康有為那樣以儒學代替孔學，以儒教代表孔教，反而指責儒家敗壞了孔教。在這方面，除了發出「二千年來之學，荀學也，皆鄉愿也」〔註102〕的鞭撻之外，譚嗣同還對儒學發出過更多聲討。下面即是一例：

> 中國之所謂儒，不過孔教中之一端而已。司馬遷（應為司馬談
> ——引者注）論六家要指，其微意可知也。而為儒者乃欲以儒蔽孔
> 教，遂專以剝削孔子為務。於治功則曰：「五尺羞稱也。」於學問則
> 曰：「玩物喪志也。」於刑名又以為申、韓刻核，於兵陳又以為孫、
> 吳慘黷，于果報輪迴又以為異端邪說，皆所不容。孔子之道，日削
> 日小，幾無措足之地。〔註103〕

依據譚嗣同的這個揭露和剖析，正是儒家將各種有用之學從孔學中刪除，使原本博大精深、無所不包的孔學在內容上日益狹隘（「日削」），因而對孔學的衰微難辭其咎。沿著這個思路，他發出了恢復周公之法、孔子之學的號召。在這個前提下不難想像，譚嗣同選擇的孔子、莊子和王夫之等人並不是為儒學代言，也排除了他的佛教思想建構以儒學為母版或底色的可能性。可以看到，從理論來源到致思方向，譚嗣同建構的佛教沿著有別於康有為的思路展開，從主流上說是對各種佛教宗派的雜糅與和合。進而言之，在譚嗣同以佛教為母版建構的佛教思想中，華嚴宗、唯識宗、禪宗、密宗和淨土宗等成為最主要的理論來源和內容構成。鑒於唯識宗特別是華嚴宗的強勢，可以將譚嗣同建構的佛教思想歸結為華嚴—唯識形態或華嚴形態。

問題到此並沒有結束，以佛釋孔意味著譚嗣同佛教思想的建構依託佛教的不同宗派展開，同時也預示著與康有為的以儒學為藍本的佛教形態漸行漸遠。例如，譚嗣同與康有為一樣將諸子百家都歸結為「孔子之學」，然而，他卻沒有像康有為那樣使孟子、董仲舒等儒家翹楚成為其中的主角，對儒學以及作為儒家的韓愈特別是荀子等人的批判更是大膽而激烈。這種局面的出現與其說受制於譚嗣同對孔教的態度，毋寧說歸根結底受制於他的佛教情結。質言之，譚嗣同是基於佛教立場以及建構佛教的需要審視、選擇諸子百家和典籍文獻的，正如他在佛教範圍內偏袒不同的宗派一樣。在這個前提下，譚嗣同之所

〔註102〕《仁學》，《譚嗣同全集》（增訂本）中華書局 1998 年版，第 337 頁。
〔註103〕《仁學》，《譚嗣同全集》（增訂本）中華書局 1998 年版，第 353 頁。

以青睞孔子、莊子和王夫之等人，根本原因在於：這些人的思想被他歸納為以逝變為主線，可以貫通起來與佛教的八不中道相對接。這解釋了緣何康有為的佛教形態是儒學式的，而譚嗣同建構的則是將華嚴宗與莊子等人的思想相雜糅的華嚴形態。

以孔釋佛與以佛釋孔是兩種不同甚至截然相反的立場和思路，立場、思路的不同表明，康有為、譚嗣同的佛學觀不是具體觀點的差異，而是本質的分歧，因而沿著不同的致思方向和價值旨趣展開。兩人佛學觀的分歧通過對佛教地位的不同認定和對佛教教義的不同詮釋體現出來，作為最終結果和表現，康有為、譚嗣同推出了兩種不同的佛教形態和樣式。

三、博愛派樣式與平等派樣式

上述內容顯示，康有為、譚嗣同對孔教與佛教的關係予以不同認定。這流露出兩人不同的學術立場，也展示了迥異其趣的佛學觀。如果說康有為、譚嗣同在宗教觀上呈現出孔教與佛教之分的話，那麼，兩人在詮釋範式上則展示出以孔釋佛與以佛釋孔之別。受制於不同的學術立場和宗教意趣，康有為、譚嗣同沿著各自的思路賦予佛教不同神韻和氣質，導致彼此的佛學觀漸行漸遠。在此過程中，對佛教的定位和立場決定了兩人對作為佛教宗旨的仁予以不同理解，最終使康有為、譚嗣同的佛學建構演繹出博愛派與平等派兩種涇渭分明的樣式。

就對仁的界定來說，一方面，康有為、譚嗣同均在強調仁對於佛教至關重要的同時，賦予仁以近代的價值理念和時代訴求，致使自由、平等和民主等近代價值理念成為仁的基本內涵。從這個意義上說，兩人對仁的理解呈現出某種一致性，既與古代哲學所講的仁之內涵形成天壤之別，又由於聲稱仁是佛教的宗旨而增強了彼此佛學觀的一致性。另一方面，與康有為、譚嗣同對孔教與佛教關係的不同認定互為表裏，兩人對仁的界定呈現出不同的意蘊和旨趣，具體表現為一個是孔教之仁、一個是佛教之仁。康有為、譚嗣同所講的孔教之仁與佛教之仁的對立通過兩人的仁學充分展示出來，既顯示了康有為、譚嗣同的佛學與仁學互為一體，又使兩人的佛學思想呈現出不同神韻。

康有為彰顯仁的博愛意蘊和內涵，並沿著這個思路將仁與發端於孟子的不忍人之心相提並論，故而稱為「不忍之心」「愛力」「愛質」和「吸攝之力」等。正是由於他連篇累牘地以博愛釋仁，梁啟超將康有為的哲學歸結為「博愛

派哲學」、將康有為所講的仁稱為「愛力」。對此，梁啟超這樣寫道：「先生之論理，以『仁』字為唯一之宗旨，以為世界之所以立，眾生之所以生，家國之所以存，禮義之所以起，無一不本於仁。苟無愛力，則乾坤應時而滅矣。」〔註104〕在這裡，梁啟超對康有為「博愛派哲學」的介紹是仁與「愛力」互換的，並且由康有為的哲學以仁為本、「以『仁』字為唯一之宗旨」推導出「苟無愛力，則乾坤應時而滅」。這個邏輯意味著康有為彰顯仁之愛的內涵。甚至可以說，在梁啟超的視界中，康有為所講的仁就是愛——由於超越了血緣親疏，故而稱為博愛。事實上，康有為對仁之概念的界定從西學與中學兩個方向展開，從不同維度共同指向了博愛：就西學而論，引進西方自然科學的力之概念將仁稱為「愛力」「熱力」和「吸攝之力」；就中學而論，側重對孟子首創的「不忍人之心」和性善說的闡發。從根本上說，康有為對孔教和仁學的闡發、建構是沿著孔子、孟子和董仲舒一脈進行的，這也是康有為由早年的孟子與荀子並重轉而「美孟而劇荀」〔註105〕的原因。以不忍人之心釋仁不僅流露出康有為仁學的儒學立場，而且奠定了仁學的博愛派基調。

譚嗣同將仁與佛教的慈悲互釋而不是像康有為那樣與儒家的不忍人之心相提並論，進而借助慈悲推進平等。譚嗣同宣稱：「慈悲，吾儒所謂『仁』也。」〔註106〕沿著這個思路，他以通釋仁，極為凸顯仁的平等內涵。譚嗣同對仁的基本特徵如是說：「仁以通為第一義，……通之象為平等。」這是他給仁下的定義（「界說」），也將對仁之平等內涵的凸顯推向了極致。為了進一步賦予仁以平等神韻和風采，譚嗣同以慈悲釋仁。對於譚嗣同來說，「以通為第一義」的仁又稱慈悲，而不是像康有為那樣稱為不忍人之心。慈悲與不忍人之心一個脫胎於佛教，一個是儒家術語。正是慈悲之心與不忍人之心的不同奠定了譚嗣同與康有為仁學和佛學的涇渭分明。與康有為對不忍人之心的如醉如癡相去天壤，譚嗣同刻意將仁與不忍人之心疏離開來。一個明顯的證據是，譚嗣同儘管將仁與名目繁多的概念並提、互釋，然而，他卻絕口不談博愛或發端於孟子的不忍人之心。例如，譚嗣同在《仁學》中寫道：

> 無以名之，名之曰「以太」。其顯於用也，孔謂之「仁」，謂之

〔註104〕《南海康先生傳》，《梁啟超全集》（第一冊）北京出版社 1999 年版，第 488 頁。

〔註105〕梁啟超評價康有為語，詳見《論中國學術思想變遷之大勢》，《梁啟超全集》（第二冊）北京出版社 1999 年版，第 617 頁。

〔註106〕《上歐陽中鵠十》，《譚嗣同全集》（增訂本）中華書局 1998 年版，第 464 頁。

「元」，謂之「性」；墨謂之「兼愛」；佛謂之「性海」，謂之「慈悲」；
耶謂之「靈魂」，謂之「愛人如己」、「視敵如友」；格致家謂之「愛
力」、「吸力」；咸是物也。〔註107〕

　　這段話明白無誤地證明，譚嗣同認為，仁涵義奧賾，不可準確命名。這也
是他運用五花八門的概念稱謂仁，致使仁擁有諸多別名的原因。單就譚嗣同本
人直接提到的別名來說，仁名之曰以太、元、性、兼愛、性海、慈悲、靈魂、
愛人如己、視敵如友、愛力或吸力皆無不可，偏偏不可名之曰博愛或不忍人之
心。這既證明了譚嗣同的佛學、仁學不以儒家或孟子的思想為主要來源，也證
明了儒家發端於不忍人之心的博愛不是譚嗣同推崇的仁的含義。

　　尚須提及的是，康有為、譚嗣同所講的仁都提到了「愛力」。「愛力」一詞
古已有之，最早出現在漢代桓寬的《鹽鐵論》中，原文是：「為民愛力，不奪
須臾。」（《鹽鐵論・授時》）這裡的「愛力」是愛惜人力、物力之義，與愛人
一樣是主謂結構，力、人是被愛的對象。古代大都是在這個意義上使用「愛力」
的。例如，《新唐書》中出現了愛力：「古者茅茨采椽，以儉約遺子孫，所以愛
力也。」（《新唐書・魏元忠傳》）王安石寫道：「敦於除害，未始愛力。」（《虞
部郎中晁君墓誌銘》）近代哲學中的「愛力」受牛頓力學的影響，是發端於西
方近代自然科學尤其是物理學的概念。例如，嚴復斷言：「格物家之言理也，
以謂一物之完而不毀、堅而難破也，必其中質點愛力至多，如慈石吸鐵然，互
相牽吸維持而後有以禦外力而自存。及其腐敗也，則質點之愛力全無，抵拒舛
馳，而其物遂化。今中國之質點，亦可謂無愛力矣。」〔註108〕引文中的「愛
力」即物理學上的吸引力。康有為、譚嗣同所講的愛力與古代迥異，與嚴復相
似，都源於西方近代的自然科學概念。在這個前提下尚須看到，康有為所講的
「愛力」是儒家的仁愛與牛頓力學之力相結合的產物，凸顯愛之力量，故稱博
愛。譚嗣同所講的「愛力」直接取自西方近代物理學的概念，為了凸顯這一點，
他明確稱之為「格致家謂之『愛力』」。「愛力」的區別印證了康有為的仁學以
儒學為母版，譚嗣同的仁學以佛學為母版；康有為借助儒學建構的是博愛派佛
學，譚嗣同借助仁學建構的是平等派佛學。

　　眾所周知，以博愛釋仁源自《孝經》，以韓愈的「博愛之謂仁」最為著名。
無論《孝經》還是韓愈都是從道德觀念的角度將仁界定為博愛的，因而仁都與

〔註107〕《仁學》，《譚嗣同全集》（增訂本）中華書局1998年版，第293～294頁。
〔註108〕《擬上皇帝書》，《嚴復集》（第一冊）中華書局1986年版，第73～74頁。

義以及禮、智、信同時出現。《孝經》云：「是故先之以博愛，而民莫遺其親；陳之以德義，而民興行。先之以敬讓，而民不爭；導之以禮樂，而民和睦；示之以好惡，而民知禁。」（《孝經‧三才章》）韓愈所講的仁也不例外：「博愛之謂仁，行而宜之之謂義。」（《原道》）事實上，儒家的博愛理念更加源遠流長，可以追溯到孔子由仁者愛人而來的「泛愛眾」（《論語‧學而》）和孟子由不忍人之心而來的「親親而仁民，仁民而愛物」（《孟子‧盡心上》）。康有為的「博愛派哲學」以孔子的名義發出，直接脫胎於孟子的不忍人之心。由此可以推想，孟子的不忍人之心的缺席與譚嗣同仁學的非儒形態之間具有內在的邏輯關聯。是否以不忍人之心釋仁是譚嗣同與康有為仁學的本質區別，也使兩人所講的佛教由於仁之內涵的不同最終一個走向了博愛派、一個走向了平等派。慈悲是佛教術語，用慈悲釋仁使譚嗣同找到了由仁臻於平等的救贖之路。在譚嗣同的視界中，所謂慈悲，就是泯滅一切差別，破除一切對待而平等，於是才有了「仁以通為第一義」而「通之象為平等」之說。正因為譚嗣同所講的仁以平等為第一要義，梁啟超以平等概括譚嗣同的仁學，這與梁啟超以「愛力」解讀康有為之仁、以博愛派概括康有為仁學天差地別。梁啟超對康有為、譚嗣同仁學的不同概括和歸納印證了兩人仁學的本質區別，表明康有為、譚嗣同以仁為核心範疇和共同宗旨的佛教之所以一為博愛派、一為平等派，與兩人在仁學觀上一個以博愛、一個以平等詮釋仁的不同路徑一脈相承。康有為在肯定「能仁」是佛號的前提下，從冤親平等、普度眾生的角度詮釋佛教，力圖打造博愛派佛教，佛教也由此成為他的「博愛派哲學」的理論來源和內容構成。譚嗣同依賴慈悲從平等的角度詮釋佛教，致使佛教成為論證平等的主要武器。無論世界的不生不滅還是人與人之間的破除對待都是如此。正是由於這個原因，對於譚嗣同的仁學和佛學，梁啟超評價說：「仁者，平等也，無差別相也，無揀擇法也，故無大小之可言也。」〔註109〕

　　就對仁之自由、平等和博愛等內涵的側重而言，康有為、譚嗣同對仁之自由的認識達成了默契，最大的分歧體現在一個重博愛而一個重平等。在這方面，如果說康有為建構的是博愛派仁學的話，那麼，譚嗣同建構的則是平等派仁學；如果說博愛派仁學決定了康有為著重賦予佛學博愛的神韻和氣質的話，那麼，平等派仁學則注定了譚嗣同刻意突出佛學的平等神韻和風采。

　　康有為、譚嗣同對佛學的關注和闡發是近代佛學熱的組成部分，中國近

〔註109〕《〈仁學〉序》，《譚嗣同全集》（增訂本）中華書局 1998 年版，第 374 頁。

代的佛學熱是在救亡圖存與思想啟蒙的雙重動機的觸動下興起的，與近代哲學和文化一樣肩負著雙重的歷史使命。正是由於這個原因，包括康有為、譚嗣同在內的近代哲學家推崇佛學具有救亡圖存之意，如以佛學淨化人心、鼓吹蹈死如飴的大無畏精神等等；也有思想啟蒙之圖，如以佛教宣揚以自由、平等、博愛和進化為代表的近代價值理念等等。以佛學宣傳自由、平等和博愛是近代佛學的時代特徵，也使近代哲學家與五四新文化運動者對宗教的態度截然相反。五四新文化運動者打出取締宗教的旗幟，以科學代宗教、以美育代宗教、以哲學代宗教和以道德代宗教之聲不絕於耳；並且明言宗教與自由、平等、博愛背道而馳，李大釗的《論宗教與自由、平等、博愛》便是典型代表。在這個前提下尚須看到，就近代哲學家利用佛學論證自由、平等和博愛來說，每個人的具體觀點和側重並不相同：梁啟超認為，佛學憑藉心理學的優勢，運用嚴謹的邏輯論證了無我，從而使人徹底得以解脫，也就是獲得了最大自由。章炳麟認定佛學追求平等，並且與革命黨人主張民權相合。基於這種認識，認定佛學追求平等成為章炳麟提倡佛學的主要原因之一。至此不難看出，梁啟超專注佛學的自由，章炳麟側重佛學的平等。從彰顯平等的意義上說，章炳麟與譚嗣同對佛學的解讀最為相近，康有為對佛學博愛內涵的凸顯在近代哲學家中則顯得獨樹一幟。需要說明的是，康有為並不否認佛學講平等——在這一點上，康有為與譚嗣同是相同的；所不同的是，康有為講得最多的是佛學的博愛，亦可以稱為「大平等」。這正如他在《大同書》中表白得那樣：「大同之世，新制日出，則有能代肉品之精華而大益相同者。……是時則全世界當戒殺，乃為大平等。……始於男女平等，終於眾生平等，必至是而吾愛願始畢。」〔註110〕至此可見，康有為、譚嗣同對佛學一博愛、一平等的側重既回應了近代哲學家以佛學進行救亡圖存與思想啟蒙的做法，又在與現實的呼應中分歧日益加大。

第五節　康有為、譚嗣同佛學觀的近代視界

　　上述內容顯示，康有為、譚嗣同的佛學觀既帶有明顯的一致性，又帶有明顯的差異性。就相同性、一致性而言，兩人都推挹佛教，並且都極力彰顯佛教與孔教的相近相通。如果說大多數近代哲學家都推崇佛學的話，那麼，無論凸

〔註110〕《大同書》中州古籍出版社 1998 年版，第 361 頁。

顯佛教與孔教宗旨的相同還是教義的相通則都在拉近康有為與譚嗣同之間距離的同時，也拉開了兩人與其他近代哲學家之間的距離。儘管如此，無論康有為、譚嗣同推崇佛學還是強調佛教與孔教的相近相通都是多視域、多維度的，兩人的佛學觀也因而呈現出多維而複雜的態勢：就對待佛學的態度而論，康有為、譚嗣同對佛學的推崇和詮釋使兩人的宗教觀與投向基督教的孫中山差若雲泥；就彰顯佛教與孔教的相近相通而論，康有為、譚嗣同的宗教觀與嚴復、梁啟超和章炳麟等人迥異其趣。綜合以上各方面的情況可以得出結論，康有為、譚嗣同的佛學思想既帶有中國近代佛學的時代特徵和先天烙印，故而呈現出某種一致性；又顯示出不容忽視的差異和對立，故而不可對二者等量齊觀。兩人都對佛學頗為關注，並且都在佛教與孔教的互釋中對佛學予以詮釋和利用。對於康有為、譚嗣同的做法，有必要進一步追問：兩人的孔佛互釋是為了證明佛教與孔教相通還是孔教與佛教相通？這一點至關重要，直接決定著康有為、譚嗣同審視、研究佛學的立足點。立足點和切入點往往決定著解決問題的方法和答案。這就是說，審視點和切入點直接決定著康有為、譚嗣同對佛學如何詮釋、利用什麼以及如何利用等一系列根本問題。沿著這個線索追問下去不難發現，兩人的佛學觀大相徑庭，建構的佛學屬於兩種不同的性質，故而呈現出完全不同的樣式和形態。大致說來，康有為的佛學是儒學形態，譚嗣同的佛學則是華嚴形態。

一、佛學觀的異同

對於康有為、譚嗣同的佛學思想可以從兩個不同的維度予以審視和解讀：一方面，中國近代特殊的歷史背景、文化語境為之打上了相同的時代烙印，這也是兩人的宗教觀、佛學觀與其他近代哲學家呈現出一致性的主要原因之一。儘管兩人在對待佛學的具體問題上存在分歧，然而，康有為、譚嗣同熱衷於佛學，並對佛學予以詮釋和運用則是一致的。這一點在孫中山對待佛學的態度以及皈依基督教的映襯下則顯得更為明顯和突出。更為重要的是，即使是與同好佛學的其他近代哲學家如嚴復、梁啟超和章炳麟等人相比，康有為、譚嗣同的佛學觀也無疑是最相近的。另一方面，康有為、譚嗣同是充滿宗教熱情的宗教家，更是擁有哲學理念的哲學家和政治追求的政治家——兩相比較，政治訴求更為急切。這意味著兩人不可能只憑藉個人的情感好惡乃至學術興趣選擇佛學宗派，哲學理念、政治訴求和啟蒙需要無論在康有為、譚嗣同對佛學宗派的

取捨還是在對佛學教義的闡釋中都起了決定作用。事實上，正是不同的哲學理念、政治主張和啟蒙舉措促使兩人側重、選擇了不同的佛學宗派，並且對各自遴選的佛學宗派進行不同的詮釋、發掘和運用。於是，康有為、譚嗣同參悟了不同的佛理，也使佛學呈現出不同的形態和樣式。於是，兩人建構了各自的佛學形態，也形成了迥然相異的佛學觀。

　　將康有為、譚嗣同的佛學觀置於近代佛學的大背景下，通過與其他近代哲學家的佛學觀進行比較不難發現，兩人對佛學地位的認定奠基在對佛教與孔教、耶教的比較之上，最終聚焦在對佛教與孔教關係的認定上。如果說這個切入視角體現了康有為、譚嗣同審視佛學的相同性而在其他近代哲學家中再也找不到同調者的話，那麼，兩人基於佛教與孔教的比較而對佛學進行的定位則截然相反，並因而使康有為、譚嗣同的佛學觀與其他近代哲學家的關係變得複雜起來：從明確將佛學置於最高地位來說，譚嗣同對佛學的定位與康有為漸行漸遠，卻與梁啟超站在了同一戰線。梁啟超聲稱佛學是全世界文化的最高產品，因而對佛學高度禮讚。顯而易見，梁啟超的「佛教是全世界文化的最高產品」〔註111〕與譚嗣同的「佛教大矣」在推崇佛教的至上性、權威性方面具有異曲同工之妙。對於康有為來說，孔教高於佛教是主旋律。誠然，康有為在《大同書》《諸天講》代表的中後期思想中，對佛教的推崇超過了孔教。問題的關鍵是，那不是在佛教與孔教比較的維度上進行的。並且，就影響之大來說，還是康有為在此之前基於孔教勝於佛教而對孔教的宣傳和提倡。從渲染佛學的悲觀基調來說，譚嗣同佛學思想的色彩和意趣與章炳麟相似。公開聲明「獨尊法相」的章炳麟在萬法唯識中激發人的自尊心和自信心，更在以佛學淨化人心、增進革命道德中將世界虛化。這使他借助對佛學經典的研讀和詮釋提出了俱分進化論、四惑論和五無論，也使章炳麟所講的佛學籠罩著看破紅塵、一空到底的悲觀絕望。這些與譚嗣同借助華嚴宗為首的佛學將世界詮釋為「旋生旋滅，即滅即生」〔註112〕，並且破除包括善惡、苦樂在內的一切對待高度契合。當然，譚嗣同、章炳麟的做法與康有為借助佛學的圓融無礙彌合現實與理想的關係，進而嚮往人人極樂的大同社會的致思方向和價值旨趣漸行漸遠。

〔註111〕《治國學的兩條大路》，《梁啟超全集》（第七冊）北京出版社1999年版，第4071頁。
〔註112〕《仁學》，《譚嗣同全集》（增訂本）中華書局1998年版，第314頁。

二、佛學觀的影響

在全球多元的歷史背景和文化語境中,康有為、譚嗣同圍繞著中國近代社會救亡圖存的政治鬥爭和現實需要對佛學的地位予以認定:在對中西文化的審視中,兩人均將西方文化置於中國文化即孔教之下或佛學之後。在對佛教與孔教地位的認定上,康有為、譚嗣同的看法相去甚遠。不僅如此,康有為、譚嗣同對佛教與孔教關係的定位決定了兩人宗教觀的主體內容和主導形態,也決定了對佛學的界定、詮釋和建構。康有為、譚嗣同對佛學的闡釋和對佛孔關係的認定既與中國近代救亡圖存的社會現實密切相關,也反映了近代哲學家的哲學建構和文化建構的時代特徵。

康有為、譚嗣同都具有泛宗教傾向,所講的教範圍十分廣泛而並不限於宗教。正如兩人在概念的使用上側重教而不是側重作為西方舶來品的宗教(religion)一樣,康有為、譚嗣同所講的教包括宗教卻不限於宗教,而是包括教化、文化、學術、教育等多重內涵和意蘊。正是由於這個原因,兩人佛學觀的異同並不只限於宗教觀領域,而是貫徹、涉及到文化、哲學和教育代表的諸多領域。換言之,對佛學的推崇和詮釋既構成了康有為、譚嗣同宗教觀的一部分,又構成了兩人哲學觀、教育觀、啟蒙觀、救亡觀、文化觀和仁學觀的一部分。就宗教觀而言,康有為以孔教為急,譚嗣同以佛教為歸。就救亡觀而言,康有為為立孔教為國教奔走呼號,譚嗣同大聲疾呼以佛學的慈悲之心挽救劫運。就文化觀和仁學觀而言,康有為以儒學為主,譚嗣同以佛學為主。

對於宗教情結濃鬱而執著的康有為、譚嗣同來說,無論對佛學作何態度或理解,均不影響兩人的宗教、哲學與文化一而三、三而一的關係。正是由於這個原因,對待佛學的態度和詮釋不僅影響了康有為、譚嗣同宗教思想的來源、構成和特徵,而且成為兩人哲學觀、文化觀和仁學觀的組成部分。具體地說,康有為的哲學與佛學淵源深厚,從早期的立孔教為國教到中期的中西雜糅再到後期對佛教、道教的頂禮膜拜皆是如此。如果按照梁啟超的概括將康有為的哲學分為「博愛派哲學」「主樂派哲學」「進化派哲學」「社會主義派哲學」四個方面〔註113〕的話,那麼,康有為哲學的這四個方面則均以佛學為理論來源。同樣,康有為的文化觀以中學、西學與佛學的比較為視域,對孔教、佛教和耶教的不同排列順序和態度變化再現了他的文化觀的遞嬗歷程。康有為對佛學

〔註113〕《南海康先生傳》,《梁啟超全集》(第一冊) 北京出版社 1999 年版,第 488～489 頁。

的態度變化牽動了他的文化觀，甚至可以說是其中的晴雨表。譚嗣同以《仁學》為代表的後期思想以佛學為主體內容和價值旨歸，從宗教、哲學到文化都概莫能外。《仁學》中的佛學色彩濃鬱而深厚，仁學建構以佛學為母版，華嚴宗、唯識宗是兩條貫徹始終的主線。在佛學情結的引導下，他演繹出佛學化的孔學和仁學。「凡為《仁學》者於佛書當通《華嚴》及心宗、相宗之書，於西書……於中國書……」即流露了這一秘密──一目了然，在譚嗣同開列的《仁學》入門書中，「佛書」首當其衝，之後才是「西書」和「中國書」。用梁啟超的話說，《仁學》欲將科學、哲學與宗教冶為一爐。因此，《仁學》體現了譚嗣同的仁學觀，同時也集中體現了他的宗教觀和文化觀。有鑑於此，佛學在《仁學》中的主流地位既證明了譚嗣同的宗教、哲學和文化的三位一體，又證明了佛學觀對於他的宗教觀、哲學觀和文化觀的一以貫之。宗教觀、哲學觀和文化觀的三位一體表明，與康有為、譚嗣同佛學觀的差異乃至對立相映成趣，兩人在哲學理念和文化建構上漸行漸遠。正如康有為、譚嗣同建構了兩種不同形態和樣式的佛學一樣，兩人建構的是不同類型的哲學觀和文化觀。